너에게는 별일 아닐지 몰라도

너에게는
별일 아닐지 몰라도

거절에 쉽게
상처받는 사람들을 위한
관계심리학

레슬리 베커 펠프스 지음 · 서진희 옮김

포레스트북스

• 거절을 당하면 누구나 상처를 받는다. 때로 어떤 사람들에겐 이런 경험이 너무나 치명적으로 느껴져 다시 일어설 의지를 발휘하지 못하기도 한다. 이 책은 심리적이고 사회적인 여행에 당신을 초대한다. 여행을 하는 동안 거절과 그에 대한 두려움을 통해 자신이 자기 경험과 어떻게 연결되어 있는지를 분명히 깨달을 수 있다. 자신과 타인의 감각, 생각, 감정, 행동, 정신화를 포함한 모든 것을 느끼게 될 것이다. 자기관용의 태도로 경험에 다가가는 방법을 익힘으로써, 어떻게 거절을 더 나은 관계와 애정(타인은 물론 자신의 깊은 내면과의)으로 바꿀 수 있는지 배워나가게 된다.

- 스티븐 C. 헤이스Steven C. Hayes
네바다대학교 심리학과 교수,
수용하고 마음을 다지는 요법ACT 공동 개발자,
『자유로워진 마음A Liberated Mind』 저자

• 최근 거절당한 경험이 있거나, 그게 아니라도 다른 사람들과 더 건강한 관계를 맺고 싶은 사람들이라면 이 책이 매우 도움이 될 것이다. 저자는 단단한 심리학 이론과 연구를 바탕으로 왜 우리가 예전 패턴에 갇히는지, 그리고 어떻게 그 패턴에서 벗어날 수 있는지

알려준다. 이 책을 적극적으로 추천한다.

- 크리스틴 네프Kristin Neff
텍사스대학교 오스틴 캠퍼스 교육심리학과 부교수,
『러브 유어셀프』 저자

• 이 책은 거절에 대한 민감함을 극복하는 데 핵심 요소인 자기관
용을 다룬다. 관계를 더 안전하고 안정적으로 느낄 수 있는 긍정적
인 길을 제시하면서 이해하기 쉬운 글로 애착 이론을 소개하고, 자
기관용을 실천하는 것이 얼마나 중요한지를 알려준다. 이 책을 강
력히 추천한다!

- 크리스토퍼 거머Christopher Germer
하버드 의과대학 및 케임브리지헬스
얼라이언스Cambridge Health Alliance 교수,
『오늘부터 나에게 친절하기로 했다』 저자

• 이 책은 거절당해 힘든 상태이거나 거절에 대한 민감함을 세심히
관리하는 데 관심 있는 사람이라면 누구에게나 매우 훌륭한 안내서
가 될 것이다. 펠프스는 우리가 만성적인 자기비판에서 주의를 돌
려 자신의 참된 가치를 인정하고, 자신을 더욱 친절하게 대하며, 궁

극적으로 인간의 고질적인 도전에 대한 회복탄력성을 기르는 데 집중할 수 있도록 이끌어준다. 당신은 이 책을 통해 인간의 기본 욕구인 사랑과 소속감을 활용해 자신을 아끼는 실질적인 방법을 배울 수 있다.

- 타라 쿠시노Tara Cousineau
하버드대학교 상담센터 심리학자,
마음챙김과 자기관용센터Center for Mindfullness and Compassion 및
케임브리지헬스얼라이언스 교수,
『친절을 통한 치유The Kindness Cure』 저자

• 이 책에서 펠프스는 우선 거절에 대한 두려움이 우리에게 미치는 영향력이 얼마나 큰지를 알려준다. 그리고 이어서 두려움을 없애고 새로운 자유에 대한 개념을 만들어내는 인식, 성찰, 재구성이라는 퍼즐 조각을 명확하면서도 이해하기 쉬운 방식으로 우리에게 나눠준다.

- 샤론 샐즈버그Sharon Salzberg
통찰명상협회Insight Meditation Society 공동 설립자,
『하루 20분 나를 멈추는 시간』과 『행복을 위한 혁명적 기술, 자애』 저자

• 거절당했다는 생각으로 힘들어하는 사람 누구에게나 이 책은 생명줄이 되어줄 것이다. 펠프스는 거절당할 거라는 생각과 그 부작용을 포함하여 거절이라는 주제에 누구보다 뛰어난 통찰력을 갖추고 있다. 그녀는 통합적인 현대 치료법과 자립심을 기르는 접근법을 바탕으로 변화를 위한 다양한 전략을 제시한다. 이 책은 지금까지 누구도 주목하지 못했던 주제를 포괄적이고 친절한 방식으로 다루고 있다.

크리스틴 A. 쿠르투아Christine A. Courtois
전 미국전문심리학회ABPP 심리학자,
정신 외상 심리학 및 치료에 관한 자문위원이자 트레이너,
『복합 외상의 치료 순차적 관계 기반 접근』저자

• 이 책은 당신이 어떤 사람인지에 대한 기반이 되는 자신의 가치에 대한 인정, 용기, 회복탄력성을 발견하고 개발하게 해준다. 시간을 들여 읽고 자기 삶에 받아들인 후 그 선물이 어떻게 성장하는지 지켜보자.

- 엘리샤 골드스타인Elisha Goldstein
마음챙김 실천 공동체Mindful Living Collective 설립자

• 열정적이며 너그러운 저자 펠프스는 자신이 지닌 모든 것을 우리에게 공유하며 애착, 마음챙김, 관용에 대한 전문 지식을 펼쳐 보여준다. 거절당했다는 느낌은 너무나 많은 정서적 고통의 중심이 된다. 자기수용, 내적인 안정, 친절로 나아가는 데 가장 빠른 길을 이 책이 제시한다.

- 데니스 터치Dennis Tirch
마운트시나이병원 임상 부교수,
관용중심치료센터The Center for Compassion Focused Therapy 설립자,
『자비의 과학』 공동 저자

거절을 두려워하는 건
본능이다

거절을 극복하는 법을 따로 배워야 하는 이유는 무엇일까? 인간이 원래 행복해지는 방향으로 진화한 것은 아니기 때문이다. 우리 두뇌는 생존과 번식에 유리하도록 진화했다. 인간은 음식을 먹고, 체온을 따뜻하게 유지하며, 성생활을 하는 등 생존과 번식에 유리한 행동을 하면 본능적으로 기분이 좋아진다. 반면 어딘가를 다치거나, 목이 마르거나, 너무 춥거나 더운, 즉 생존에 위협이 되는 경험을 하면 불쾌해진다. 생존과 번식에 이로운 행동이 몸에 배지 않아 이런 식으로 반응하지 않았던 선조들은 자신들의 DNA를 후세에 전하지 못했다.

선사 시대 때 생존에 가장 큰 위협이 된 것은 거절이었다. 아프리카 대초원 이곳저곳을 떠돌며 20~50명이 무리 지어 살아가는, 10만 년 전 선조들의 모습을 떠올려보라. 식량을 구하고 맹수에 맞서며 누군가가 아프거나 다칠 때 돌봐주기 위해 그들은 서로를 필요로 했다. 대초원에서는 누구도 혼자서 살아갈 수 없었으므로, 집단에서 거부당한다는 것은 사형선고나 다름없었다. 거절에 그다지 반감이 없었던 선조는 다른 이들에게 배척당하고 무리에서 쫓겨나 결국 후손도 남기지 못하고 죽어야 했다. 따라서 오늘날 우리 모두에게는 타인에게 수용되고 소속되려 애쓰며 살아남은 고대인의 유전자가 남아 있다.

현대에도 남에게 받아들여지는 것은 매우 중요한 문제다. 우리 인간은 성인에게 전적으로 의존해야 하는 존재로 이 세상에 태어난다. 갓난아기는 어른의 보살핌이 없으면 음식을 먹거나, 체온을 따뜻하게 유지하거나, 다치지 않게 자신을 보호하지 못한다. 인간이 태어나서 첫울음을 터뜨리자마자 생존을 위해 가장 먼저 해야 하는 일은 자신을 돌봐줄 어른과 안정된 관계를 맺는 것이다. 타인에게 받아들여지기를 간절히 바라며 거절을 두려워하는 두뇌를 지니는 것은 오늘날 우리에게도 생존에 필수적이다.

그런데 거절을 피하고자 하는 본능이 생존에 유리하다는 점은 분명하지만, 그로 인해 불필요한 고통이 발생하기도 한다. 길이나 복도에서 아는 사람을 마주쳤는데 상대가 당신을 못 본 체하고 지나친다면 마음이 어떻겠는가. 자신만 초대받지 못한 친구들의 파티가 있었다는 사실을 알게 되면 어떤 기분이 들겠는가. 또 동료는 승진했는데 당신은 그러지 못한다면 심정이 어떻겠는가.

물론 우연히 마주친 지인이 딴 데 정신이 팔려 있었다고 생각하고, 파티에 모든 사람을 초대할 만한 여유가 없었을 거라고 믿고, 동료가 성과가 더 좋으니 승진할 만하다고 여길 수도 있을 것이다. 하지만 대부분은 실망할 것이며, 어쩌면 실망을 넘어 마음이 더 안 좋을 수도 있다. 왜 그와 멀어지게 됐을까 의아해하고, 왜 친구들 사이에 끼지 못하게 됐는지 곱씹어보고, 자신이 사내 정치에 노련하지 못하다고 생각하며 큰 혼란에 휩싸일 수 있다. 자존감도 쉽게 떨어져 상황을 객관적으로 보지 못하고 자꾸 움츠러들며 회피하게 돼 삶을 충만하게 살 기회를 놓쳐버릴 수 있다.

그렇다면 어떻게 해야 할까? 다행히 인간이 거절을 싫어하는 본능만 키운 것은 아니다. 이런 감정을 다스리고 해결책을 만드는 방법 또한 발전시켰다. 즉 정신적인 상처를 통해 성장하고, 두려움과 진짜 위험을 구별하며, 자기 장단점을 파악하고, 상처를 받을 때는 마음을 가라앉히며, 다른 이들과도 안정적인 관계를 구축하는 방법이다. 이를 '회복탄력성'이라고 한다.

이 책은 누구든지 이런 회복탄력성을 통해 거절에 대한 선천적인 반감을 성장과 번영의 기회로 전환할 수 있도록 실용적이고 단계적인 지침을 소개한다. 레슬리 베커 펠프스 박사가 고대의 지혜와 전통, 그리고 현대 심리학과 수년간의 임상 경험을 통해 완성한 사용하기 편리한 도구를 담았다. 이를 통해 생존에 집착하는 인간의 두뇌로는 다다르기 어려운 행복의 길에 오를 수 있다. 때로는 힘들기도 하겠지만, 분명 매우 가치 있는 여정이 될 것이다.

-로널드 D. 시겔Ronald D. Siegel
임상심리학 박사, 하버드 의과대학 심리학과 교수,
『심리치료에서 지혜와 자비의 역할』 저자

내가 아니라 내 말이
거절당했을 뿐인데

　모든 사람에게는 거절당한 경험이 있다. 누구나 무시당하고, 내쳐지고, 버림받는 고통을 겪는다. 거절하는 이가 가족이나 친구, 지인일 수도 있고 심지어 전혀 만날 일 없는 소셜 미디어상의 낯선 사람일 수도 있다. 그런데 거절에 특히 민감한 사람들이 있다. 상대에게 그런 의도가 전혀 없을 때조차 자신이 거절당했다고 생각하고, 별것 아닌 모욕에도 큰 상처를 받으며 그 일을 떨쳐내기 힘들어한다.

　거절에 민감한 사람은 무시당하고 버려졌다는 기분이 들면 한없이 낙담하거나, 다른 사람들에게 인정받고자 하거나, 불같이 화를 내는 식으로 반응한다. 고통스럽지만 극복할 수 있는 상황으로 여기고 성장을 위한 기회로 삼는 대신, '자신에게' 문제가 있다고 생각하기도 한다. 자기를 거절한 사람들에게 화가 나면서도 자신이 뭔가 잘못해서 그렇다고 느끼는 것이다. 또는 자신에게 거절을 극복할 만한 의지가 부족하다고 생각하기도 한다. 마음속 갈등이 어떤 것이든, 그로 인해 기가 죽고 모든 의욕을 잃어버릴 수 있다.

이런 마음 상태로는 기분이 끊임없이 오르락내리락하다가 결국 우울감에 빠지기 쉽다. 그러나 악순환의 고리를 끊고 감정 기복에서 벗어나는 방법은 틀림없이 존재한다.

거절에 민감한 이유는 무엇일까

자신이 어떻게 느끼든, 인간은 절대 혼자가 아니다. 이론가들과 연구자들이 이를 주제로 수많은 탐구를 해왔다. 특히 거절에 대해서 왜 어떤 사람들은 유독 민감한 반면, 어떤 사람들은 그다지 개의치 않는지를 연구해왔다. 후자를 회복탄력성이 뛰어난 사람이라고 말한다.

그간 이뤄진 수많은 연구 가운데 영국의 정신과 의사이자 정신분석가인 존 볼비John Bowlby가 주창한 애착 이론이 상당한 지지를 얻고 있다. 애착 이론은 영아들이 선천적으로 생존을 위해서 자신보다 더 나이 들고 분별 있는 사람들에게 애착을 형성한다는 내용이다. 영아의 약 60퍼센트가 이와 같은 애착 관계를 통해 정서적으로 건강하고 강한 마음의 토대를 이룬다고 알려져 있다. 영아가 자기 자신 및 타인과의 관계에서 안정감을 느낄 때 '안정형 애착secure attachment style'이라고 하고, 반대를 '불안정형 애착 insecure attachment style'이라고 한다.

불안정형 애착을 지닌 아이들은 성인이 된 후에도 자기 자신이나 타인과 관계 맺는 방식에서 계속 갈등을 겪게 된다. 거절에 민감한 상태 또한 이런 갈등 때문에 흔히 나타나는 현상이다. 그들은 다른 사람의 마음에 들려고 필사적으로 애쓰거나, 거절을 사소한 문제로 만들기 위해 애초에 정서적 유대를 맺지 않으려 한다. 어떤 사람에게서는 이 두 가지가 모두 나타나기도 한다. 이런 모든 반응은 거절에 효과적으로 대처하는 데 장애가 된다.

친밀한 관계야말로 삶에 진정한 의미를 부여한다. 진부하게 들릴지는 모르지만, 이 말에는 많은 진실이 담겨 있다. 연대감은 흔히 그 자체만으로도 만족감을 준다. 사람들은 대개 자신을 긍정적으로 보는 이들과 함께 있을 때 더 즐거워하고, 자신에 대해서도 더 긍정적으로 생각한다. 자신을 지지해주는 친구와 함께 있으면 행복감을 더 크게 느낄 뿐 아니라 고통도 더 잘 견뎌내게 된다. 그러나 때로는 친밀한 관계에서도 고통스러운 거절의 감정을 느낄 수 있다. 이런 민감함을 이겨낸다면 자신을 더 긍정적인 시각으로 바라보게 되고, 타인과의 관계에서도 더 큰 안정감을 얻게 된다.

자신에게 너그러워지는 것이 중요하다

이 책은 당신이 자기 자신은 물론 다른 사람과의 관계를 더욱 긍정적으로 만들고, 거절에 대한 회복탄력성을 발달시키도록 안내한다. 특히 자기인식self-awareness과 자기관용self-compassion의 결합이라고 할 수 있는 '너그러운 자기인식compassionate self-awareness'을 기를 수 있도록 바람직한 관점과 도구를 제공할 것이다. 이를 위해 자기인식의 다섯 가지 영역, 즉 감각Sensation, 생각Thoughts, 감정Emotions, 행동Actions, 정신화Mentalizing를 살펴볼 텐데 나는 이 다섯 가지를 'STEAM'이라고 부른다. 중요한 것은 갈등 상황에서 자신에게 너그러운 반응을 보이려면 자기수용self-acceptance, 자기친절self-kindness과 더불어 자기인식이 필요하다는 점이다. 이런 일련의 기술을 관계에 적용하면 거절에 대한 문제들을 더욱 성공적으로 해결할 수 있다.

이런 내적인 작용도 물론 중요하지만, 손바닥도 마주쳐야 소리가 나는 법이다. 갈등은 다른 사람들과의 상호작용에서 생겨나는 것이며, 그들이 보이는 반응을 당신이 어떻게 해석하느냐에 영향을 받는다. 1장에서는 거절 민감도와 관련 있는 애착 이론을 살펴보고, 이어지는 장들에서는 회복탄력성을 기르는 데 도움이 되는 다양한 지침을 제시한다. 그리고 마지막 장에서는 관계 맺기에 관한 기술을 연마할 수 있도록 특별한 지침을 제공한다. 이 기술을 잘 습득하면 사람들과의 관계에서 점점 더 긍정적인 반응을 얻게 될 것이다. 그러면 스스로 가치 있다고 여기는 내적 인식과 타인에게 소중하게 여겨지는 외부 평가, 이 두 가지 모두를 통해 성장해나갈 수 있다.

인생의 많은 일이 그러하듯 이 여정에서도 좌절과 어려움을 만나게 될 것이다. 그러다 보면 거절에서 벗어나는 과정이 너무나도 복잡해 풀 수 없는 수수께끼처럼 보일 수도 있다. 하지만 그렇지 않다. 그저 잘 만들어진 지침과 노력, 끈기가 필요할 뿐이다. 첫 번째인 지침은 이 책이 제공하겠지만, 노력과 끈기는 당신에게 달려 있다.

이 책을 읽을 때 주의할 점

이 책을 통해 최대한의 효과를 얻기 원한다면 천천히 읽기를 권한다. 정보를 흡수하는 데 시간을 들이고, 삶에 어떻게 적용할지 생각하면서 읽으라는 뜻이다. 책에 나오는 과제들 중 너무 힘들게 느껴지는 것이 있다면 다음으로 넘어가라. 나머지 과제들을 해내다 보면 다시 돌아가 시도해볼 마음이 들 것이다. 과제를 모두 끝낸 후엔 그중 틀림없이 도움이 되리라 생각되는 것들이 있을 것이다. 그 과제들은 계속해서 반복하기 바란다.

각 장의 과제는 일반적으로 가장 도움이 되는 순서에 따라 정리해두었는데, 어떤 과제는 다른 것보다 먼저 하거나 나중에 하라고 안내되어 있을 것이다. 별다른 언급이 없을 때는 당신이 원하는 순서대로 해도 상관없다. 어려운 과제인 경우 어떻게 해야 하는지도 제시해두었다. 성장과 변화를 겪으면 이전에 해냈던 과제에서 새로운 의미를 발견하고, 별 도움이 안 되어 보이던 과제에서도 유용한 점을 찾아내게 될 것이다.

본문에 앞서, 우선 다음 사항들을 제안한다.

• 책에 제시된 과제를 해나가고 메모도 남길 수 있는 노트를 한 권 준비한다. 이 제안대로 하면 특히 도움이 될 것이다. A4 용지 같은 낱장의 종이를 사용할 수도 있지만, 그러면 나중에 이전 메모를 찾거나 살펴보기가 어려울 것이다. 일기를 쓰듯 노트에 기록해두면, 아주 오랜 시간이 흐른 뒤에도 다시 들여다보며 자신의 성장 과정을 되짚어볼 수 있다. 태블릿이나 노트북에 기록하고자 하는 사람도 있을 텐데, 내 경험에 따르면 손으로 직접 쓸 때 과제를 더 몰입해서 해낼 수 있었다.

• 1장과 2장에서는 개인적인 여행을 떠나보자. 이 두 장에서는 당신이 거절에 얼마나 민감한가를 살펴볼 수 있도록 기본적인 내용을 설명할 것이며, 이후 과정이 힘들 때도 과제를 지속할 수 있도록 유용한 도구를 제공할 것이다.

- 책에 나와 있는 과제를 매일 반복한다.

- 발전한 부분이 있다면 모두 노트에 적어둔다. 사람들은 자신이 이루려 하는 변화만 바라보느라 이미 만들어낸 변화는 보지 못하곤 한다. 자신의 변화를 노트에 기록하면, 균형감을 유지하며 목표를 향해 나아가도록 스스로 동기를 부여할 수 있다.

- 포스트잇도 하나 마련하자. 책을 읽는 동안 뒤쪽으로 건너뛰었다가 되돌아오기도 해야 할 텐데, 이때 포스트잇이 유용하다.

- 과제를 제대로 해내지 못하더라도 이런 일은 피할 수 없음을 받아들여라. 오히려 이를 자신은 그저 인간일 뿐이며 다른 모든 사람처럼 공감과 관용이 필요하다는 점을 떠올리는 훈련으로 활용하라.

- 때로 쉬고 싶다는 생각이 들기도 할 것이다. 쉬는 건 나쁘지 않지만, 언제 다시 시작할지를 정하고 휴식을 취하기를 권한다. 스마트폰이나 달력에 표시해도 되고, 손바닥에 적어둬도 된다. 정해둔 날짜가 되면 일단 다시 시작하자.

궁극적인 목표는 자신이 가치 있는 사람임을 마음으로 깨닫고 받아들이는 것이다. 거절은 상처가 되고 아주 고통스럽지만, 거절 당했다고 해서 당신의 가치가 그만큼 떨어지는 건 아니다. 이 점을 받아들이면 거절이 극복할 수 있는 경험일 뿐 아니라 심지어 성장 의 계기가 된다는 사실을 깨닫게 될 것이다.

만일 당신이 정서적인 트라우마를 겪은 적이 있거나 거절에 대한 두려움, 자기회의self-doubt 또는 자기혐오self-loathing로 일상생활에 지장을 받을 만큼 큰 고통을 겪고 있다면 이 책의 과제를 해내도록 도와줄 전문 치료사를 찾기 바란다. 나는 20년 넘게 진료소를 운영 하면서 이런 문제로 고통받는 사람을 수없이 만났다. 이 책에 담긴 내용은 모두 그들을 도우며 배운 것이며, 당신에게도 분명히 도움 이 되리라 생각한다. 이 책에서는 내가 그동안 봐온 수많은 사람의 개별적인 심리 역학을 통합하여, 다양한 논점을 밝히는 데 사용할 여러 복합적인 인물을 만들어냈다. 이들 중 누구도 실제 인물은 아 니지만, 그들의 경험이 매우 현실적이어서 당신에게도 친숙하게 느 껴질 것이다. 특히 재닌과 채드는 주인공 격으로 책 전반에 걸쳐 등 장한다.

첫 번째 주인공 재닌은 스물일곱 살로 몇 명의 좋은 친구들이 있으며, 자주 산책하러 가는 공원 옆의 널찍한 아파트에서 혼자 살 고 있다. 겉으로는 '침착해' 보이지만, 그녀 자신은 늘 속으로 무언가가 잘못됐다는 생각을 한다. "그들이 나한테 화난 게 아니어야 할 텐데"라는 말을 거의 주문처럼 중얼거리곤 한다. 재닌은 자신이 무언가 잘못을 저지르거나 사람들이 자기를 무능력하다고 할까 봐 끊임없이 걱정한다. 그래서 무리할 정도로 친구들과 이웃들을 챙기면서 그들이 확실히 자신을 좋아하게 만들려고 한다. 하지만 남들이, 심지어 친구들조차 자신의 흠을 잡거나 자기 때문에 실망할까 봐 두려워할 때가 많다.

두 번째 주인공 채드는 데이터 분석가라는 도전적인 일을 하는 스물여섯 살의 청년이다. 눈에 띄는 성과를 내려고 늘 최선을 다하지만, 상사가 실망하면 어떡하나 하는 두려움을 떨칠 수가 없다. 그러던 중 린다를 만났는데, 그녀를 처음 본 순간 말 그대로 숨이 멎는 것 같았다. 그는 완전히 사랑에 빠져 세상이 온통 행복하게만 보였고, 직장에서 늘 품고 있는 두려움이 그렇게 중요하지 않다는 생각이 들었다. 그렇지만 동화와 달리 '영원히 행복하게 살았답니다'라는 결말을 얻진 못했다. 얼마 지나지 않아 거절에 대한 두려움이 되살아난 것이다. 그는 린다에게 "친구 만났어?"라고 태연한 척하며 묻곤 했다. 하지만 사실은 질투에 사로잡혀 있었고 그녀가 자기를 떠날 거란 두려움을 이길 수 없었다.

당신이 어떤 힘든 거절을 겪었든 그런 경험은 누구나 어느 정도

는 한다. 우리는 스스로 가치 있고 괜찮은 사람이라고 느끼고 싶어
하며 퇴짜 맞은 기분은 피하려 한다. 그러나 결혼식 날 약혼자에게
차이는 끔찍한 경험이든, 당신의 농담에 상대가 웃어주지 않는 정
도의 비교적 사소한 좌절이든 누구도 거절을 피할 수는 없다. 거절
안에서도 잘 살아가려면 자기인식, 자기수용, 자기관용이 꼭 필요
하다. 이 책을 통해 당신이 이런 능력을 키워 거절에 무너지지 않고
성장으로 나아가기를 기대한다.

○ 차례 ○

Chapter 3

몸과 마음은 따로 있지 않다 감각

Chapter 4

내 생각이 항상 맞는 것은 아니다 생각

Chapter 5

감정에 휘둘리지 않는 사람이 된다는 것 감정

Chapter 6

모든 행동에는 이유가 있다 행동

Chapter 7

내 마음을 들여다보는 연습 정신화

Chapter 8

있는 그대로의 나를 수용하기

Chapter 9

타인을 대하듯 나에게도 너그러워지기

Chapter 10

관계를 통한 회복

Chapter 1

:
:

왜 나는 사소한 거절에도
크게 좌절할까

．
．
．

초등학생인 채드는 숙제하느라 진땀을 빼고 있다. 벌써 3학년
이나 됐는데도 문장을 잘 이해할 수가 없어 자신이 '멍청하게'
느껴졌다. 4학년으로 올라갔을 때 부모님이 채드에게 검사를
받게 했고, 그의 언어 처리 능력에 장애가 있다는 점이 발견됐
다. 그래도 어쨌든 채드는 두 형처럼 학교 공부를 제법 잘했는
데, 형들과 달리 아주 열심히 노력해야만 했다. 그는 잘하지 못
하면 선생님들한테 인정받지 못할까 봐 늘 학교 숙제에 매달렸
다. 운동장에 나가 캐치볼을 하며 놀 때도 있었지만 말수가 적
은 아이였다. 아이들의 우스갯소리를 이해할 수 없거나 그들이
왜 웃는지 알 수 없을 때는 그저 '웃어야' 한다고 생각했다.

거절이라고 다 같은 건 아니다. 당신은 어쩌면 친구한테 저녁
먹으러 가자고 말했는데 그가 주저하는 모습을 보여 속상해하고 있

을지도 모른다. 또는 배우자가 느닷없이 "당신하곤 도저히 더 못 살 겠어!"라고 하는 바람에 충격에 빠져 있을 수도 있다. 아마도 이 두 경우의 중간 어디쯤에 자리할 만한 일을 겪고 있을 것이다. 거절에 대한 반응은 상황에 따라 달라지므로 매우 다양할 수밖에 없다. 그런데 만약 그런 반응 때문에 계속해서 자기회의에 빠지는 등 또 다른 문제가 발생한다면, 반응을 바꾸는 게 현명하다. 거절 때문에 발생하는 크고 작은 어려움은 사는 내내 계속된다. 그러므로 그 어려움에 반응하는 방식을 조정해야 한다.

거절에 대한 역기능적 반응들

당신이 거절을 민감하게 받아들이고, 특히 위협적이거나 매우 혼란스러운 것이라고 느낀다면 여러 잘못된 길로 빠질 수 있다. 다음 예시 가운데 당신에게 익숙한 반응이 있는지 살펴보라.

과잉반응

잠재적인 위협을 만성적으로 경계하다 보면 실제로 위험에 처했음을 인지하기 전이라도 상황에 빠르게 반응하게 된다. 거절에 민감한 사람들은 이런 일반적인 역동성 탓에 사실 거절이 아닐 때조차 거절당했다고 느낀다. 맨디는 누군가에게 함께 저녁을 먹자고 했는데 상대가 흔쾌히 나서지 않으면 과하게 반응하곤 했다. 사람들이 그녀를 무시해서가 아니라 그저 일정이 맞지 않아서라는 걸 생각하지 못하는 것이다. 과잉반응을 하는 또 다른 방식은 대수롭지 않은 거절을 심각하게 받아들이는 것이다. 평소에 매우 상냥하던 친구가 부재중 전화에 답이 없다는 이유로, 대놓고 자신을 싫어한다고 말한 이들과 똑같이 생각해버리는 경우가 이에 해당한다.

더 나아가지 못하는 상태

거절당한 일을 되짚어보는 이들도 있다. 엘리자베스는 대학을 졸업한 지 20년이 지났는데도 자신과 더는 같은 방을 쓰기 싫다고 했던 당시 룸메이트의 일을 여전히 곱씹고 있다. 한편 메이는 남편이 자신을 진심으로 사랑하는 게 아니라는 생각이 머릿속을 떠나지 않는다. 연애할 때 그가 잠시 양다리를 걸친 적이 있고, 그 때문에 1년 동안 헤어졌다가 다시 만나 결혼했기 때문이다.

심한 분노

사람들은 특히 자신이 사랑하는 누군가에게 버림받거나 무시당하면 더 두려워하고 화를 낸다. 저명한 심리학자인 폴 에크먼Paul Ekman은 《얼굴의 심리학》에서 이를 "분노로 통제하고, 분노로 질책하며, 분노로 응징한다"라고 표현했다. 거절에 민감하면 반응이 커지기 쉽고, 그러면 상황이 더욱 악화한다. 에크먼은 이렇게 말했다.

"분노가 또 다른 분노를 일으키고 이런 악순환이 급격하게 심해질 수 있다는 점이 분노의 가장 위험한 측면이다. 다른 사람, 특히 근거 없이 독선적으로 분노하는 자에게 똑같이 분노로 대응하지 않으려면 거의 성인군자에 가까운 인격을 갖춰야 한다."

평가에 대한 방어

거절 또는 거절당하리라는 예감은 상당히 충격적일 수 있다. 거절에 아주 민감한 이들은 대개 자신을 보잘것없고 남들에게 호감을 주지 못하는 사람이라 여기며 힘들어한다. 스스로 이렇게 믿기 때문에 더 예민해지고 쉽게 우울해진다. 그들은 거절당할 일을 애초에 만들지 않으려 하므로 사회적으로 움츠러들고, 사람들에게 계속 긍정적으로 보이려 하며, 지나칠 정도로 친절하고 배려하는 모습을 보인다. 이런 행동을 하면서 '사람들이 내 진짜 모습을 알면 좋아하지 않을 거야'라는 생각에 더 외로워지기도 한다.

상관없다는 태도

거절을 당해도 힘들어 보이지 않는 사람들이 있다. 하지만 사실은 고통을 애써 외면하면서 그로부터 거리를 둘 뿐이다. 앤드루는 감정을 무디게 함으로써 상처를 누그러뜨리려 했다. 거절이 고통스럽기 때문에 그 반응에서 멀어지려 한 것이다. 그런데 문제는 마음이 여전히 불편하다는 데 있다. 어느 날은 근무 중에 특별한 생각을 한 것도 아닌데 이유 없이 불안해졌다. 동료에게 생뚱맞은 화풀이를 하고 나서야 자신이 간밤의 일 때문에 아직도 마음이 상해 있다는 걸 깨달았다. 친구 몇 명이 술집에서 화기애애하게 찍은 사진을 인터넷에 올린 걸 봤는데, 자기한테는 같이 가자고 말도 안 꺼낸 것이다.

독립적이며 자족하는 상태

혼자서도 꽤 잘 지내는 사람 중에 타인에게 위안이나 지지, 격려를 그다지 기대하지 않는 이들도 있다. 거절당하는 느낌에 노출되지 않으려 하므로 거절을 힘들어하지 않는 듯이 보이기도 한다. 하지만 그 속내는 생각보다 복잡할 수도 있다. 앨버트가 이런 성향이었다. 그는 진심으로 자기 일에 몰두했지만 다른 이들과 가까워지고 싶다는 욕구가 있었고, 지나치게 독립적인 자기 인생에 무언가가 빠져 있다는 느낌을 자각하고 있었다. 외롭다고 느끼거나 거절을 딱히 두려워하지도 않았지만 일이 그리 바쁘지 않고 누군가, 특히 여자친구인 샤론과 더 가까워지고 싶을 때면 마음이 답답해졌다. 그럴 때 어떻게 해야 하는지 알 수가 없었다. 샤론에게 기대고 싶다가도, 힘이 되어주지는 못할망정 왜 자기에게 부담을 주느냐고 비난할까 봐 두렵기도 했다.

거절당하는 느낌을 이해하는 방법 가운데 하나는 피부에 화상을 입었다고 상상해보는 것이다. 무언가가 가볍게 스치기만 해도 매우 심한 통증을 느낄 것이다. 그러면 본능적으로 상처 부위를 보호하려 하면서 누구도 근처에 오지 못하게 할 것이다. 만일 누군가가 상처를 건드리기라도 하면 두려워하며 분노하는 반응을 보일 수도 있다. 그리고 이렇게 예민한 상태로 아주 오랜 시간을 보내다 보면 당연히 우울하고 불안해질 것이며, 계속되는 통증에 대해 가능하면 정서적으로 무뎌지려 할 것이다. 상상이 아닌 실제 삶에서 이런 상처를 건드린 듯한 통증을 느끼는 건 바로 우리 정신의 주체인 '자기self'다.

부모와의 애착이 아이의 평생을 결정한다

프롤로그에서 언급한 것처럼, 거절로 인한 고통은 존 볼비가 개발한 애착 이론을 통해 해석할 수 있다. 볼비는 몇 가지 사전 작업을 거친 후 1969년 『애착과 상실Attachment and Loss』에서 처음으로 이 이론을 선보였다. 애착 이론은 이후 수십 년에 걸쳐 연구가 지속되면서 지금은 정론으로 확실히 자리 잡았다. 이 이론의 주요 내용을 살펴보자.

애착 이론에서는 기본적으로 인간이 자신 또는 타인과 관계 맺는 방식이 당사자의 생물학적 특성과 어린 시절 경험에 기초한다고 본다. 아이는 관계 또는 애착을 구하면서 세상에 태어나며, 자신을 돌보는 양육자가 생존 욕구와 정서적 유대감을 충족해주기를 기대한다. 이처럼 영아들이 안전함, 안락함, 격려를 기대하는 성인을 애착 대상이라고 한다(성인에게도 멘토나 친한 친구, 배우자와 같은 애착 대상이 있다).

애착과 연관된 부모-아이 관계의 기본 원리부터 살펴보자(물론 부모의 영향력에는 한계가 있으며, 이에 대해서는 뒤에서 자세히 논할 것이다). 아이는 양육자에게 의지하면서 그들에게서 일반적인 어떤 반응을 얻는다는 사실을 알게 된다. 즉 양육자가 아이에게 안락함과 도움을 제공할 수도 있고, 아이의 요구를 무시할 수도 있으며, 양육자 스스로 불안해하거나 화를 내기도 하고, 어떨 때는 이런 것들이 합해진 반응을 보이기도 한다. 아이가 이런 양육자의 반응에 대응하는 방식이 그 아이의 애착 유형(또는 관계 유형)을 형성하는 데 기초가 된다. 인생 경험에 영향을 받아 변하기도 하지만, 애착 유형은 일반적으로 그 사람의 인생 전반에 걸쳐 지속된다. 예컨대 이 책에 등장하는 두 주인공 가운데 재닌의 경우를 보자. 그녀의 어머니는 비판적일 때가 많았고, 그 영향으로 재닌은 늘 자신이 부족하다고 느끼며 남들에게 거절당할까 봐 두려워하게 됐다.

연구자인 바살러뮤K. Bartholomew와 호로비츠L. Horowitz는 애착 유형이 기본적으로 우리가 자신이나 타인과 관계 맺는 방식들의 조합이라는 사실에 근거가 있음을 밝혀냈다. 이들은 두 가지 기본 요소를 분석하여 '자기 표상model of self'과 '대상 표상model of others'이라고 이름 붙였는데, 이 두 요소를 조합하여 네 가지 기본적인 애착 유형이 형성된다.

자기 표상

자기 표상은 자신에 대해 생각하고 관계 맺는 양식을 가리킨다. 영아들의 자기감정sense of self(자신에 대한 생각과 느낌-옮긴이)은 특히 초기 아동기 시절 양육자(또는 애착 대상)가 그들에게 어떤 반응을 보였느냐에 따라 달라진다. 양육자가 아이의 고통에 민감하며 침착하게 정성껏 달래주면, 아이는 자신이 단지 잠시만 보살핌을 받는 것이 아니라 사랑받을 자격이 있다고 느낀다. 이런 느낌은 아동기 내내, 아니 사실상 평생 강화된다. 아이는 긍정적인 자기인식 덕분에 불안함과 대비되는 평온함을 느낀다.

상대적으로 불안형 애착anxious attachment style의 사람은 자신을 엄격히 평가하는 자기 표상을 지닌다. 자신을 부족하고 결함 있으며 호감을 주지 못하는 사람으로 여기는 경향이 있다. 또한 이런 자기 표상 탓에 자신에 대해 매우 불안해한다. 그러니 이들이 왜 자신이 거절당할 것으로 생각하고 거절을 경계하는지 비교적 쉽게 이해할 수 있을 것이다. 부정적인 자기감정이 자연스럽게 거절에 대한 민감함으로 이어진 것이다.

대상 표상

대상 표상은 힘든 시기에 자신이 의지하는 애착 대상이 정서적으로 함께해주는가에 대한 인식을 말한다. 부모에게 받아들여지고 사랑받으며 위로받는 전형적인 반응을 경험한 아이는 어른이 되어서도 힘들 때 애인이나 배우자처럼 의미 있는 타자에게 기댈 줄 안다. 반면 아무 호응도 받지 못하거나 양육자의 반응을 두려워하며 성장한 아이들은 대체로 이런 관계를 회피하는 경향이 있다.

이들은 타인이 자신과 정서적으로 함께해주지 못한다고 여기는 대상 표상을 발달시켜 회피형 애착avoidant attachment style을 형성하게 된다. 다른 사람들이 배려가 없고 도움이 되기에는 너무 약하거나 결함이 있다고, 또는 자신에게 적대적이라고 생각한다. 타인에 관해 부분적으로 또는 전체적으로 이런 인식을 지닌 사람은 거절 가능성에 매우 민감하므로 애초에 정서적인 친밀함을 나누려 하지 않는다. 겉으로는 친밀한 관계를 유지하는 것처럼 보이더라도 자신을 너무 개방하여 취약해지지 않도록 두꺼운 '벽'을 치는 것이다. 정서적 친밀함은 자신이 의식하지 못할 때가 많지만 의식할 때도 있다. 특히 감당하기 어려운 일을 당했거나 자기 인생에 중요한 무언가가 빠졌다는 생각이 들어 힘들어질 때 그런 친밀함을 의식하게 된다.

자기 표상 평가하기

자기 표상은 특정한 값이 아니라 어떤 범주나 차원으로 평가된다. 누구든 컨디션이 좋을 때도 있고 나쁠 때도 있다. 그런데 한 개인을 떠나 모든 사람은 자신이 매력적이고 침착하다는 느낌 또는 비호감이며 불안정하다는 느낌에 대해 서로 다른 방식으로 인식한다. 만일 당신이 자신을 비호감이며 불안정하다고 여기는 경향이 있다면, 상대적으로 불안형 애착을 지닌 거라고 할 수 있다.

그림 1.1은 사람들이 자신에 대해 지닐 만한 인식을 정리한 것이다. 노트에 그림의 눈금을 똑같이 그려 넣자. 그런 다음 자신에 대한 인식이 어디쯤인지 하루 단위로 표시하기 바란다(여기선 수치를 구하지 않는다).

| 그림 1.1 | 자기 표상 평가하기

```
   매력적인 ├─────────────┼─────────────────┤ 비호감인
  *가치 있는 ├─────────────┼─────────────────┤ **무가치한
     유능한 ├─────────────┼─────────────────┤ 부족한
   확신에 찬 ├──────────────┼────────────────┤ 확신이 없는
 불안감이 낮은 ├──────────────┼────────────────┤ 불안감이 높은
```

(불안형 애착)

* 가치 있는: 건전하고, 강하며, 만족스러운
** 무가치한: 결점 있고, 열등하며, 약하고, 만족스럽지 않은

○ 자기 표상 때문에 불안해지는가?

다음은 부정적인 표현을 나열한 것이다. 당신에게 해당하는 항목을 노트에 모두 적는다.

자신의 내면

- 나는 스스로 불안정하고, 의존적이고, 약하고, 열등하고, 결점이 있으며 부족하다고 느낀다.
- 나는 다른 사람들만큼 잘나거나 유능하지 못한 것 같다.
- 세상에서 혼자가 된 기분이다(옆에 사람들이 있고 그들이 지지하는데도).
- 나는 자기비판적 또는 자학적이다.

- 스스로 결점이라 생각하는 부분에 대해 화가 난다.
- 내가 너무 부정적으로 느껴져 그에 대한 반응으로 자꾸만 움츠러든다.
- 감정에 압도될까 봐 두렵다(강렬한 감정이 있다는 건 무언가 잘못됐음을 나타내는 거라고 생각한다).

타인과 관계 맺는 자기 모습

- 다른 사람들이 나를 거절하는 거라고 쉽게 생각해버린다.
- 거절당하고 버림받을까 봐 두렵다.
- 거절당하지 않으려고 다른 이들을 멀리한다.
- 다른 사람들이 충분히 함께하거나 잘해주지 않아서, 그 밖에 어쨌든 기분을 좋게 해주지 않아 화가 난다.
- 내가 가치 있는 사람임을 타인에게 반드시 증명해야 한다.
- 사람들의 애정을 바라고 매달린다.

노트에 적은 문장을 하나씩 천천히 살펴보자. 적힌 문장이 많을수록 당신이 불안형 애착을 지녔을 가능성이 크다고 할 수 있으며, 이 문장들은 당신이 앞으로 어떤 부분을 개선해야 하는지를 보여준다. 이런 자기인식에 대해 떠오르는 생각이 있으면 무엇이든 노트에 적는다.

자기 자신과의 관계를 더 긍정적으로 형성하고자 노력할수록 옮겨쓰는 문장이 줄어들 것이며, 표시한 내용 또한 그리 심각하지 않게 느껴질 것이다.

대상 표상 평가하기

자기 표상과 마찬가지로 대상 표상 또한 특정 값이 아닌 범주나 차원으로 평가된다. 다른 사람들이 정서적으로 자신과 얼마나 함께해줄 수 있는가에 대해 사람들은 저마다 다르게 느끼며, 그 인식에 따라 다른 이들과 감정적으로 친밀한 관계로 나아갈지 말지를 결정한다. 일반적으로 다른 사람들과 감정을 함께하지 못한다고 생각한다면 정서적으로 그들과 깊은 관계를 맺지 않으려 할 것이며, 위안이 되어주는 애착 대상으로서 그들에게 의지하려 하지도 않을 것이다. 이는 당신이 회피형 애착을 지녔음을 보여준다.

노트에 그림 1.2의 눈금을 그린다. 다른 사람들에 대한 당신의 인식과 반응이 눈금 위 어디쯤인지 날마다 표시한다.

| 그림 1.2 | **대상 표상 평가하기**

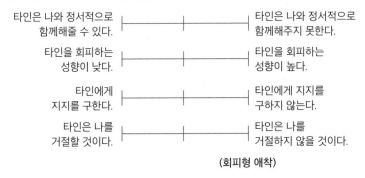

○ 대상 표상 때문에 타인을 회피하게 되는가?

다음은 타인과 친밀한 관계를 회피하는 표현들을 나열한 것이다. 자신에게 해당하는 내용을 노트에 모두 적는다.

타인과 관계 맺을 때의 자기 모습
- 독립적이다.
- 자족적이다.
- 다른 이들의 개인사에 관심이 없다.

타인에 대한 인식
- 의지할 만하지 않고 무능하다.
- 힘이 되어주지 않는다.
- 배려가 없다.
- 신뢰가 안 간다.
- 배타적이다.
- 비판적이다.
- 대부분 사람이 타인 곁에 함께 있어주거나 힘이 되어주지 않는다.

옮겨 적은 문장을 천천히 살펴보자. 적힌 문장이 많을수록 자신이 혼자라고 느낄 가능성이 크다. 다른 사람들이 정서적으로 누구와도 함께하지 못한다고 여길수록 회피형 애착일 확률이 높다. 타인에게 거의 또는 전혀 지지받지 못하리라 생각한다면, 아마도 당신은 무엇이든 혼자 하려고 애를 쓸 것이다. 자신의 이런 점들을 관찰하고 노트에 기록하자.

당신은 자신의 대상 표상을 살펴보면서, 다른 사람들이 보통은 정서적으로 타인과 함께하기도 하지만 당신한테만은 그렇게 하지 않는다는 자신의 인식을 깨닫게 될 수도 있다. 자신에게 결함이 있다고 믿는 '자기 표상'을 지닌 사람들에게 흔히 나타나는 일이다. 이런 경우 다른 이들의 배려와 지지를 얻기 위해 자신의 가치를 자꾸 증명하려 할 수도 있다. 만약 당신이 그렇다면, 깊이 생각한 후 자신의 내적 갈등에 대해 적어보자.

다른 사람들이 감정적으로 함께해준다고 생각하게 되면, 자신이 그들과 더 연결된 기분이 들 것이다. 이런 관계는 행복을 뒷받침해주는 개인적인 자산이다.

네 가지 애착 유형

애착 유형에는 안정형secure, 집착형preoccupied, 무시형dismissing, 두려움형fearful 등 네 가지가 있다. 그중 첫 번째를 '안정형', 나머지 세 가지를 '불안정형'으로 분류한다. 이 유형들은 그림 1.3과 같이 자기 표상과 대상 표상을 함께 고려하여 이해할 수 있다.

| 그림 1.3 | **성인기의 네 가지 애착 유형**

타인이 정서적으로 함께해줌
(낮은 회피 성향)

안정형 | 집착형

매력적인 자기 ─────────────── 비호감인 자기
(낮은 불안감)   (높은 불안감)

무시형 | 두려움형

타인이 정서적으로 함께해주지 못함
(높은 회피 성향)

자료: Bartholomew and Horowitz(1991), Griffin and Bartholomew(1994), and Mikulincer and Shaver2007)

● **안정형** 이 유형에 속하는 사람들은 대체로 자신에 대해 좋은 느낌을 지니고 있다. 그들은 힘들거나 자신의 약점, 실수, 결점과 마주하게 되더라도 스스로 능력 있고 매력적이라고 생각하며 자신에게 너그러워져야 한다고 믿는다. 또한 의미 있는 타자를 애착 대상으로 여겨 지지와 격려의 원천으로 삼으며 의지한다. 거절 또는 거절의 가능성이 유쾌한 것은 아니지만, 이 유형의 사람들은 이런 염려를 균형 있게 바라볼 수 있고 그에 대처할 자원이 자신에게 있음을 알고 있다.

● **집착형**(불안정형) 이 유형에 속하는 사람들은 자신에게 무언가 받아들이기 힘든 부분이 있다고 느낀다. 스스로 비호감이거나 결점이 있고 부족하다고 생각하며, 자기비판적인 경향이 있다. 다른 사람들이 지지의 원천이 될 수 있다고 생각하면서도 자신은 그런 지지를 받을 자격이 없다고 여긴다. 따라서 타인의 욕구에 신경 쓰거나 자신이 어떤 분야에서 큰 성공을 거두는 등의 모습을 '연출함으로써' 다른 이들의 관심과 사랑을 '얻기 위해' 노력하거나 집착할 때가 많다. 하지만 그들은 자신이 관심, 지지, 사랑을 받는 것이 연기를 한 덕분이며 진짜 자기 모습 때문이 아니라고 믿는다. 그래서 자신이 여전히 부족하다고 느끼면서 무시당하고 버림받고 거절당하리란 생각에 끊임없이 괴로워한다.

● **무시형**(불안정형) 이 유형의 사람들은 고통을 회피하는 대응을 한다. 다른 사람들이 정서적으로 함께해주지 않는다고 인식하므로 그들을 정서적으로 소중하다고 생각하지 않는다. 심지어 타인에게 의지하는 행동은 마음 아프고 실망스러운 일이라고 여기기도 한다. 그래서 친밀한 관계를 회피하는 경향이 있다. 또한 너무 커져버릴지 모르는 자신의 감정을 추스르기 위해 아예 그 감정을 피하려 한다. 자신이 한 개인으로서 가치 있다고 느끼는 대신 성취나 상황 대처 능력에 따라 가치가 부여되는 것으로 생각한다. 즉, 타인의

가치와 자신의 내적 경험에서 오는 가치를 무시한다.

정서적인 친밀함을 회피하므로 타인의 거절에는 덜 민감하지만, 실패나 실패 가능성이라면 어떤 것에든 매우 민감하다. 더욱이 비현실적으로 높은 잣대로 성패를 판단하는 경향이 있으며, 어떤 성취 수준을 달성해야 비로소 자신이 가치 있다고 생각한다. 그래서 대개 자기거부self-rejection와 자기비판을 하며 몹시 힘들게 발버둥친다.

이 유형의 사람들은 타인에게 거절당한 일에는 그다지 민감하지 않지만, 그 거절을 경험하면서 내적인 거부감이 생길 수 있다. 겉으로는 내적 거부감에 대한 반응으로 더 높은 단계의 성취를 위해 전념하는 것으로 보일 수 있다. 때때로 자신을 심하게 몰아세우거나 이전에 성취한 업적에 더 집착하기도 한다.

● 두려움형(불안정형) 이 유형에 속하는 사람들은 자신이 가치 있다고 느끼기 위해 또는 괴로움을 잠재우기 위해 타인이나 자신에게 의지할 순 없다고 생각한다. 이들에겐 매우 일관적이지 못한 부모가 있었을 가능성이 크다. 즉 부모가 그들을 두렵게도 하고(분노 반응으로), 부모 스스로 두려워하기도 하는(불안 반응으로) 존재였을 것이다. 이 유형의 사람들이 안도감을 얻기 위해 자신이나 타인에게 기대려 하는 시도는 효과를 보기 어렵다. 그 결과 쉽게 화를 내는

바람에 다른 이들과의 관계가 흔들리게 된다. 거절 또는 거절 가능성에 대해 위안을 얻거나 자존감을 회복할 방법이 없어 계속 커져만 가는 듯한 고통 속에 빠져버릴 수 있다.

이상의 애착 유형들 중 당신이 어떤 유형에 가장 가까운지 생각해보기 바란다. 다만, 네 가지 유형이 서로 완전히 구별되는 것은 아니라는 점에 주의하자. 자기 표상과 대상 표상은 차라리 경험의 영역에 근거한다고도 할 수 있다. 당신은 자신이 매력적인 편이며, 다른 사람들도 어느 정도 정서적으로 함께해준다고 느낄 수 있다. 따라서 당신이 집착형인 면이 있다 해도, 그런 구별은 단지 대략의 묘사만 해줄 뿐인 것이다. 당신의 특정 유형은 자기 표상과 대상 표상이 어디에 놓이는가에 달려 있다. 더구나 애착 유형은 시간이 흐름에 따라 다양한 경험이 쌓이면서 변할 수 있으며, 관계에 의해서도 조금씩 달라진다.

아이들의 불안정형 애착을 지나치게 부모 탓으로만 돌리기 전에, 부모의 통제를 벗어나는 커다란 영향도 존재할 수 있다는 사실을 이해해야 한다. 어떤 부모들은 불안, 우울, 심신 쇠약과 같은 어쩔 수 없는 사정으로 자녀들과 충분히 함께해주지 못하기도 한다. 폭력적인 동네에서 자라거나, 또래 괴롭힘의 피해자가 되는 등의 환경 요인은 부모가 완화하기엔 극도로 힘들 만큼 아이에게 부정적인 영향을 미친다. 입양과 같은 특별한 상황 또한 애착에 영향을 줄 수 있다.

마지막으로 언급할 것은, 똑같은 눈송이가 하나도 없듯 모든 아이는 서로 다르다는 점이다(일란성 쌍둥이 아들을 두었기에 확실히 말할 수 있다). 아이들은 환경에 대한 반응, 기분, 집중력, 끈기와 같은 기질을 모두 다르게 지니고 태어난다. 종종 어떤 아이들은 신경 장애가 있어서 자폐증처럼 관계 맺는 능력에 영향을 받기도 한다. 이런 모든 요소가 애착 유형을 크게 좌우할 수 있다.

한 가지, 주의할 점이 있다. 누구나 고유의 가치를 지니고 있기에 자신의 모습 그대로 받아들여지고 관심받는다고 느끼는 것이 중요하다는 것이다. 만일 당신이 사람이란 하는 일에 따라 가치가 매겨지는 존재라고 믿는다면, 내가 말하려는 바를 제대로 이해하지 못할 것이다. 그런 경우라면 8장의 '나는 나로 충분하다' 단락을 읽고 돌아오기 바란다.

거절에 더 잘 대처하는 사람들

거절이 모두에게 고통스러운 일이긴 하지만, 안정형 애착을 지닌 사람들이 다른 이들보다 거절에 더 잘 대처하는 경향이 있다. 이런 회복탄력성을 지닌 사람들은 일반적으로 긍정적인 자기 표상을 지니고 있으며 자신을 만족스러워한다. 타인에 대해서도 그들이 정서적으로 자신과 같이 있으며 힘이 되어준다는 대상 표상을 지니는 경향이 있다. 그래서 거절을 당해도 내적·외적 지원에 모두 의지하며 거절에 대해 균형 잡힌 관점을 유지한다. 에밀리의 사례를 살펴보자.

에밀리는 삶에 기복이 있을 때도 평소 상태로 순조롭게 회복하는 것 같았다. 그렇다고 그녀가 화를 전혀 내지 않거나 힘들다고 하지 않는 것은 아니었다. 그래도 에밀리는 안 좋은 일이 생길 때 그리 어렵지 않게 평정심을 되찾을 수 있었다. 어린 시절에는 침착하고 안정적일 뿐 아니라, 그녀가 두려워하거나 슬퍼하거나 좌절할 때 달래주는 부모님이 곁에 있었다. 에밀리는 부모님에게 받은 위안 덕분에 인생의 도전에 자신감과 힘으로 대응할 수 있는 탄탄한 토대를 지니게 됐다.

다음의 세 가지 요소는 안정형 애착을 지닌 사람들이 거절에 대해 더 큰 회복탄력성을 지니도록 해준다.

자신이 매력적이라는 긍정적 자기 표상

• 안정형 애착을 지닌 사람들은 스스로 가치 있고 사랑받을 만

하다고 느낄 뿐 아니라 자신에 대한 긍정적인 관점을 유지한다. 간혹 잠시 그런 관점을 잃게 되더라도 빠르게 되찾는다.

- 자기수용을 통해 자신의 감정을 의식하고, 인정하고, 받아들이고, 견디면서 효과적으로 통제한다.
- 너그러운 자기인식을 하는 편이어서 고통스러운 감정을 비교적 쉽게 치유한다.

정서적으로 함께해준다는 긍정적 대상 표상

- 안정형 애착을 지닌 이들은 대개 타인이 자신과 정서적으로 함께해주며 자신을 소중하게 여긴다고 생각한다. 그러므로 특정한 사람이나 상황에 의해 거부당하는 기분이 들더라도 타인의 진정한 수용을 이해하고 느낄 수 있다. 이런 식으로 맥락을 폭넓게 이해하기 때문에 거절을 당해 고통스럽더라도 그리 심한 충격은 받지 않는다.
- 전반적으로 타인에게 마음이 열려 있으므로 다른 이들의 경험도 잘 이해하고 공감할 수 있다. 누군가가 자신과 관계를 끊고 비판적인 피드백을 줄 때, 넓은 시야로 그 이유를 살펴보면서 그로 인한 영향력을 제한할 수 있다. 예컨대 안정형 애착을 지닌 사람은 친구가 심한 말을 해도 그가 요즘 하는 일 때문에 지치고 스트레스를 받아서 한 행동임을 이해한다.

친구 말을 인정할 순 없어도 그다지 심각하게 받아들이지 않으며, 친구 잘못에 대해서도 덜 비판적인 태도가 된다. 기쁘진 않겠지만 비교적 차분하게 반응함으로써 상황을 효과적으로 통제할 수 있다.

거절에 대처하는 긍정적인 태도

- 안정형 애착을 지닌 사람들은 사소한 문제를 크게 만들지 않는 편이다. 거절당했다는 느낌을 잘 처리하게 해주는 안팎의 자원이 있으므로, 감정적으로 지나치게 반응하거나 그런 감정적인 마음가짐에 머물려 하지 않는다. 예를 들어 배우자가 "집이 왜 이렇게 지저분해"라고 말했다고 하자. 안정형 애착의 사람은 이 말을 자신에 대한 공격으로 보거나 그가 결벽증 환자라는 증거라고 생각하는 대신, 그가 자기 상황 때문에 좌절하고 있으며 사실은 그 좌절을 줄이고 싶어 한다는 점에 공감한다.

- 자신에 대해 긍정적으로 느끼고 전반적으로 타인에게 사랑받으므로, 때로는 거절의 위험도 무릅쓸 수 있다. 누군가가 자신을 대하는 방식에 문제가 있다고 생각될 때, 거절당할 것을 두려워하며 움츠러들지 않고 자신의 감정을 좀더 자유롭게 표현할 수 있다.

• 주어진 상황을 처리할 수 있으며, 그 일에 대해 잊어버리고 앞으로 나아갈 수 있다.

에밀리처럼 어린 시절부터 자연스럽게 안정형 애착을 키워나가는 사람도 많지만, 모든 사람이 그렇게 운이 좋은 건 아니다. 그러나 애착 유형은 바뀔 수 있다. 이 책을 읽으면서 더 가치 있고 매력적인 자기 표상 그리고 정서적으로 함께해주는 대상 표상을 만들어 나간다면, 거절에 대한 시각도 점차 바뀔 것이다. 거절을 피해야 한다는 생각도 그렇게 강하게 들지 않을 것이며, 거절에 감정적으로 지나치게 반응하는 대신 더 잘 대처하게 될 것이다. 그러고 나면 거절을 성장의 기회로 삼을 수 있다.

Chapter 2

·
·
·

나는 왜
나로 살지 못할까

．
．
．

재닌은 몇 주 전 친구 멜리사와 함께 영화를 보고 왔다. 그런데 그 뒤로 멜리사한테서 통 전화가 없다. 재닌은 자기가 뭘 잘못해서 멜리사가 연락을 끊었는지 알 수가 없다. 가슴에 손을 얹으니 심장이 세차게 뛰는 게 느껴진다.

'정신 바짝 차려야 해. 또 이렇게 불안에 사로잡혀선 안 돼.'

재닌은 두어 번 심호흡을 한다. 일기를 쓰면 도움이 될 때가 많았으므로 자리에 앉아 생각과 느낌을 적어나간다. 써놓은 내용을 보며 다시 생각에 잠긴다.

'멜리사가 완전히 멀어질까 봐 두려워. 하지만 사실 우리가 매주 전화 통화를 한 건 아니었잖아.'

재닌은 샤워를 하고 몇 가지 집안일을 하기로 한다. 오후가 되자 조금 진정이 된다. 자기가 멜리사에게 무언가 잘못했을 거라는 두려움이 완전히 사라진 건 아니지만 그렇게까지 심하게 걱정되지도 않는다. 재닌은 일기를 좀더 쓰면서 자기 생각과 감정, 그리고 이 상황에서 뭘 할 수 있을지에 천념한다.

약간만 노력해도 거절에 더 유연해질 수 있다. 모든 가치 있는 시도가 그러하듯, 이 과정에는 장애물이나 실패도 있다. 거절을 마주하고 그에 대해 다르게 반응하는 훈련도 필요하다. 이런 과제를 하다 보면 시뻘건 사자 주둥이에 머리를 들이미는 것처럼 끔찍한 기분이 들지도 모른다. 그러나 자신이 변화하고 있다는 사실을 알아차릴수록, 그리고 이를 통해 얼마나 도움을 받을지 이해할수록 훈련이 덜 벅차게 느껴질 것이다. 이런 일에 차츰 단련되기 때문이다. 이것이 바로 이번 장에서 살펴볼 내용이다.

마음을 열고 조금씩 변화하는 법을 배울 것이며, 목표를 달성하기 위해 마음을 다지는 동안 혼자서도 어려움을 극복할 수 있게 될 것이다. 이는 마치 도구 상자와 같다. 구체적으로 말하자면 안정된 상태에서 '내성의 창window of tolerance' 안에 머물며, 자기 한계를 인정하고, 자신의 거절 민감도를 이해하고, 마음을 가라앉히기 위해 일기를 쓰며, STEAM을 구성하는 자기인식의 다섯 가지 영역을 탐색하는 것이다. STEAM은 프롤로그에서 언급했듯이 감각·생각·감정·행동·정신화를 의미하며, 이 책 전반에 걸쳐 자세히 다룰 것이다.

기본적인 욕구가 먼저 충족돼야 한다

변화를 위해 계속해서 도전하고, 거절에 더 큰 회복탄력성을 지니려면 삶이 웬만큼 안정되어 있어야 한다. 일테면 건강에 좋은 음식을 먹고, 때 되면 날아드는 청구서를 처리하는 것과 같은 일상적인 활동이 필요하다는 얘기다.

카트리나는 지역 초등학교 교사다. 그녀는 원래부터 다른 사람들을 돌보는 일에 익숙했다. 알코올 중독인 부모 밑에서 자라면서 어린 동생들을 돌봐야 했기 때문이다. 카트리나는 일곱 살 정도부터 그래 왔다고 말했다. 아주 잠깐의 휴식 시간이 생겨도 곧바로 '이러면 안 돼. 사람들을 도와줘야 해'라는 생각이 떠오른다. 가족과 친구들을 돌봐야 한다는 생각에 사로잡혀서 항상 그들을 위해 무언가를 한다. 빵을 굽거나 상처에 약을 발라주기도 하고, 누군가가 화나 있을 때는 함께 얘기하느라 잠이나 식사까지 거를 정도다. 못 하겠다고 말하거나 돕는다고 하더라도 모든 것을 하진 않겠다고 말하고 싶다가도, 그러면 자신의 가치가 사라지고 가족이나 친구들이 자신을 떠날 거라는 근본적인 두려움이 생기곤 한다.

카트리나는 자신이 만성적으로 불행하고 지친 상태이며, 그래서 자기 자신을 더 돌보고 싶다는 생각이 떠오를 때마다 곧바로 '그렇게 이기적으로 굴지 마!'라며 자책한다. 정말 뭔가 바꿔야 한다는 생각이 들 때도, '너무 피곤하고 배가 고프니 이런 생각까지 드는구나' 하며 또다시 뒤로 물러선다. 그러고는 자신을 재촉해 다른 이들을 돕고 자기 욕구는 무시하면서 늘 하던 대로 계속 밀고 나간다.

모든 사람의 내적인 힘과 자원에는 한계가 있다. 그러므로 거절에 대한 민감함을 극복하고 활력을 되찾기 위해서는 우선 자신의 기본적인 욕구부터 충분히 만족시켜야 한다.

○ 자신의 기본적인 욕구를 돌보고 있는가?

이 과제를 통해 당신이 자신의 기본 욕구에 더 신경 씀으로써 이점을 누리고 있는지 평가할 수 있다. 다음 항목 중 자신에게 해당하는 내용을 노트에 옮겨 적기 바란다.

안전한 생활 환경
- 집에 있을 때 정신적·육체적으로 위축된다.
- 가정환경이 정서적인 건강에 도움이 되지 않는다.
- 생활 환경이 안정적이지 못하다.

재정적인 안정성
• 수입이 충분하지 않다.
• 기본적인 청구서도 감당하지 못한다.
• 재정 상황을 통제하지 못한다.

건강에 대한 기본적인 욕구
• 잠을 충분히 자지 못한다.
• 식습관이 심각하게 걱정된다.
• 운동량이 충분하지 않다.
• 아플 때 병원에 잘 가지 않는다.
• 정기검진을 받지 않는다.

자신이 옮겨 적은 모든 항목이 당신의 안전하다는 느낌과 안전 자체에 얼마나 영향을 미치는지 생각해보자. 이런 요소들 때문에 거절에 대한 민감함이 얼마나 심해지고, 명료하게 생각하고 몰두하며 대처하는 능력이 얼마나 손상을 입을지 생각해보라는 뜻이다.

걱정되는 모든 영역에서 대처 방안을 만들어보라. 페이지마다 한 항목씩 따로 제목을 붙이면 편할 것이다. 구체적인 대처 방안을 각 페이지에 단계별로 나열한다. 대처 방안은 실제로 행동에 옮길 수 있을 만큼 부담 없게 만들어야 한다. 예를 들어 재정 관리에 문제가 있다면, 매일 한 가지 작은 일을 하는 계획을 세울 수 있을 것이다. 이를테면 수북이 쌓여 있는 청구서들을 모아 종류에 따라 나눈 다음(일테면 수도요금, 전기요금 등), 분류한 청구서를 파일에 정리하는 식이다.

만일 이런 방안을 실행하는 게 벅차다고 느껴진다면, 친구 또는 회계사나 금융설계사 같은 전문가에게 도움을 구하라. 기본적인 욕구를 충족시키면 거절에 대한 민감함을 극복하는 데 핵심적인 힘을 얻게 될 것이다.

자기 내성의 창 안에 머물기

'과잉반응하지 말자. 린다는 그저 친구들을 만나 즐거운 것뿐이야.' 채드는 구렁텅이에 빠진 듯한 기분이었지만 가까스로 마음을 추슬렀다. '린다가 자기 친구들과 더 오래 대화한다고 해서 나와의 관계가 끝나는 건 아니잖아.'

그는 파티에서 생긴 일을 '내성의 창' 안에 머무는 훈련을 하는 기회로 삼았다. 린다와 사귀던 초반에는 내성의 창 크기가 작았다. 거절의 기미만으로도 창밖으로 밀려나는 듯했다. 그러나 마음을 가라앉히고 다잡는 훈련을 하니 거절에 대한 내성이 커졌다. 이제 채드는 거절당했다는 느낌이 들더라도 덜 힘들어졌으며 더 잘 대처할 수 있게 됐다.

《알아차림》의 저자이자 정신과 의사인 대니얼 J. 시겔Daniel J. Siegel 박사는 '내성의 창'을 '자극의 범위a range of arousal'라고 부른다. 그 범위 안에 머물 때 효과적으로 정보를 받아들이고 처리할 수 있다는 것이다(그림 2.1). 거절당했다고 느끼거나, 거절당할까 봐 두려울 때 내성의 창 안에 머물기 위해서는 자신의 거절 민감도에 따라 약간의 작업이 필요하다. 채드가 한 것처럼 자기 한계를 인정하며 많이 속상할 때 스스로 마음을 가라앉히는 법을 익히면서 내성의 창을 확장할 수도 있다. 하지만 그래도 여전히 거절로 인한 감정적인 투쟁과 마주해야 한다.

| 그림. 2.1 | 내성의 창

과도한 각성 상태(투쟁-도피 반응)

내성의 창

부족한 각성 상태(기능 정지)

거절을 당해 위협을 느끼면 내성의 창 바깥으로 밀려나게 된다. 뇌는 '과도한 각성 상태hyper-aroused'와 '부족한 각성 상태hypo-aroused' 중 하나로 자신의 고통을 막고자 한다. 과도한 각성 상태는 투쟁-도피 반응fight-or-fight mode과 관련이 있으며, 부족한 각성 상태는 기능 정지shutting down라는 특성을 보인다.

과도한 각성 상태의 예를 보자.

채드는 린다를 처음 보자마자 그녀에게 반해버렸다. 하지만 자신이 얘기하는 동안 린다가 잠시 휴대전화를 들여다보자, 거절당했다는 심한 충격에 빠졌다. 채드는 곧바로 과도한 각성 상태에 빠졌고 몸 전체가 그 강렬한 느낌에 휩싸였다. 이런 상태가 낯설지 않았던 그는 강한 두려움과 불안감에 압도됐으며, 이런 상황에서 늘 그랬던 것처럼 거절당하리라는 생각에 사로잡혔다. 그는 내성의 창 바깥쪽에 있었고 명확한 사고를 할 수 없었다. 거절에 달리 대응하는 법도 알 수가 없었다. 일반적으로, 이럴 때는 뭔가를 배운다는 게 불가능하기 때문이다.

한편 뇌를 통해 자신을 보호하려는 정반대의 방법이 '부족한 각성 상태' 또는 '기능 정지'다. 이 상태에서는 정서적으로 단절되며 우울해지기 쉽다. 움직임이 줄어들고 몸의 감각도 무뎌진다. 마음까지 둔하게 느껴지므로 생각을 하기도 힘들어질 수 있다. 이런 상태일 때는 직장에서 해고된 것 같은 중요한 일도 마치 날씨 얘기나 되는 듯 아무렇지 않게 말할 수 있다.

내 진료실을 찾아온 환자들 중 자신이 보잘것없다거나 타인에게 중요하지 않게 느껴진다는 심각한 말을 하면서도 딱히 속상해하지 않는 모습을 보이는 이들이 있었다. 대신 그들은 갑자기 피로해진다거나 명료하게 생각하는 걸 힘들어했다. 이는 부족한 각성 상태의 징후이며, 긍정적으로 변화하는 데 심각한 장애가 된다.

당신 또한 자신의 거절에 대한 문제를 다루면서 내성의 창 바깥으로 밀려나는 일이 몇 번은 생길 것이다. 그래서 이 책을 통해 STEAM(감각, 생각, 감정, 행동, 정신화)의 각 영역에서 자기인식을 발달시켜 당신이 더 나은 각성 수준으로 돌아갈 수 있도록 돕고자 한다.

자기 자신에게 관대해지자

거절이라는 문제를 떠올리기만 해도 당신의 불안 수준이 치솟아 내성의 창 바깥으로 튕겨져 나갈 수도 있다. 당신은 이런 자신에게 '너무 과민해!'라며 비판적으로 반응할 것이다. 하지만 다른 사람들이 당신에 대해 어떻게 생각하는지 염려된다는 게 뭐가 문제인가? 더 강하고 더 큰 회복탄력성을 갖추고 싶어 하는 건 좋지만, 자신을 비난하면 더 방어적인 상태가 되고 늘 겪던 거절에 대한 두려움에 질책에 대한 두려움까지 더해질 수 있다.

자신을 질책하기보다는 삶을 경험하며 생기는 자신의 감정을 존중해야 한다. 자신에게 천천히 다가가면서 시간을 들여 자신의 두려움과 갈등을 이해하고, 자기 노력도 인식하고 격려하며, 자기 자신을 응원해보자. 그러면 더 효과적이고 너그러운 방식으로 거절에 대한 민감함을 완화할 수 있다.

다음 비유를 살펴보자. 당신은 골목에서 우연히 유기견을 발견해 돕기로 한다. 당신이 다가가려 하니 개가 바짝 긴장하며 으르렁거린다. 개가 위협을 느꼈을 수도 있다고 생각한 당신은 걸음을 멈추고 한자리에 가만히 서 있다. 잠시 후 개는 긴장이 풀려 보였지만 여전히 당신을 경계한다. 당신이 물과 음식을 가져와도 아직 곁으로 다가오지는 못하게 한다. 그래서 당신은 그릇을 내려놓고 물러선다. 개는 천천히 음식과 물에 다가간다. 조금씩 먹고 마시는 동안 개는 당신이 옆에 앉아 있어도 안전하다고 느끼게 된다. 당신이 어루만져도 가만히 있다. 마침내 당신은 개를 집으로 데려가서 목욕도 시켜주고 놀아주면서 즐겁게 보낸다!

이런 느리고 조심스러운 접근이 매우 절망적인 과정이 될 수도 있을 것이다. 내가 아는 많은 환자 또한 거절을 심하게 힘들어했으며, 자기 삶을 개선하겠다는 생각을 하면서도 변화 과정에 저항하는 자기 모습에 분노했다. 이럴 때는 한 걸음 뒤로 물러나 생각해보는 게 좋다.

이전 경험에 비추어 볼 때 그 정도로 위험하다는 생각이 든다면, 누구라도 경계를 늦추지 않을 것이다. 따라서 이런 문제를 다루려 하면서 지나치게 괴롭고 방어적인 상태가 된다면, 그 반응도 존중해야 한다. 다시 말하지만, 이는 당신이 이전의 경험으로 학습한 결과다. 당신이 더는 그런 반응이 필요 없다고 생각하게 되면 조심스럽게 그러나 확고하게, 거절에 대한 민감함에서 벗어나는 훈련을 계속할 수 있을 것이다. 이것이 변화의 중요한 과정이며, 이 책이 제시하는 정보와 과제가 바로 그 변화를 위한 것이다.

다만, 한 가지 주의할 게 있다. 어린 시절에 방치됐거나 육체적·성적·정서적 학대를 당한 적이 있다면, 그런 갈등을 수용하는 과정을 거치고 자기관용을 지닐 수 있도록 숙련된 전문가를 찾기를 권한다.

어떤 식으로든 기록하라

자신이 거절당했다고 느낄 때 또는 인생의 색다른 도전을 마주하게 될 때 일기 쓰기가 아주 유용했다고 말하는 이들이 많다. 갈등이 일어나는 부분을 새로운 관점으로 보게 해준다는 것이다. 자기 생각을 가다듬어 글로 적고 자주 다시 읽으면, 경험한 일들을 정리하고 명확히 하며 그에 대한 관점을 얻을 수 있다. 또한 나중에 그 일부만 읽어봐도 잊고 있던 당시의 깨달음을 상기하게 된다.

일기는 체계를 갖추거나(구조적인 일기 쓰기) 체계 없이 쓰는(구조적이지 않은 일기 쓰기) 방식이 있는데, 각각의 이점이 있다. 구조적인 일기 쓰기는 질문에 답하는 방식으로 작성하는 것이다. 예컨대, '다른 이들과의 관계에서 당신이 거절당했다고 느낄 만한 계기가 되는 공통적인 상황이 있는가?'와 같은 개방형 질문이 있다. 또는 질문 대신 상세한 지시가 담길 수도 있다. 예컨대, '거절에 대한 당신의 정서적 반응을 기록하라. 다음엔 당신이 보인 행동 반응을 쓰라. 그리고 마지막으로 이런 반응들이 다른 이들에게 미친 영향을 쓰라' 같은 방식이다. 이 책 전반에 걸쳐 다양한 주제에 대해 깊이 생각해보라는 제안을 받게 될 텐데, 이런 각각의 주제를 일기 쓰기의 질문으로 삼을 수도 있다.

구조적이지 않은 일기 쓰기는 특별한 지시 없이 또는 기본적인 주제만 놓고 자기 생각을 쓰는 것이다. 이런 식으로 쓰는 대표적인 방법으로 '의식의 흐름 기법'이라는 것이 있다. 문법, 철자, 맥락, 심지어 말이 되는지 안 되는지조차 따지지 않고 마음속에 떠오르는 대로 써 내려가는 방식이다. 떠오르는 것이 무엇이든 종이에 쏟아부으면 된다. 논리적으로 분석하거나 '타당한가, 아닌가'라는 판단으로 제한하지 않으며 날것 그대로 생생한 경험을 표현함으로써, 그 과정에서 일어나는 모든 것에 자신을 노출한다. 당신은 이를 통해 일종의 카타르시스를 경험하면서 자신에 대한 통찰과 세상에 대한 관점을 지니게 될 것이다.

반성적 사고reflective thinking(자신의 사고 과정을 성찰하는 것-옮긴이)를 일기에 추가하고 싶을 때도 있을 것이다. 자신이 쓴 내용을 곧바로 또는 나중에 다시 읽어보고 그 내용에 대한 자기 생각과 통찰을 쓰는 것이다. 구조적이지 않은 일기를 쓰면 다시 읽어보느냐 아니냐와 상관없이 어떤 명료함을 얻게 된다. 그러니 이런 글쓰기를 주기적으로 하기를 권한다.

이 책을 읽으면서 써둔 모든 메모, 과제를 수행하며 기록한 모든 답변이 노트 한 권에 담긴다면 특히 도움이 될 것이다. 오래전에 기록한 내용을 다시 보고 생각해볼 좋은 기회도 얻을 수 있다. 그러면 잊었던 통찰이 다시 떠오르고, 자기 생각이 바뀌었다는 사실도 알게 되며, 이전에 써놓은 글 덕분에 제자리로 돌아올 수도 있다. 이런 작업을 하며 자신의 성장을 되돌아보면 스스로 동기도 부여될 것이다. 자신이 어떤 면이 부족한가에만 자꾸 매몰되어 그동안 얼마나 먼 길을 지나왔는지 깨닫지 못하는 사람이 많기 때문이다.

내가 아는 많은 환자가 다른 사람들이 볼까 봐 일기 쓰기를 망설인다. 만약 당신도 그렇다면 해볼 만한 방법이 몇 가지 있다. 가장 간단한 것으로는 자꾸 엿보는 눈들을 피해 안전한 장소에 노트를 간직하거나 자물쇠를 채워두는 방법이 있다. 아니면 생각하는 내용을 적은 후 종이를 버리는 방법도 있다. 이렇게 하면 쓴 것을 다시 읽진 못하겠지만, 생각하는 바를 손으로 직접 적는 과정 자체만으로도 가치가 있다. 또 당신은 컴퓨터에 기록하는 것을 선호할지도 모른다. 태블릿, 노트북, 데스크톱, 스마트폰 등 어디에 기록하든 상관은 없다. 하지만 앞서 말했듯이, 자기 생각을 손으로 직접 적으면 감정적으로 좀더 연결될 수 있다는 사실을 고려하기 바란다.

스스로 마음을 가라앉히는 법

거절에 대한 민감함을 완화하는 과정에서 줄곧 차분한 기분을 유지할 수 있으리라 기대하는 건 비현실적이다. 그래도 너무 속상해서 제대로 생각하고 건설적으로 반응할 수 없을 정도라면, 우선 스스로 마음을 가라앉혀 각성 수준을 내성의 창 안쪽으로 되돌려야 한다.

도움이 되는 행동이라도 '지나치면' 안 좋다는 점을 깨닫게 될지 모른다. 그러므로 언제, 얼마나 그런 활동을 하는지 관찰해야 한다. 만일 마음을 진정시켜주는 활동이 오래 하면 자기파괴적인 결과에 이를 경우 어떤 시간에만 하거나 아예 멀리하는 게 좋을 것이다. 일테면 '저녁 8시 이후 간식 먹지 않기', '게임은 한 시간 이내로 하기' 식으로 정할 수 있다.

○ 마음을 가라앉히는 목록 만들기

속상할 때 참고할 수 있는 목록을 만들어보자. 가장 필요한 순간에 헤매지 않도록, 마음이 차분한 상태일 때 미리 정리해두는 것이 좋다. 속상할수록 생각하기 더 힘들어진다는 점을 기억하자. 이 목록을 노트 외에 스마트폰이나 낱장의 종이에도 한 번 더 작성해서 늘 지니고 다녀도 좋을 것이다.

다음 목록을 보고 자신이 생각하는 활동도 추가한다. 요새 하는 일이 무엇인지 생각해보고, 전에 하던 활동을 다시 떠올리며 만약 지금 다시 한다면 흥미로울지도 생각해본다. 당신의 마음을 진정시켜줄 행동에는 어떤 것들이 있는가?

- 음악 듣기
- 뜨거운 목욕이나 샤워하기
- 운동하기
- 요가하기
- 친구와 이야기하기
- 책 읽기
- 스마트폰 게임 하기
- 웹서핑하기
- 영화나 드라마 보기
- 공예품 만들기
- 악기 연주하기

- 마음이 편안해지는 음식 먹기
- 마사지 받기
- 웃을 수 있는 일 하기

목록을 다 만든 후에는 쉽게 손이 닿는 곳에 두자. 목록은 언제든 추가할 수 있으며, 아직 한 번도 시도하지 않은 새로운 활동을 추가해도 된다.

긴장 완화법

긴장을 완화하는 데 특히 도움이 되는 방법들이 있다. 다음 목록을 참고하자.

● **시각화**visualization 두 눈을 감고 숲속이나 해변같이 특히 위안이 되는 장소를 떠올리자. 감각을 최대한 동원하여 실제로 그곳에 있다면 어떨지 상상해보자. 이를테면 해변을 떠올려보자. 태양의 따스함이 얼굴에 느껴지고, 파도 소리가 들리며, 갈매기가 머리 위로 날아다니고, 공기에서 바다 냄새가 풍긴다고 상상해볼 수 있다.

● **심호흡 또는 복식호흡** 코로 숨을 들이마실 때 배가 풍선처럼 앞

으로 나오게 한다. 이어서 숨을 내쉴 때는 배의 공기가 빠지며 들어가게 한다. 이때 폐가 너무 움직이지 않도록 주의한다. 다섯 번에서 열 번 천천히 호흡하라. 한 손은 배에, 다른 손은 가슴에 얹고 호흡하면 도움이 된다. 이렇게 하는 게 어렵다면, 반듯이 누워 무릎을 굽히고 발바닥을 바닥에 댄다. 이 자세가 복식호흡을 더 수월하게 해준다. 방법을 터득하고 나면 앉은 자세에서도 복식호흡을 쉽게 할 수 있다.

● **네모 호흡법** 생각이 질주하듯 정신없이 오가서 힘든 사람들에게 유용한 방법이다. 심호흡할 때 들이마시는 동안 4까지 센 다음, 멈춘 상태에서 다시 4를 센다. 숨을 내쉬며 다시 4까지 센 다음, 마지막으로 숨을 참은 상태에서 4까지 센다. 이때 머릿속으로 네모를 그린다고 생각하면서 숫자를 세면 도움이 된다.

마음챙김 명상법

저명한 마음챙김mindfulness 지도자인 존 카밧진Jon Kabat-Zinn은 《존 카밧진의 처음 만나는 마음챙김 명상》에서 마음챙김을 '특별한 방식으로 주의 기울이기: 의도적으로, 그리고 단정적이지 않은 방식으로 현재에 주목하기'라고 정의했다. 마음챙김을 통해 감각, 생각, 감정, 행동 등 경험의 어떤 측면에든 집중할 수 있다.

많은 연구를 통해 밝혀졌듯 사람들이 판단이 섞이지 않은 경험에 의식적으로 주목하면 여러 면에서 다음과 같은 이점이 생긴다.

- 두려움을 비롯한 감정 조절 능력이 향상되며 인내심이 커진다.
- 스트레스가 감소한다.
- 자제력이 향상된다.
- 집중력이 개선된다.
- 감정적 대응이 감소한다.
- 정신적 유연성이 증가한다.
- 자기 통찰력이 높아진다.
- 관용이 더 생긴다.
- 동정심이 많아진다.
- 관계에서 만족감이 커진다.

거절에 대한 민감함을 줄이기 위해 자신의 민감함을 스스로 더 의식하는 마음챙김 기법을 적용해볼 수 있다. 거절에 대한 감정적인 반응에 끌려다니는 대신, 마음챙김을 통해 거절 경험이나 그 두려움에 대해 더 명백히 사고할 수 있다. 그러면 당신의 반응 또한 더욱 건강해질 것이다.

나를 알아야 타인을 받아들일 수 있다

앞서 언급한 것처럼, 만일 당신이 거절당하거나 버림받는 일에 지나치게 민감하다면 그 문제는 당신의 애착 유형에서 비롯된다. 당신의 자기 표상을 살펴보면 아마도 자신에 대해 덜 긍정적으로, 즉 자신이 비호감이고 보잘것없으며 부족하고 결점이 많다고 인지하고 있을 가능성이 크다. 게다가 다른 사람들이 당신에게 진심으로 공감하고 힘이 되어주지 못한다고 생각하고 있을 것이다.

안정감을 높이는 중요한 발걸음으로 자기인식을 높임으로써 자신을 더 잘 알게 되는 방법이 있다. 이렇게 하면 자기가 지닌 대상 표상 또한 다시 들여다보면서 타인에게 받을 사랑과 수용에 한층 더 마음을 열게 된다. 이어지는 다섯 개 장에서는 STEAM, 즉 감각, 생각, 감정, 행동, 정신화라는 서로 다른 영역을 통해 자기인식을 향상시키는 방법을 소개한다.

● **감각** 몸에 주의를 기울이는 법을 배우고 나면 신체적인 경험에 반응하게 된다. 자신의 감정에 어두운 편인 사람이라도 감각에 집중하면 자신의 느낌을 온전히 의식할 수 있다.

● **생각** 사람들은 제대로 따져보지도 않고 어떤 생각을 지니게 될 때가 많다. 자기 생각을 관찰하고 들여다보는 법을 배우면, 생각이

라는 것을 새로운 방식으로 이해할 수 있다. 감각, 감정, 행동이 생각과 어떤 관련이 있는지도 통찰할 수 있다.

● **감정** 감정에 대한 자기인식을 높이면 감정에 빛을 비추는 것 같을 것이며, 있는지도 몰랐던 감정을 발견할 뿐 아니라 의식의 그림자에 가려진 감정까지 더 잘 알아보게 된다. 자신의 모든 감정에 주의를 기울일수록 그 감정을 더 충분히 받아들이고 인내하게 되며, 심지어 고마워하게 된다. 그리고 마침내 '진정한' 자신을 소중히 여기게 되고 자신에게 너그러워진다.

● **행동** 자신의 행동에 주목하면 그 행동이 생각이나 감정과 얼마나 관련이 있는지, 또 얼마나 자주 그 행동 때문에 부정적인 자기인식과 거절로 인한 갈등을 심화하게 되는지 깨달을 수 있다.

● **정신화** 정신 분석가인 피터 포나기Peter Fonagy와 그 동료들이 볼비의 애착 이론과 관련 있는 '정신화'라는 개념을 더 정교하게 다듬었다(Allen, Bleiberg, and Haslam-Hopwood 2003; Fonagy and Target 1997). 이들의 연구에 따르면, 자신이나 타인이 '왜 그렇게 하게 됐는지를' 사람들이 주로 무의식적으로 '습득한다'는 것이다. 내적인 경험이 그들 행동에 어떻게 영향을 미치는지 알게 되면서 이런 설

명이 가능해졌다. 정신화를 통해 타인이나 자신에게 더 공감하며 너그러워질 수 있다. 따라서 이런 능력을 발달시키면 긍정적인 자기감정을 키울 수 있으며, 자신에게 의미 있는 타자가 자기를 받아들이고 지지해줄 거라는 믿음을 강화할 수 있다. 그리고 이런 변화와 함께 거절로 인한 갈등 또한 줄어든다.

STEAM을 통한 자기인식은 훈련으로 개발할 수 있다. 다만, 이를 위해서는 다양한 인식 영역을 오갈 수 있어야 한다. 어떤 장에서 한 영역의 인식을 발달시키는 작업을 하던 중, 이미 완료하고 지나간 다른 인식 영역의 장으로 돌아가 그 과제를 다시 해야 할 수도 있다. 이런 경험이 쌓일수록 다양한 영역을 더 쉽게 오갈 수 있으며, 더 충만하고 풍성한 자기감정을 갖게 될 것이다. 누구도 완전하고 지속적인 자기인식에 이를 순 없지만, 정기적으로 자기 자신에게 다가가는 기술은 얻을 수 있다. 이렇게 자신에게 더 다가갈수록 점점 더 자기다워진다.

자기인식을 높이다 보면 때로는 거절에 대한 반응이 오히려 강해지기도 한다. 그럴 때는 과제 자체, 아니면 그런 반응이 생기게 하는 과제를 잠시 쉬기를 권한다. 자신에 대해 긍정적인 느낌을 기를 수 있는 면에 집중하는 것이 유익하다. 이를 위해서는 8장의 과제를 하면 좋다. 변화에 대해 마음이 잘 열리지 않는다면 9장에 있는 과제를 해보는 것도 도움이 된다.

　마음을 열고 민감함에 대처하며 변화를 다짐하게 해주는 이런 도구들을 사용하여 거절로 인한 갈등을 다루고, 이미 지나간 일로 만드는 데 전념할 수 있다. 이 과정에서의 핵심은 무엇보다 STEAM 이라는 다섯 개 영역에서 자기인식을 높이는 것이다. 다음 장에서는 이 다섯 가지 가운데 '감각' 영역부터 시작해보려 한다.

Chapter 3

.
.
.

몸과 마음은
따로 있지 않다

감각

．
．
．

이제 스물여섯 살이 된 채드는 고등학교 때 야구부 투수로서 주 선수권 대회 우승자였던 시절을 되돌아본다. 당시 그는 잘 먹고 충분히 자고 운동을 하면서 힘과 민첩함, 인내심을 길렀으며 신체 건강을 갈고닦는 법을 익혔다.

'그래도 그건 오래전 일인걸.' 채드는 이렇게 생각했다. '게다가 난 건강하긴 했어도 내가 누구인지, 심지어 내 몸도 내게 무슨 의미가 있는지 제대로 알지 못했어.'

여러 해가 지난 지금 채드는 전에 한 번도 하지 않았던 방식으로 자기 몸에 주목하는 법을 배우고 있다. 처음에는 린다가 보낸 문자 메시지를 확인하려 할 때마다 호흡이 가빠진다는 걸 깨닫지 못했다. 야구선수이던 시절에도 경기에서 공을 던질 때마다 똑같이 숨이 가빠지곤 했었다. 두 상황에서 불안함과 두려움이 발생하는 원인은 완전히 달랐으나, 그의 신체적 반응은 똑같았다.

채드는 코치가 호흡의 변화를 의식하고 심호흡을 하라고 조언해준 일을 떠올렸다.

'그냥 내 호흡에만 집중하자. 천천히 깊이 들이마시고… 내쉬고….'

입으로 공기를 천천히 내보내니 벌써 불안이 누그러진 듯한 기분이다. 심호흡을 몇 번 하고 나자 무슨 일이 벌어지고 있는지 찬찬히 생각해볼 수 있을 정도로 마음이 진정된다. 채드는 자신의 얕은 호흡이 왜 생긴 건지 깨달았다. 린다가 같이 점심을 먹지 못하겠다고 한 말을, 그녀가 자기를 떠날 거란 의미로 생각하고 두려워진 거다.

"아, 정말 과잉반응이라니까." 그는 다시 심호흡을 한 번 한 후 중얼거렸다. "그래, 걱정되는 건 알겠어. 하지만 린다가 내일 다시 약속을 잡자고 했잖아."

많은 사람이 자신의 육체가 내적인 자기와는 별개의 것이라고 생각한다. 그래서 개인 경험에 관한 메시지라 생각하며 감각에 주의하지 않고, 육체를 외적인 대상으로 본다. 자기 몸을 중시하면서 수면, 영양, 운동 등 육체적 필요를 조심스럽고 철저하게 돌보는 사람들 또한 마찬가지다. 신체적 자기는 돌보면서 몸이 자신들의 내적 경험에 관해 보내는 메시지는 듣지 못한다. 채드가 자신의 가쁜

호흡이 거절에 대한 두려움 때문이었음을 깨닫지 못한 것과 마찬가지다. 대부분 사람은 자기 몸과 신체 감각을 거의 의식하지 않으며, 대신 지적·정신적 자기를 성장시키는 데 집중한다. 심지어 육체적·내적 경험의 중요성을 아는 사람들조차 그 둘을 따로 떼어서 생각한다. 마치 몸이 내적 자기와 이어지지 않은 것처럼 구분하면서, 몸과 마음의 연결을 충분히 인식하고 인정하지 않는다.

몸과 마음이 연결되어 있다는 것은 사실이기만 한 게 아니라 그 자체로 강력한 것이다. 몸에는 고유한 차원의 경험이 있으며 특수한 언어, 특히 감각을 통한 표현이 있다. 그러므로 몸의 표현에 귀를 기울이면 자기 자신에게 더 완전하고 풍요롭게 다가갈 수 있다. 예를 들어 얼굴에 열이 오른다면 자기비판적인 생각이 들거나 자신의 행동에 당황해서일 수 있다. 믿기지 않을 정도로 배가 뒤틀리는 느낌까지 든다면, 당황한 정도가 크다는 의미일 것이다. 이처럼 우리가 몸에 주파수를 맞춰놓으면 '자기 자신'을 더 잘 알 수 있다.

사람들은 어떤 경험을 비언어적이며 신체적인 단계에서 경험한다. 그런데 이런 경험은 그에 맞는 언어가 없기 때문에 곧바로 머릿속에 떠올리기가 쉽지 않다. 예컨대, 방치되거나 애착 대상에게서 정서적으로 비판을 자주 받은 아이들은 자신을 부족하고 비호감이라고 여기게 된다. 어떤 일로 울거나 힘들다는 표현만 해도 "네 방에 들어가 있어!"라는 말을 듣는 경우와 같이 일상생활에서도 여러 방식으로 생길 수 있다. 이런 사람들은 정서적으로 자신이 중요하지 않다는 메시지가 자기 존재의 일부처럼 되어버린다. 그렇다고 이런 점들을 누군가가 확실하게 말로 한 게 아니며, 자기 스스로도 말하지 않는다. 하지만 감정뿐 아니라 몸도 단절됐다는 느낌이 들면서 무언가가 잘못됐음을 스스로 인식한다.

거절 때문에 얼마나 힘든지를 자신이 의식하든 의식하지 못하든, 감각에 주목하는 것이 문제를 풀어나가는 첫걸음이다. 감각은 날것 그대로의 경험으로, 이를 관찰하고 체험하는 법을 배우면 자신의 내면세계로 들어가는 문을 열 수 있다. 이렇듯 감각은 자기인식을 구축하는 데 핵심이다.

이번 장에서 소개하는 정보와 과제를 통해 자신의 감각과 연결됨으로써 자기인식을 높일 수 있다. 현재의 감각에 더 잘 연결되게 해주는 몇 가지 제안과 과제를 따라가다 보면 감각을 잘 이해하게 되고, 그 감각을 통해서 내적 자기가 보내는 메시지를 어떻게 받을 수 있는지 알게 될 것이다.

지금 내 몸에서 무슨 일이 일어나는 거야?

거절당할 것 같다는 생각이 들 때는 남들의 동의를 구하려 하거나 비현실적으로 높은 기준에 도달함으로써 스스로 가치 있다는 느낌을 얻기 위해 몰두하기 쉽다. 그러나 이런 반응들 역시 자신의 내적 고통이 아닌 외부에 초점을 두는 것이다. 많은 사람이 이미 경험한 것처럼, 이런 방식으로는 자기 몸과 너무 분리되는 바람에 신체적 자기를 충분히 인지하지 못하게 된다.

감각과 동떨어져 있으면 고통을 멀리하는 데는 도움이 될지 모르나, 안절부절못하고 불안해하는 불행한 상태가 될 수 있다. 뭔가 완전히 제대로 된 건 아님을 막연하게 인식하면서도 콕 집어 그게 뭔지는 알지 못한다. 그래서 결국 두통, 가슴 통증, 소화 불량 등의 건강 문제가 생긴다. 그리고 이런 스트레스 탓에 고혈압, 심장병, 당뇨병, 과민대장증후군 같은 더 심각한 의학 문제가 발생하기도 한다. 이런 사람들은 대부분 가슴 통증이 있는데도 의료상의 도움을 구하지 않는 등 자기 증상에 대한 반응도 별로 없다. 이 모든 상황에서 몸에 귀를 기울이는 일은 자기 욕구에 답하기 위한 첫 번째 단계라고 할 수 있다.

내가 본 어떤 환자들은 자신의 물리적인 육체와 너무 단절되어 있어서, 뺨에 눈물이 흐른다고 내가 얘기해줄 때까지 자기가 속상해한다는 사실조차 알지 못했다. 심지어 그러고 나서도 실제로 받아들이지는 못했을 수도 있다. 괴로움에 대한 통찰이 지적인 수준에 머무는 경향이 있어서 뇌에서는 상당 부분 따로 작용하지만, 생각과 기분은 서로에게 영향을 끼친다. 그렇기에 사람은 감정에서 벗어나 '생각'만 할 수는 없다. 우리가 몸에 다시 연결되면 자신의 감정에도 경험적으로 이어지며, 그제야 자신의 감정에 대해 제대로 생각할 수 있게 된다.

신체적 자각 능력을 기르기 위해서는 일상적으로 몸과 연결해줄 수 있는 훈련을 해야 한다. 다음 목록을 보자.

● **움직이며 주의 기울이기** 동네를 거닐거나 헬스장에 가서 운동하거나 등산을 할 수도 있다. 또 책장을 정리하거나 정원 가꾸기, 낙엽 치우기 같은 자잘한 집안일을 할 수도 있다. 이런 일을 하면서 몸에 어떤 느낌이 드는지 살펴보자. 나쁜 자세 때문에 허리 아래쪽이 아프다는 점을 깨닫게 될 수도 있다. 아니면 등산을 시작할 때 아프다고 느꼈던 근육들에 점점 힘이 생기면서 통증이 사라지는 경험을 할 수도 있을 것이다. 무엇이 됐든, 몸을 움직이며 어떤 긍정적인 기분이 들었는지 노트에 적어보자.

● **마사지** 마사지를 받으면서 근육들이 만져질 때 어떤 느낌이 드는지 주의를 기울여보자. 어떤 특별한 감정이 생길 수도 있다. 다양한 감각과 감정을 관찰해보자.

● **춤** 춤의 속성은 신체 접촉이다. 관계 맺는 데 어려움이 있다면,

사교댄스나 살사, 스퀘어 댄스처럼 파트너가 있는 춤을 추면서 부가적인 이점도 얻을 수 있다. 유산소 운동을 통한 체력 향상과 협동심, 자신감 등 춤으로 얻게 되는 이득은 매우 많다.

● **노래하기** 큰 소리로 노래하기 위해서는 자기 호흡과 몸을 의식해야만 한다. 노래를 하면 옥시토신oxytocin이라는 호르몬이 분비되는데, 이 호르몬이 신뢰와 유대감을 높이는 동시에 스트레스와 불안을 줄여준다. 노래를 단체로 부르면 사회적인 유대감뿐 아니라 비언어적인 차원에서 서로 연결됐다는 만족감까지 덤으로 얻을 수 있다.

● **요가** 요가를 할 때는 자신의 호흡과 몸을 의식해야 한다. 요가의 몇 가지 자세를 취하면 감정에 휩쓸리지 않고 자기 몸을 그대로 느낄 수 있다.

● **태극권** 원래는 중국에서 호신술의 하나로 개발된 태극권은 '몸짓을 통한 명상'이라고 할 수 있으며, 이를 통해 안정감을 느낄 수 있다. 스트레칭과 같은 가벼운 운동부터 시작한다.

● **기타 무술** 합기도, 가라테, 킥복싱, 종합 격투기, 태권도는 호흡과 집중, 근육의 긴장과 완화 같은 신체적 자각이 요구되는 운동이

다. 이들 동작을 하려면 근육을 쓰는 감각이 있어야 한다. 호신술을 배우면 자신감도 향상된다.

몸의 감각에 다시 연결되는 방법 외에 명상도 생각해볼 수 있다. 다음 단락에서는 명상에 대해 살펴보고, 그와 관련된 다양한 과제를 해볼 것이다.

나를 온전히 받아들이는 연습

마음챙김 명상은 자기 자신에게 다가가고 받아들이는 능력을 키우는 것이 궁극적인 목표다. 차분함과 긍정적인 마음도 기를 수 있다. 이번 장에서는 감각에 초점을 두겠지만, 다양한 기법을 사용하여 STEAM의 모든 영역을 포함한 경험에 판단 없이 집중한다. 예를 들어 호흡하고 있는 감각에 집중하다가 산만해지면, 반복적으로 호흡으로 주의를 되돌린다. 비교적 마음이 편안할 때 가끔 이런 훈련을 해두면 심장 박동이 빨라지는 등 좀더 힘든 경험에 맞닥뜨려도 마음챙김을 실천할 수 있다. 감각에 대하여 마음챙김을 잘하게 되면, 압도되거나 민감해지지 않으면서 감각을 느낄 수 있다. 감각을 통해 거절을 받아들이고 제대로 인지할 수 있으므로 그 감각을 성찰하며 더 건강한 반응을 개발할 수 있다.

인터넷에서도 명상에 대해 많은 정보를 얻을 수 있는데, 그 정보가 정확한 것인지 반드시 확인해야 한다. 잘 알려진 마음챙김 강사로는 잭 콘필드Jack Kornfield, 마띠유 리카르Matthieu Ricard, 조지프 골드스타인Joseph Goldstein, 샤론 샐즈버그Sharon Salzberg, 타라 브랙Tara Brach, 그리고 종교 지도자인 달라이 라마Dalai Lama 14세가 있다. UCLA의 '마음챙김을 통한 인식연구소UCLA's mindful awareness research center'나 존 카밧진의 연구, 그리고 그의 '마음챙김에 기초한 스트레스 줄이기 프로그램MBASR'과 같이 매우 효과적이라고 입증된 정보들도 있다. 만약 명상의 신경학적 기반에 관심이 있다면 릭 핸슨Rick Hanson과 대니얼 시겔의 연구를 참고하라. 마음챙김과 명상이 급부상하고 있어서 그 밖에도 참고할 만한 자료가 아주 많다.

마음챙김 호흡 명상

명상을 시작하는 대표적인 방법으로 마음챙김 호흡 명상을 들 수 있다. 많은 사람이 거절당하는 경험 등의 스트레스를 받을 때 그저 정기적으로 마음챙김 호흡을 꾸준히 하는 것만으로도 마음을 효과적으로 가라앉힐 수 있었다고 말한다. 마음이 안 좋을 때만 마음챙김 호흡을 할 수도 있겠지만, 그리고 이렇게 필요할 때만 하는 것 또한 유익하긴 하지만, 꾸준히 규칙적으로 하는 것만큼 효과적이진 않을 것이다. 마음챙김을 통한 자기인식을 하면서 얻을 수 있는 이

점이 많으니 덜 힘든 시기에도 꾸준히 하길 권한다.

명상을 하기로 했다면 매일 특정 시간을 정하는 게 좋다. 초보자라면 하루에 2~3분 동안 앉아만 있어도 된다! 경험이 더 쌓이면 시간을 늘릴 수 있겠지만 아주 천천히 늘리기 바란다. 하루에 단 몇 분이라도 정기적으로 명상하는 편이 괜히 너무 의욕적으로 시간을 많이 잡는 바람에 힘들어하다가 며칠 만에 포기해버리는 것보다 훨씬 낫다. 자신이 문제없이 실천할 수 있을 만큼의 시간을 선정하는 게 좋다. 명상에 더 익숙해지고 경험도 쌓이면 하루에 한두 번 15~20분까지 시간을 늘릴 수 있다.

○ 마음챙김 호흡 배우기

마음챙김 호흡 명상을 시작하기 전 약간의 사전 준비가 필요하다.

사전 준비

● 타이머 스마트폰에 있는 것이든 일반적인 타이머든 상관없다. 명상 중 종소리를 들을 수 있는 명상 앱을 사용하는 사람들도 있다.

● 장소 마음챙김 호흡은 어디서나 할 수 있긴 하지만, 중간에 방

해받지 않으려면 고요한 장소여야 한다.

● 마음 상태 오로지 마음챙김 호흡에만 전념해야 한다. 동시에 다른 일을 이것저것 하면 안 된다. 경험에 대해 '생각'하는 것이 아니라 그 경험 '안'에 자신이 들어가야 한다.

● 자세 의자에 편안하게 앉거나 바닥에 양반다리를 하고 앉는다. 두 손을 무릎 위에 내려놓고 똑바로 앉았는지 확인한다. 눈을 감는 게 불편하면 아래쪽을 바라봄으로써 주변의 어떤 것으로도 주의가 산만해지지 않게 한다. 바닥에 누워서 눈을 감는 자세를 취할 수도 있다.

호흡 명상

자연스럽게 호흡에만 집중한다. 호흡을 천천히 하려 하는 등의 어떠한 시도도 하지 않는다. 코로 공기가 들어오고, 가슴과 배가 오르내리는 것과 같은 호흡과 관련 있는 몸의 감각에 주목한다. 마음이 산만해지면 부드럽게 그 마음을 관찰하라. "산만해"라고 혼잣말을 할 수도 있다. 그리고 다시 호흡에 주목한다.

타이머가 울리면 당신이 있는 방에 잠시 주의를 돌린다. 천천히 해야 하며, 새로운 호흡 명상을 준비하는 시간을 갖는다.

이 명상을 끝내고 나면 자기 자신이 이만큼 성장했다는 점에 감사한 마음을 지녀보자.

마음챙김 호흡을 하는 중에 계속해서 걱정거리나 다른 생각이 떠올라 힘들다면 자기 생각을 이끌어가는 편이 좋을 수도 있다. 호흡하면서 마음속으로 '들이쉬고', '내쉬고'라고 말하거나 호흡 횟수를 세봐도 좋다. 웬만큼 훈련하다 보면 더는 생각을 이런 식으로 이끌 필요가 없어질 것이며, 호흡하는 감각에 다시 집중하게 된다.

걷기 명상

신체를 안정적으로 현재에 기반을 두게 하는 훌륭한 방법으로 걷기 명상을 꼽을 수 있다. 많은 사람이 사용하는 이 명상법을 통해서 유대감이나 체화된 인식을 키우고 주의를 집중할 수 있으며, 내적으로 마음을 침착하게 하는 데에도 도움이 된다.

이 명상은 걸으면서 자신의 경험을 충분히 의식하는 방법이다. 그러므로 명상에 온전히 집중할 수 있는 조용한 장소와 방해받지 않을 시간을 선택하는 것이 좋다. 자신이 괜찮다고 생각하는 시간만큼 알아서 걸으면 되며, 이 과제가 더 편하게 느껴질수록 걷는 시간도 늘려갈 수 있다. 목적지 없이 걷기 시작하는 것도 어딘가에 도착해야 한다는 압박감이 없으므로 도움이 된다. 아니면 어떤 장소를 택해 그곳을 왔다 갔다 하거나 원을 그리며 도는 방법도 있다. 그 밖에 집이나 남들의 시선이 없는 곳도 괜찮다. 나는 미로 안에서 걷는 걸 좋아한다.

시작하기 전에 몇 번 천천히 심호흡을 한다. 그리고 걷는다. 천천히 걷는 게 유익할 때가 많지만, 마음챙김을 통한 인식을 유지할 수만 있다면 속도는 크게 중요치 않다. 발뒤꿈치에서 발가락으로 압력이 이동할 때 발바닥에 느껴지는 감각을 살펴보자. 앞으로 나아가며 한쪽에서 다른 쪽 다리로 무게가 옮겨가는 느낌도 주목해보자.

생각이 자꾸 다른 길로 샌다면 그 점을 인지하고, 부드럽게 다시 몸에 주목한다. 아마도 이런 일은 수없이 일어날 것이다. 유명한 명상 지도자인 잭 콘필드는 『마음이 아플 땐 불교심리학』에서 "마치 강아지를 훈련시키듯 수천 번 다시 시작해야 할 것이다"라고 조언하기도 했다.

명상에 점차 익숙해지면 다른 감각으로 인식을 확장해볼 수 있다. 보이는 광경, 소리, 냄새에 주목하자. 모든 체험에 마음을 열자. 그러나 이런 걸 신경 쓰느라 마음이 산만해지거나 자꾸 옆길로 샌다면, 다시 이 정신없는 마음을 관찰하면서 부드럽게 자기 신체 감각으로 인식이 돌아오게 하기 바란다.

감각에 대한 마음챙김 인식하기

마음챙김 호흡이나 마음챙김 걷기처럼 선택적인 감각에 대한 인식 외에 몸 전체를 인식의 대상으로 삼는 것도 도움이 된다. 감각은 우리 자신에 대한 메시지를 전달할 때가 많다. 하지만 이런 정보도 우리가 알아차리고 읽어낼 때만 유익하다. 그래서 자기 신체 경험을 인지하고 주의하는 일이 중요한 것이다. 앞서의 사례에서 채드는 가슴이 답답하고 호흡하기 힘든 증상을 느꼈는데, 이는 린다에게 거부당할까 봐 두려워하는 마음의 신호였다.

몸에 집중하는 것이 중요한 만큼 자신이 인지한 내용의 전후 사정을 살펴보는 일 또한 매우 중요하다. 불안이나 그 외 신체적 감각이 보내는 신호 때문에 힘들어하고 있다면 더욱 그렇다. 감각에 대한 자신의 반응을 살펴보고 그 반응이 상황에 맞는지, 아니면 과잉 반응인지 생각해보기 바란다. 예를 들어 헬스장에서 현기증이 몰려왔다면 아마도 다음 날 프레젠테이션이 걱정되어서 그랬으리라고 깨달을 수 있다. 만일 당신이 어떤 상황을 인지한 후 그에 대해 감정적으로 반응하는 편이라면 7장의 '내 감정을 쥐고 흔드는 외부 요인들' 단락을 살펴보기 바란다.

○ 자기 감각에 다시 연결되기

거절이 두렵거나 거절당했다는 느낌이 든다면 조용히 앉아 있을 만한 장소를 찾아보자. 이 과제를 얼마나 오래 할지는 당신에게 달렸지만, 적어도 10분간은 방해받지 않아야 한다.

● 몸에 주의를 집중한다 발바닥부터 정수리까지 천천히 훑어보는 것도 도움이 된다. 감각이 의식되는 곳이라면 어디서든 멈춰선다. 다음으로 넘어가기 전에 감각 모두에 대해 메모해둔다. 배가 불편하거나 가슴이 조이는 느낌이 들거나 목에 뭔가가 걸린 듯한 느낌이 들거나 눈에 눈물이 고여 있는 것 같진 않은지 주목해서 살펴본다.

● 감각 중 한 가지에 집중한다 감각을 바꾸려 하지는 말고 주목만 한다. 감각에 몰두하다 보면 감각 자체가 저절로 변화한다는 점을 알게 될 것이다. 괜찮다. 그저 계속 주시하라. 멍한 느낌 때문에 자신의 감각이 어떤지 알기 힘들다면 바로 그 점에 주목한다. 마음이 산만해지면 다시 몸에 초점을 두어야 함을 기억하자. 아마도 초점 되돌리는 일을 여러 번 하게 될 것이다.

이 과제에서 핵심은 자신의 감각에 초점을 맞춰야 한다는 것이다. 이 책 전체를 따라가다 보면 스스로 도전하는 과정에서 감각에 대한 마음챙김을 인식하기가 특히 어려울 때가 있을 것이다. 그럴 때마다 이 과제를 다시 해보면 도움이 된다.

자기 감각과 연결되는 훈련을 매일 하면 물리적인 신체에 다시 연결돼 몸이 자신에게 하는 소리를 '듣는' 법을 익힐 수 있다. 이런 기량이 발달하면 어떤 감정이 생겨날 수도 있다. 그럴 때는 5장에서 '자신의 감정과 연결된다는 것' 단락을 살펴보자. 그 단락에 있는 과제까지 해보는 것도 좋다.

창의적인 방법으로 자기 자신 표현하기

감각은 우리가 그것을 의식하느냐 아니냐와 상관없이 거절로 인한 고통을 포함한 내적 자기의 경험을 구체적으로 표현한다. 그런데 이런 연결이 언어를 넘어선 것이다 보니 인식하기가 쉽지 않다. 그래도 창의적인 예술을 통해서 구현된 내적 자기에 접근할 수 있으며, 그것을 표현할 수도 있다. 그리고 그렇게 하면 꼭 무슨 보물상자를 열듯이, 깊숙한 곳에 감춰져 있던 자기만의 소중한 진실을 발견하게 된다.

예를 들어 자신의 내적 혼돈에 대한 상징으로 가득 찬 그림을 그리고 싶어 하는 화가가 있다고 하자. 그림을 그리는 자체만으로도 뚜렷하게 위안이 되고 마음이 진정된다는 느낌이 들 것이다. 어쨌든 이렇게 창조적인 에너지를 방출하는 감각을 통해서 전에는 간접적으로만 인지했던, 아니 어쩌면 그 존재조차 알지 못했던 구체적으로 표현된 경험을 이제는 의식적으로 이해하게 된다.

어떤 사람들에게는 창조하는 과정이 다른 이들보다 더 수월할 수 있다. 어떤 예술 형식이 특히 편하거나 관심 있게 느껴진다면 자신을 더 잘 알기 위해 그 분야를 탐구해보면 좋을 것이다. 예컨대 그림, 조각, 만화, 사진, 영상 등의 시각 예술을 탐색할 수도 있다. 아니면 춤, 음악, 연기, 코미디, 무언극 같은 공연 예술에 끌릴지도 모른다. 자신의 흥미가 어떤 것이든, 자기 탐구를 위해 그것을 추구한다는 점을 기억하라. 즉, 기술을 향상시키는 것보다 자기를 표현하는 데 더 초점을 두어야 한다는 뜻이다.

창의적인 예술을 통해 자신의 생생한 경험 및 진정한 자기 모습과 연결되는 것은 유익한 일이지만, 예술을 활용한다는 것이 어렵게 느껴질 수도 있다. 자신의 작품이 어떻게 '보이거나 들려야 한다는' 생각이 든다면 더 그럴 것이다. 따라서 여기서는 창작물의 결과를 판단하기보다 창작 과정에 초점을 맞춰야 한다.

사람들이 자신을 구체적으로 표현할 때는 현재 고통스러운 상태에 있더라도 유쾌하고 즐거운 경험을 더 충실히 인지하려 할 것이다. 자신의 고통을 표현할 때는 그것을 더 수월하게 살펴보고 공감하며 관용을 지닐 수 있도록 그 고통의 실체를 확인해야 한다. 거절을 두려워하는 사람이라면 그렇게 만들어진 작품을 공감하는 일이 특히 힘겨울 수 있다. 그래도 자기 경험에 공감하고 힘을 보태주는 타인과 함께 그런 위험까지 감수한다면, '받아들여지고' 인정도

받으며 이제 더는 혼자가 아니라고 느낄 수 있다. 그러면 당연히 다른 사람들과의 관계나 애착이 더욱 공고해지며, 무시당하고 내쳐지고 버려질까 봐 두려워하는 마음도 덜해진다.

○ 자유롭게 콜라주 만들기

이 과제는 자신의 비언어적이며 내적인 소리에 귀를 기울일 수 있도록 특별히 고안했다. 당신 몸을 통해서 '표현할 수 있게' 하려는 것이다. 과제를 수행하면서 떠오르는 어떤 느낌이나 특별한 생각, 통찰에 주목하라. 이 점을 염두에 두고, 우선 다음 지시사항을 읽자.

● 필요한 재료를 모은다 풀, 가위, 마음대로 잘라내도 괜찮은 잡지를 준비하라. 그림을 붙일 종이나 판지도 한 장 가져다 놓는다. 크기는 마음대로 정하면 된다.

● 작업 공간을 마련한다 여유 있는 공간에 편히 앉을 수 있는 의자가 있으면 좋을 것이다.

● 마음을 준비한다 시작하기 전에 심호흡을 몇 번 하며 상황에 적응하자.

● 이미지를 오려낸다 잡지를 훑어보며 마음이 가는 이미지를 모두 오려낸다. 언제든 딴생각이 들거나 마음이 산만해지면, 다시 잡지를 뒤적이는 일로 주의를 돌리자. 특별한 무언가를 찾는 것보다 흥미를 끄는 이미지가 '마음속에 생기게' 하는 것이 중요하다. 그림 말고도 어떤 글이나 색상, 디자인이 눈에 띌 수도 있다. 그것도 오려내자. 이 중 어느 것도 반드시 앞뒤가 맞을 필요는 없다. 흥미를 끄는 사진을 통해 떠오르는 생각이나 감정이 있다면 의식적으로 받아들이자. 나중에 일기에 적을 수 있게 메모를 해두는 것도 좋다.

● 종이에 이미지를 붙인다 사진들을 오려내면서 하나씩 종이에 붙여도 되고, 잘라낸 조각들을 쌓아뒀다가 한 번에 붙여도 상관없다. 그저 어떤 걸 잡지에서 오려낼지 선택해서 마음 가는 대로 종이에 붙이면 된다.

● 뒤로 물러나 앉아서 자신의 작품을 감상한다 지금은 단지 자신이 만든 시각 예술 작품을 음미하는 시간이다. 평가를 하고 싶은 충동이 일더라도 그만두기 바란다.

과정을 마쳤으면 콜라주 작품을 눈에 띄는 장소에 놓아둔다. 가끔은 작업하는 중에 새로운 생각이 떠오르기보다는, 나중에 콜라주를 살펴보면서 어떤 통찰이 생겨나기도 한다.

자기비판은 어떤 감각을 일으키는가

거절당하리란 생각을 자주 하는 사람들은 자기비판적인 성향 때문에 힘들 때가 많다. 그들은 비판자와 피해자 두 역할을 모두 맡는다. 이런 시각을 지니고 있을 때 몸에 나타나는 감각에 주의하면, 자기인식을 더 기르고 자신을 더 깊이 이해할 수 있다. 그러면 자연스럽게 자신에게 더 친절한 반응을 보일 것이며, 이런 과제로 동기도 부여받게 될 것이다.

○ 자기비판 정도를 확인하기 위해
  자신의 감각 활용하기

스스로 자기비판적이라 생각한다면 노트와 펜을 준비해 조용한 곳에 앉는다. 적어도 20분간은 방해받지 않아야 한다.

● 종이에 두 개의 열을 만든다 각 열에 '비판자'와 '피해자'라는 제목을 단다.

● 이 순간에 잘 자리잡을 수 있도록 몇 번 천천히 심호흡을 한다 그러면 과제에 전념하는 데 도움이 될 것이다.

● 자기비판에 주목하면서 말하고 있는 그 가혹한 목소리가 비판적 자기임을 확인한다 이때 그 목소리가 당신에게 마치 다른 사람인 것처럼, '나' 대신 '너'라는 호칭을 사용해 말한다.

● 주의를 돌려 몸에 집중하면서 느껴지는 모든 감각에 주목한다 눈을 감는 것이 도움이 될 수도 있다. 화가 난 자신에 대한 반응으로 생긴, 또는 더 커진 감각들을 충분히 파악한 후 '비판자' 난에 그 내용을 정리한다. 화나는 생각을 하면 자제력을 잃기 쉽다. 따라서 그런 일이 생기더라도 놀라지 말자. 그저 자기 몸에 다시 집중하자. 어쩌면 다시 집중하기를 여러 번 반복해야 할 수도 있다.

● 다시 신체적 감각에 주목하면서 어떤 감정이든 이 감각들과 관련 있는 게 있는지 살펴본다 이런 감정들 역시 '비판자' 난에 적는다.

● 이제 똑같은 자기비판에 주목하면서 피해자 역할을 해본다 이번엔 당신이 공격당하는 쪽이다. 당신이 피해자로서 내는 목소리는 무엇인가?

● 다시 한번 몸으로 주의를 집중하면서 감각에 주목한다 공격받는 느낌 때문에 생긴, 또는 그 크기가 커진 감각이 있는지 확인한 다음, '피해자' 난에 정리해둔다. 다시 말하지만 언제든 산만하다고 느껴질 때마다 다시 몸에 집중해야 한다.

● 다시 몸의 감각에 주목하면서 이 감각들과 관련 있는 어떤 감정이 있는지 살펴본다 그 감정들을 '피해자' 난에 기록한다.

● 과제를 끝낸다 몇 번 길게 심호흡을 하거나 몇 분간 다른 곳에 가 있으면서 주의를 환기한다.

자신이 적은 내용을 다시 읽으면서 이번 과제를 되돌아본다. 비판자와 피해자 역할 사이의 관계, 그리고 그 두 측면이 전반적으로 자신에게 어떤 영향을 미치는지 일기로 써보자.

이번 과제에 대한 채드의 답변을 살펴보면서 자기비판에 대한 통찰을 위해 자신의 감각을 어떻게 사용하는지 더 깊이 이해해보자.

● **자기비판에 주목하면서 가혹한 말을 하는 목소리를 찾아본다** 채드는 자신이 스스로에 대해 혹독했다는 사실을 깨달았다. 심지어 그는 '오늘 상사와의 미팅을 잊다니 넌 정말 멍청이야. 이제 그는 널 미워할 거야'라는 생각까지 했다.

채드는 다음의 몇 가지 단계를 따라 과제를 하면서 표에 있는 '비판자' 난에 자신의 감각과 감정을 채워 넣었다.

● 이번에는 같은 자기비판을 주시하면서 피해자 입장을 확인해본다 채드는 자기비판 때문에 자신의 일부가 공격당했다는 느낌이 든다는 점을 의식하고 있었다. 자기비판의 목소리가 이렇게 말하는 것 같았다. '네 말이 맞아. 넌 바보야. 이제 상사도 그 사실을 알았으니 넌 곧 해고될 거야.'

채드는 이 지점에서 지시사항에 따라 '피해자' 난을 채워 넣었다.

비판자	피해자
• 가슴이 조이는 느낌이다. • 이를 앙다문다. • 열이 오르는 느낌이다. • 화가 나고 불만스럽다.	• 속이 메스껍다. • 눈물이 핑 돈다. • 두렵고 부끄럽고 슬프다. • 패배감이 든다.

과제를 마친 채드는 생각이 많아졌다. 사람들이 자기를 못마땅해할 거라는 생각 때문에 자기 자신을 얼마나 가혹하게 바라봤으며, 그로 인해 얼마나 추락해야 했는지 깨달을 수 있었다.

이 과제의 직접적인 목표는 신체적 자각을 통해서 자기 내부의 비판자, 피해자의 목소리와 경험을 더 잘 인식하는 것이다. 똑같은 자기비판으로도 얼마나 다양한 감각과 감정이 생길 수 있는지에 주목하라. 채드가 자신을 무능하다고 여기던 생각은 비판자 난에 있던 긴장 및 분노와 관련 있었지만, 피해자 난의 눈물이나 슬픔과도 관련이 있었다.

이런 식으로 인식을 확장하는 목적은 그저 경험만 하는 차원을 넘어 그 경험을 깊이 생각해보려는 데 있다.

자신의 감각에 다가갈 순 있지만 감정을 규정하기 힘들다면, 5장에서 감정 인식emotional awareness을 개발할 때까지 이 과제를 잠시 보류해도 괜찮다. 또는 5장에서 '자신의 감정에 이름 붙이기' 단락을 활용해도 좋다. 자신의 감정을 확인할 때 도움이 될 것이다.

이 장에서 감각을 살펴봤듯이, STEAM의 모든 영역을 되돌아보고 나면 거절에 대한 자기 반응에 의문이 생길 수 있다. 이렇게 자기인식이 향상되면 대안을 생각할 여유가 생긴다. 그 여유란 게 대체 어떤 느낌일지 생각해보자. 이 모든 방법을 통해 자신에 대해 더욱 긍정적인 느낌을 지니게 될 것이며, 타인이 자신을 어떻게 봐주었으면 좋겠다는 기대가 생기고 삶의 길 또한 바뀌게 될 것이다.

Chapter 4

:
:

내 생각이 항상
맞는 것은 아니다

생각

⋮

'완전히 망했어! 이젠 진짜 끝났다고!'

직장에서 해고된 후로 재닌의 머릿속에서는 이런 비난이 끊임없이 울려댔다.

"회사에서 내 미래는 정말 밝았단 말이야." 재닌은 친구 베스에게 한탄하며 말했다. "그런데 상사가 계속 날 못살게 구는 거야. 얼마나 집요한지 일을 제대로 할 수가 없었어."

회사에 다니면서 겪은 온갖 일을 이야기하며 재닌은 혼란스러운 생각과 느낌을 털어놓았다. 한참 듣고 있던 베스는 조심스럽게 그 상사가 재닌에게 잘해주기도 했다는 점을 상기시켰다. 재닌이 입술을 깨물며 말했다.

"그래. 가끔은 칭찬도 해줬지. 하지만 날 비판할 때만큼 진심인 것 같지 않았어."

베스가 속상함과 측은함이 섞인 목소리로 말했다.

"상사가 너를 바로 해고한 건 아니었다는 걸 기억해야 해. 지금 일이 너한테 잘 맞지 않는다면서 다른 자리를 추천해준 거였잖아."

재닌이 천천히 고개를 끄덕였다. 뺨에는 눈물이 흘러내리고 있었다.

"그래, 알아. 그분이 내가 다른 자리에선 정말 잘할 것으로 생각했다는 것도 알고. 사실 일이 나한테 정말 안 맞긴 했어. 긍정적인 면을 외면하다가 내가 일을 더 꼬이게 만든 거지…. 후회스러워. 그냥 잠시 쉬어야겠어."

거절로 힘들어하는 사람들은 대부분 재닌과 마찬가지로 자신이 마주하고 있는 민감함에 많은 영향을 받는다. 별일 아닌 상황에 대한 다른 사람들의 반응에서도 부정적인 면을 찾아낸다. 예를 들어 모처럼 마음먹고 구매한 소파를 친구가 좋아하지 않는 것 같은 반응을 보이면, 그것조차 자신에 대한 커다란 거절로 받아들인다. 자기보다 더 낫다고 생각하는 사람에게는 잘 보이려고 계속 노력하면서 자신에 대해서는 결점이 많다고 지나치게 비판적으로 군다. 아니면, 타인에 대해서조차 무자비하다는 혹평을 하기도 한다. 자기 생각에 빠지면 이런 패턴을 반복할 수 있다.

재닌처럼 당신도 자신이나 다른 사람들에 대해 어떤 관점을 지니고 있을 것이고, 거절에 민감한 편이라면 그 관점이 부정적일 가능성이 크다. 생각에 대한 자기인식을 높이려는 주된 목적은 감정적으로 생기는 생각을 막거나 자신을 무조건 응원하자는 게 아니다. 그보다는 그저 당신의 부정적인 인식이 정확한 것이 아닐 수 있다는 가능성에 마음을 열고, 현실을 충분히 되돌아보자는 것이다. 잘못됐음을 알게 되더라도 여전히 비판적인 관점이 사라지지 않을 수도 있다. 그래도 괜찮다. 이럴 때는 자신에게 "나도 이게 진실이 아니라는 건 알아. 그냥 사실이라고 '느껴질' 뿐이야"라고 말하면 도움이 될 것이다.

이 장의 과제를 하고 나면 자신이 어떤 것에 어떤 식으로 영향을 받고, 그것을 어느 정도로 믿고 있는지 충분히 인식하게 될 것이다. 이 책의 모든 과제를 마쳐 STEAM의 모든 영역에서 자기인식이 높아지면, 각 영역이 서로 어떤 영향을 주는지도 이해하게 된다.

생각과 감정은 별개다

생각과 감정은 확실히 구별되긴 하지만 그 차이를 규정하긴 쉽지 않으며, 그래서 두 용어가 잘못 사용될 때가 많다. 일테면 "그 문제에 답을 잘못 했다는 느낌이 들어"라고 하는 것이 한 가지 예다. 아마 이 말은 틀리게 답했다고 생각한다는, 아니면 자기 답에 자신이 없다는 뜻일 것이다. 이런 혼돈 탓에 자기 생각이나 감정을 깊이 있게 살펴보기가 더 어려워질 수 있다.

예시로 든 말의 뜻을 명확히 하자면, 생각은 '답을 잘못 했다고 생각해'와 같이 아이디어나 의견이다. 그에 비해 감정은 신체적으로 느끼는 자극이며, 그 자극에 대해서 자신이 부여하는 의미라고 할 수 있다. 예를 들어 선생님 질문에 답한 후 심장이 뛰고 몸이 뻣뻣해진다면 이것이 감정이고, 두려움이나 난처함 또는 그 둘 다를 경험하고 있기 때문일 것이다.

상황이 더 복잡해지는 이유는 생각과 감정이 중복될 때가 많기 때문이다. 어떤 감정들은 당사자가 어떤 생각을 하느냐에 따라 정의된다. 예를 들어 재닌도 부정적인 생각 때문에 자기가 얼마나 힘들어졌는지를 깨닫고 후회했다. 이런 상황에서 '후회한다'는 말은 재닌이 자기를 스스로 힘들게 했다는 생각을 가리킨다. 만약 그런 생각이 없었다면 그저 '슬프다'라고만 했을 것이다.

이렇게 생각과 감정이 서로 뒤얽혀 있으므로 이번 장에서는 거절과 관련된 감정 때문에 생각이 얼마나 영향을 받게 되는지를 자주 언급하게 될 것이다. 이 장을 통해 자신의 감정적인 생각emotional thinking을 되돌아보기 바란다.

○ 흔히 겪는 어려움

거절에 민감한 사람들은 자신과 타인을 어떻게 여기는가 하는 점에서 공통된 특징을 보일 때가 많다. 이 과제를 통해 그 내용을 살펴보자. 다음 목록은 사람들이 흔히 지니게 되는 생각과 믿음을 나열한 것이다. 이 중에서 당신이 자주 경험하는 사항이 있다면 노트를 펼쳐 각 페이지 맨 위에 하나씩 적자. 단, 항목은 세 개를 넘지 않는 게 좋다.

- 사람들이 나를 좋아할지 항상 신경 쓰인다.
- 사람들이 나를 더는 좋아하지 않고 내 삶에서 떠날까 봐 걱정된다.
- 그들이 '내 진짜 모습'을 안다면 나를 좋아하지 않고 어울리지도 않을 거라 믿는다.
- 다른 이들에게 싫다고 하면 그들이 나를 거부하고 나와 함께 하려 하지 않을 것이다.
- 사람들이 나를 소중히 여기게 하려면 내가 그들 기대에 맞춰야 한다.
- 나는 다른 이들처럼 훌륭하거나 대단하지 않다.
- 가치 있으며 스스로 보기에도 유능한 사람이 되려면 맡은 일을 완벽하게 해내야 한다.
- 나는 기본적으로 실패했으며 무능하고 가치도 없는 사람이라고 생각한다.

- 다른 사람들이 내 성과를 인정해줄 때도 나는 자신이 별 볼 일 없게 느껴진다.
- 다른 이들에게 도와달라며 의지한다면 나한테 뭔가 문제가 있다는 의미다.

● 각 페이지 상단에 적힌 상황에 따라 그에 맞는 예시를 몇 가지 적어본다 앉은자리에서 한꺼번에 다 작성할 수도 있겠지만, 며칠 동안 예시가 생각날 때마다 메모해도 상관없다.

● 자신이 적은 내용을 살펴보며 일기를 써본다 당신은 생각 때문에 어느 정도 영향을 받는가? 자기평가는 경험한 내용을 정확하게 반영하는 것 같은가, 아니면 감정적인 반응에 가까워 보이는가?

만일 생각과 감정을 분리하는 일이 힘들게 느껴진다면 그런 생각도 의식적으로 받아들이자. 5장에서 감정에 대해 살펴본 후 이 과제를 다시 해보기 바란다. 7장의 '거절당했다는 '느낌'에 주목하라' 단락을 읽어도 도움이 될 것이다.

'알고 있는' 것을 의심하기

거절 또는 그에 대한 두려움과 관련된 감정적인 반응에 빠지면 명료하게 생각하기가 힘들어진다. 그러므로 마음이 좀더 차분할 때 자기 생각을 점검해야 한다. 그렇게 하면 혼란스러운 일에 대해서도 자기 생각과 믿음을 제대로 살펴볼 수 있다. 사실처럼 여겨진다고 해서 그대로 받아들일 게 아니라 더 신중하게 생각하고 의문도 가져보는 것이다. 이에 대해 일기를 쓰거나 믿을 만한 사람과 얘기를 나누는 것도 좋다. 이렇게 자기 생각을 검토하는 동안 거절에 대한 자기 생각에 선입견이 있으며, '알고 있는' 것이 전혀 사실이 아니었음을 깨닫게 되기도 한다.

거절 때문에 갈등할 때는 단지 자신에 대한 생각뿐만이 아니라 타인에 대한 인식과 가정까지도 왜곡될 수 있다. 따라서 자신과 타인에 대한 생각이 거절에 대한 민감함에 얼마나 영향을 받을 수 있는지 되돌아봐야 한다.

○ 자기 생각 살펴보기

어떤 상황에서 들게 되는 자신의 거절에 대한 생각을 표로 정리

하면서 살펴보자. 당신 자신에 대한 생각, 당신을 거부한 것으로 보이는 타인에 대한 생각에 초점을 둔다. 노트에 다음의 표를 그려 넣는다. 한 페이지를 사용해 칸들을 넓게 만들기 바란다.

(상황 설명)			
초점	즉각적으로 든 생각	생각에 대한 성찰	느낌
나			
다른 사람들			
상황			

● '상황 설명' 난을 적는다 표의 맨 위 칸에 거절로 인해 힘들어지게 된 상황과 이유를 한 문장으로 적는다.

● '즉각적으로 든 생각' 난을 적는다 해당하는 열에 있는 질문들에 답한다. 나, 다른 사람들, 상황'에 대해 즉각적으로 든 생각은 무엇인가?

● '생각에 대한 성찰' 난을 적는다 객관적으로 봤을 때 당신의 생각이 얼마나 정확한지를 적는다. 생각이 부정확해도 그 생각을

믿을 수 있는데, 사람들의 믿음은 지적 판단이 아닌 정서적 체험에 기반을 둘 때가 많기 때문이다.

자기 생각이 정확한지 판단할 때 다음 질문들을 고려하자.

- 이 생각과 믿음을 뒷받침하는 근거는 무엇인가?
- 이런 생각과 믿음이 사실이 아닐 때도 있는가?
- 다른 사람들의 경험과 '진실'에 들어맞으면서 당신과 다른 이들을 좀더 관대하게 판단할 방법은 없는가?
- 더 큰 공감과 너그러움으로 상황을 바라볼 방법은 없는가?

자신을 가혹하게 평가하며 힘들어하는 사람들은 '만약 좋은 친구가 내 입장이 되면 어떻게 생각할까?'를 떠올리면 도움이 된다.

● '느낌' 난을 적는다 나는 어떤 느낌이 드는가를 적으면서, 자신을 이성적으로 어떻게 평가하는지보다 자기 느낌이 어떤가를 언급한 건 아닌지 살펴보라. 이 과정이 어렵게 느껴진다면 일단 할 수 있는 만큼 칸을 채워보거나, 지금은 그냥 빈칸인 채로 놔둬도 된다. 5장을 읽은 후 다시 이 과제로 돌아오면 된다.

이 과제를 마치고 나면 자신의 반응에 더 균형감이 생길 것이다. 다양한 상황을 적고 각각의 답변을 하는 과정을 반복함으로써 이 능력을 키우고 강화할 수 있다. 그러면 균형감이 향상돼 무시당하고 내쳐졌다고 느껴질 때 더 차분하고 건강한 방식으로 반응할 수 있다.

자기 생각을 어떻게 살펴보면 좋을지를 더 명확히 하기 위해 애니의 예를 들어보겠다. 애니는 상황 설명 난에 '그저 거부당하기만 한 게 아니라 언어적으로 공격당한 거라 느꼈다'라고 적었다. 그녀는 빨간불일 때 차를 멈췄고 우회전하여 주유소로 들어갔다. 애니가 차를 주유기 앞에 세웠을 때 갑자기 한 여자가 나타나더니 빨간불일 때 우회전을 하는 건 불법이라고 호통을 쳤다.

애니는 표의 나머지 칸에 다음과 같이 적었다.

● **즉각적으로 든 생각** 애니는 '나' 난에 '그런 실수를 하다니 난 정말 형편없는 운전자야'라고 썼다. '다른 사람들' 난에는 상대방 여자를 미친 사람이라 생각한다고 썼으며, 심지어 경찰이 그녀를 잡아가야 한다는 의견까지 적었다. 또 상사가 늦게까지 일을 시키는 바람에 자신이 서두르느라 산만해진 것이므로 이게 다 상사 탓이라고 썼다. '상황' 난에는 차가 그렇게 막히지만 않았더라도 이런 일은 생기지 않았을 거라고 적었다.

● **생각에 대한 성찰** 애니는 '나' 난에 자신은 한 번도 차 사고를 내거나 딱지를 뗀 적도 없으니 그렇게 형편없는 운전자는 아니라고 적었다. '다른 사람들' 난에는 상대 여성에 대한 자신의 반응이 너무 지나쳤다고 썼다. 그리고 사실 자기 상사가 이 상황 전체에 책임이

있는 건 아니라고 적었다. 애니는 상대방 여자가 왜 그렇게 화가 났는지는 이해할 수 없었지만, 그녀가 정말 심하게 고통스러워했다는 건 알 수 있었다. 아마도 다른 어떤 일로 아주 속상했는데, 이 일로 화가 폭발하게 된 것 같았다. 이제 애니는 이런 식으로 자신이 느낀 점을 연결할 수 있게 됐다. 생각이 여기에 미치자 대체 그 여자는 어떤 일을 겪었길래 자신을 그렇게 몰아세웠을까 하는 생각이 들었다. 마지막으로 '상황' 난에는 차량이 막혀 자신이 스트레스를 받아 더 실수하기 쉬운 상태였다고 썼다.

● 느낌 애니는 '나' 난에 스스로 무능하고 부족한 기분이 든다며 이번 일로 자신에게 화가 난다고 썼다. '다른 사람들' 난에는 상대방 여자가 자신을 바보처럼 취급해 두렵고 화가 났을 뿐 아니라 그 여성의 분노로 겁이 나기도 했다고 썼다. 애니는 상사가 자기를 늦게 보내준 일에도 화가 났다. 그녀는 이런 내용을 적으면서 자기가 무언가 잘못하면 다른 이들이 자신을 무시하고 얕볼 거라며 자주 두려워한다는 사실을 깨달았다. 또한 자신이 어떤 기준에 미치지 못하면 스스로에게 화가 나곤 한다는 사실도 알게 됐다. 그녀는 '상황' 난을 쓰기 위해 자기 느낌을 되돌아봤다. 잠시 후 그녀는 당시 차량 정체 때문에 짜증이 나 있던 상태여서, 자신이나 상대 여성과 상사에 대해서까지 그런 부정적인 감정을 지니게 됐음을 깨달았다.

인식은 상황에 따라 달라진다

거절에 민감한 사람이라면 자신이나 타인에 대해 부정적인 인식을 지니고 있기 쉬운데, 자세히 살펴보면 이런 생각도 상황에 따라 달라짐을 알 수 있다. 예컨대 당신은 자신을 항상 '우리 천사'라고 불러주는 제인 이모와 함께 있을 때는 더 긍정적인 자기인식을 지니게 될 것이다. 하지만 가족들이 다 같이 있을 때면 이모도 왠지 다른 가족처럼 비판적인 것 같다고 느껴질 수 있다. 이모가 여전히 당신에게 실질적인 애착 대상이며, 당신이 속상할 때 이해하고 위로해주는 존재라고 해도 그렇다.

이런 차이점을 잘 살피면 당신이 자신과 타인에 대해 언제 긍정적으로 생각하는지 더 잘 알 수 있으며, 그러면 긍정적인 인식을 유지할 방법도 찾을 수 있다. 자기 자신이 전혀 가치 없어 보이거나, 다른 이들이 자신과 함께하려 하지 않는다고 여겨질 때 이런 긍정적인 면을 다시 떠올리면 도움이 될 것이다.

○ 자신이 언제, 어떤 생각을 하는지 주목한다

자신이나 다른 사람들에 대해 긍정적으로 생각하는 때가 언제인지 확인하기 위해서 노트에 자기 생각을 체계적으로 정리해보자.
자기 삶의 주요한 영역을 나열한다. 분야별로 나눠 다음과 같이
적을 수도 있다.

● 혼자 있는 시간
• 새벽에 하는 요가
• 점심시간에 혼자 동네 산책하기

● 개인적인 관계
• 친구: 매디, 준, 크리스
• 가족: 엄마, 아빠, 남동생 댄, 로빈 삼촌, 웬디 고모
• 남편
• 아이들

● 일
• 상사와의 관계
• 관리자로서 맡은 역할
• 동료들과의 관계
• 맡은 일 가운데 문서 업무 능력
• 프레젠테이션 능력

● 취미
• 그림 그리기

각 영역에 자신과 다른 사람들에 대해 어떻게 생각하는지 기록한다. 모순된 생각이 들더라도 모두 적는다. 예를 들어 자신에 대해 이렇게 적을 수 있을 것이다.

'나는 평소에 사람들이 나를 좋아하지 않는다고 생각한다. 하지만 가까운 친구들은 나를 좋아하고 지지해준다. 그들과 함께 있을 때는 그런 의문이 들지 않는다.'

또 특정한 친구에 대해 생각할 때는 이렇게 적을 수도 있을 것이다.

'그녀는 항상 내게 힘이 되어준다. 그래도 나는 늘 그녀가 언젠가는 나를 멀리할 거라는 생각이 든다.'

지금까지 적은 내용을 다시 살펴보자. 자신이나 타인에 대해 긍정적으로 생각하는 영역이 어디인지 분명해질 것이다. 어떤 패턴을 발견할 수도 있다. 예컨대 특정 기술 측면에서는 자신의 수행 능력을 긍정적으로 생각하면서도, 관계 측면에서는 자기 능력에 의구심이 들 수 있다.

만일 당신이 자신의 패턴을 이해하고 있다면, 누군가에게 완전히 버림받을 것을 '알게 돼' 끔찍한 절망에 빠지더라도 상황을 한층 균형감 있게 바라볼 수 있을 것이다.

이 과제를 통해 상황을 명확히 보게 되면, 당신이 언제 자신이나 다른 사람들을 긍정적으로 인식하는지 알 수 있다. 또 거절과 관련된 생각과 느낌을 유발하는 상황이 닥쳤을 때, 비교적 합당하게 반응하는 때는 언제인지도 알 수 있다. 거절에 무난하게 반응하는 법을 더 익히고 싶다면 9장과 10장을 참고하기 바란다.

자기비판은 스스로를 작아지게 한다

자신이 부족하여 결점이 있다고 느껴지는 사람이라면, 자기비판이 통제 불능인 상태에 이르렀을 수도 있다. 이런 상태에선 자신이 거절당할 만하다고 생각하고, 앞으로도 매번 거절당할 거라고 '예견하면서' 계속 걱정하게 될 것이다. 이 강력한 목소리가 당신의 이성을 압도하고 생각을 왜곡한다. 인지 행동 치료법cognitive behavioral therapy에서는 다수의 잘못되거나 역기능적인 사고 유형 때문에 이런 문제들이 발생한다고 본다.

흔히 발견되는 자기비판과 거절에 대한 잘못된 사고 유형을 다음 목록으로 정리했다. 당신이 이런 유형에 해당하는지 살펴보라. 이 중 하나 또는 그 이상의 유형에 속하는 것 같다면, 일주일간 자신을 관찰해본다. 자신이 어떤 유형에 속하는지, 구체적인 상황은 어떠한지 매일 간략하게 적어둔다. 그러면 당신도 그릇된 사고 유형 탓에 다양한 방식으로 자기비판을 하면서 자신을 부정적으로 규정하고 있다는 사실을 깨닫게 될 것이다.

이렇게 하는 것은 자신의 역기능적인 사고에 대해 알기 위해서다. 훈련을 통해 자신의 잘못된 생각을 관찰하면, 그 역기능적인 사고에 의구심을 지닐 수 있으며 궁극적으로는 없앨 수도 있다. 다음 목록에서는 자신의 역기능적인 사고를 더 잘 알게 된 후 어떻게 해야 하는지도 제시해두었다.

● **과잉 일반화**overgeneralization 부정적인 경험을 하고 나면 비슷한 상황에서 다시 이전과 동일한 결과를 예상하게 된다. 이런 사고 유형을 지닌 사람은 '항상', '절대', '모두', '결코', '누구나', '아무도'와 같은 절대적인 단어들을 사용하는 특징이 있다.

　• 예: 제임스는 자신의 발표에 대해 동료 한 명이 전혀 인상적이지 않았다고 하는 말을 우연히 듣고, '아무도' 그 발표를 좋아하지 않았을 거라고 확신했다.

● **정신적 여과**mental filter 자신의 부정적인 면에만 주목하다 보니, 스스로 부족하고 결점이 많으며 쓸모없다는 느낌만 심해진다. 그러면서 긍정적인 특성은 주목하거나 인정하지 않으려 한다. 긍정적인 경험을 하거나 호의적인 피드백을 받더라도 그런 부분은 축소하고 부정적인 면만 주목하며 강화하기 쉽다.

　• 예: 직장에서 승진한 후 수잔은 자신이 새로운 직책에 필요한

자질이 얼마나 부족한가만 생각했다. 자신이 승진한 이유도 회사가 더 나은 사람을 찾아내기에는 시간이 부족해서일 뿐이라고 믿었다.

● **감정적인 추리**emotional reasoning 생각은 자신에 대한 부정적인 느낌 때문에 압도될 수 있다. 그러면 좀더 긍정적인 자기평가를 하게 해주는 관찰, 논리, 추리 등에 방해가 된다.

 • 예: 데이비드는 자기 자신이 너무 부정적으로 느껴져서 제니가 계속 자신에게 해주는 긍정적인 말이나 둘의 관계에 대해서도 믿음이 가질 않았다. 어느 날 제니가 저녁 식사 약속에 늦게 나타나자 데이비드는 곧바로 그녀가 다른 사람과 함께 있었으리라고 의심했다. 제니가 중요한 프로젝트 때문에 일이 늦게 끝나서 늦은 거라고 설명했고, 게다가 그 프로젝트를 자기 역시 알고 있었음에도 마음이 풀어지지 않았다.

● **개인화**personalization 자기 잘못이 아닌 문제에 대해서도 자기 탓이라고 여긴다.

 • 예: 제시카는 남자친구가 화를 내며 자기를 때릴 때마다 자신이 무엇을 그렇게 잘못했는지 정신없이 알아내고자 했다. 제시카는 자신이 이렇게 취급받으면 안 된다는 것도 알고, 남자친구가 이전 여자친구에게도 이렇게 행동했다는 사실 역시 알고 있었다. 그

런데도 여전히 자기가 뭔가를 잘못한 게 틀림없다고 생각하며 괴로워한다.

● **반드시 해야 하는 의무**shoulds 계속해서 충족시키기가 불가능한 기준을 자신이 달성하길 바란다. 혹시 그 기준에 맞춘다고 해도 항상 그러진 못한다는 것 때문에 자신을 몹시 질책한다.

  • 예: 대학생인 앤디는 성적이 웬만큼 나와선 안 되고 반드시 A를 받아야 한다고 다짐한다. A보다 낮은 점수를 받을 때면 자신이 멍청해 보인다.

● **최악의 상황 상상하기**catastrophizing 객관적으로 그리 큰일이 아닌 문제인데도 엄청나게 비극적이라고 인식한다.

  • 예: 식료품점에 입사한 글렌은 첫 번째 주에 상사에게서 열심히 일하는 모습이 보기 좋다는 칭찬을 받았다. 그런데 다음 주 어느 날 차가 너무 막혀 지각을 했다. 글렌은 이제 상사가 자신을 형편없는 직원이라 생각하고 해고할 거라 확신했으며, 앞으로 다른 직장도 구하지 못해서 결국 노숙자 신세가 될 거라고 생각했다.

만일 자신이 이렇게 역기능적인 사고를 조금이라도 하고 있다면 주의하라. 그런 사고를 함으로써 거절로 인한 갈등과 자기비판이 얼마나 심해지며, 관계에도 얼마나 심각한 문제가 생기는지 깨달아야 한다. 이번 장의 과제를 수행하면 이런 사실이 명확히 보일 것이다. 자신이 생각하는 바가 사실이 아님을 깨닫게 되고, 주변에서 제시하는 입증된 다른 사고방식에 대해 생각해보게 될 것이다. 자신에게 공감하고 너그러워지면 부정적인 자아상self-image도 훨씬 완화된다(이런 지침은 8장과 9장에서 확인할 수 있다).

행동을 결정하는 건 언제나 나 자신이다

거절당했다고 느끼면 자신의 부족함 때문에 힘들어하기도 하지만, 반사적으로 방어에 나서기도 한다. 그 때문에 혼란을 느끼고 감정에 치우친 사고를 하게 된다. 예를 들어 당신이 친구에게 깜짝 생일 파티를 열어줬는데 친구가 화를 냈다고 해보자. 그러면 당신은 그녀가 고마워할 줄 모르는 데 대해 화가 날 수도 있다. 다른 한편으로는 친구에게 심하게 거부당했다고 느끼면서 그녀가 파티를 원하지 않을 거란 사실을 알지 못한 자신을 탓할 수도 있다. 이런 내적 갈등이 커지면 자신의 반응에 감정적으로 휩쓸리면서 혼란스러워질 수 있다.

나는 환자들이 관계의 문제로 치료를 시작하면서도 상황이 생각보다 얼마나 '괜찮은지' 얘기하거나 '그리 나쁘지는 않다'고 말하는 경우를 여러 번 봤다. 몇 번의 상담을 하다 보면 대개는 관계가 '괜찮기를 바라고' 상대가 지닌 많은 장점을 고마워하긴 하지만, 상대방의 어떤 말이나 행동에 대해서는 심각하게 충돌하는 걱정거리 또한 지니고 있음을 보게 된다. 그런데도 환자들은 이런 내적 갈등에 대해 언급하기를 힘들어한다. 그런 갈등을 확인하는 순간 결국 상대와 부딪히게 되고, 그러면 자신이 거절당하거나 스스로 관계를 그만둘 수밖에 없을까 봐 두려워하는 것이다. 내가 환자들에게 '인식한다는 것이 곧 특별한 행동을 해야 한다는 의미가 아님'을 이해시키고 나서야, 그들은 비로소 자신과 다른 이들을 좀더 명확하게 바라보기 시작했다. 그러고 나면 앞으로 어떤 행동을 취할지도 결정할 수 있다.

자신이 언제 내적 갈등을 겪는지를 주목하면 그 갈등을 더 자세히 바라볼 수 있다. 타인을 인식할 때도 자신이 어떤 편견을 지닌 건 아닌지 주의하다 보면, 다른 사람들에게 실제로 무슨 일이 일어나고 있는 건지 더 의식적으로 생각할 수 있다. 당신이 다양한 관점을 더 명확히 이해하게 되면 각각의 관점에 자신이 얼마나 영향을 받는지도 가늠할 수 있으며, 궁극적으로는 상황 전반에 대해 한층 균형 있는 시각을 지닐 수 있다. 기억해야 할 점은 상황을 다르게 본다고 해서 어떤 행동을 취해야 하는 건 아니라는 점이다. 자신이 취할 행동을 결정하는 건 언제나 당신 자신이다. 하지만 자신의 상

○ 자기 생각, 감정, 반응에 대한 표 만들기

힘들다고 느껴질 때 그런 마음을 제대로 들여다보려면 우선 감
정적인 생각을 진정시켜야 한다. 이 과제는 자기 생각과 감정을
표로 살펴봄으로써 감정적인 생각을 완화하는 데 도움을 준다.
다음 표를 노트에 그대로 옮겨 그린다. 내용을 채워 넣을 때 공
간이 충분하도록 각 칸을 넓게 만드는 것이 좋다.

(상황 설명)		
생각	감정	반응

되돌아보기:

● **'상황 설명' 난을 적는다** 표의 맨 위 칸에 힘들거나 혼란스러
운 상황에 대해 적는다. 특별한 일일 수도 있고 좀더 폭넓은 문
제일 수도 있다. 이를테면 '생각과 감정의 차이로 애인과 갈등하
는 상황'이라고 적을 수 있다.

● **표의 빈칸을 채운다** 해당 상황과 관련하여 드는 모든 힘든 생각을 적는다. 각 생각과 관련 있는 감정과 반응들도 적는다.

● **완성한 표를 다시 한번 읽어본다** 기본적인 갈등 상황이 명확해지면 여러 관점을 하나하나 자세히 살펴보면서 어떻게 대응할지 생각해볼 수 있다.

어떤 갈등은 해결할 수 있겠지만, 그러지 못하는 문제들도 있을 것이다. 완전한 해결이 어렵다면 갈등 상황을 최대한 완화할 만한 대안을 더 고민하거나, 갈등을 안고 살아가거나, 그런 상황을 아예 떠나는 방법을 찾아야 할 것이다.

황을 더 명료히 알게 된 사람들은 대부분 변화하고 싶어 한다.

만일 자신의 감정에 확신이 서지 않는다면, '감정' 난을 지금은 빈칸으로 놔둬도 괜찮다. 이 비어 있는 칸들은 자신이 어떤 부분을 어려워하는지 확인하는 데 큰 도움이 될 것이다. 모든 비어 있는 칸을 "여길 좀더 봐줘"라면서 깜박이는 네온사인이라고 생각하자.

만일 감정적으로 무디게 느껴지거나 감정을 인식할 수 없다면, 자신의 감정에 다가갈 수 있도록 3장에서 했던 과제를 다시 한번 해보자. 감정이 느껴지긴 하지만 그것이 어떤 것인지를 확인하고 그 감정에 머무는 게 힘들다면, 지금은 이 과제를 그냥 지나쳐도 된다. 나중에 5장을 다 읽은 후 다시 돌아와 시도하기 바란다.

갈등 상황을 어떻게 표로 정리해 살펴보는지 더 확실히 이해하기 위해서 셀레나의 사례를 보자. 막내아들이 대학 진학을 위해 지금 막 집을 떠났고, 그녀는 사랑은 하지만 지루하게 느껴지는 남편 마이크와 단둘이 집에 갇혀버린 느낌이었다.

셀레나

나는 결혼 생활이 권태롭게 느껴진다.		
생각	감정	반응
마이크는 선량한 사람이며, 좋은 남편이다.	행복하며 애정이 느껴진다.	• 남편과 계속 함께하고 싶다. • 가끔 남편이 나를 떠나 결혼 생활이 끝날까 봐 두렵다.
마이크는 따분한 사람이다. 그냥 옆에 앉아만 있다.	지루하고, 속상하며, 만족스럽지 않다.	• 결혼 생활을 끝내고 새로운 인생을 살고 싶다. • 남편에게 말할까 생각해보기도 하지만 내 결정을 후회하게 될까 봐(그가 좋은 사람이라는 기억 때문에), 그리고 남편이 나와 함께하려 하지 않고 나를 거부할까 봐 두렵다.

되돌아보기: 마이크가 그리 모험을 즐기는 사람은 아니다. 하지만 내가 무언가 새로운 경험을 해보자고 하면 기꺼이 할 것이다.

> 그가 더 주도적이면 좋겠지만 그냥 내가 둘이 함께할 활동을 더
> 계획해도 괜찮을 것 같다. 그러면 우리 둘 다 더 행복해질 것이다.

셀레나는 표에 자기 생각을 적으면서, 마이크가 그렇게 모험을
즐기는 사람은 아니지만 자기가 하자고 하면 새로운 경험을 하는
데 마음이 열려 있다는 사실을 깨달았다. 마이크가 먼저 제안해주
면 좋겠지만 그러질 않으니, 자신이 새로운 활동을 더 많이 계획함
으로써 결혼 생활을 더 행복하게 만들기로 했다.

과거는 현재에 어떤 영향을 미치는가

앞서 설명한 애착 이론을 기억할 것이다. 어린 시절 경험은 자
기 자신 및 다른 사람들과 관계 맺는 방식에 기반이 된다(특히 애착
대상과의 경험이 중요하다). 만일 당신이 어린 시절의 경험 때문에 자
신을 부정적으로 느끼며, 다른 이들이 자신을 지지해주지 않는다고
생각하면서 힘들어하고 있다면 거절에 민감할 가능성이 크다.

어린 시절을 되돌아보는 일이 불편하게 느껴지고, 심지어 두려
울 수도 있다. 인간적으로 가치 없는 사람으로 낙인찍히거나, 전에

는 지금의 힘든 상황과 연관 있다고 생각해본 적 없는 끔찍했던(어쩌면 기억조차 못 할 수도 있는) 어떤 사건을 떠올려야 할까 봐 두려워하는 사람도 있다. 하지만 정작 떠올리게 되는 것들은 대체로 생각보다 복잡하게 얽혀 있긴 하지만 그렇게 극적이진 않다.

거절의 고통에 근원이 될 만한 것들을 성찰하고 STEAM의 모든 영역에서 자기인식을 할 수 있게 되면, 이런 문제들을 더 깊이 이해할 수 있다. 이런 탐색을 하다 보면 자신을 비난하거나 거부하는 대신 더 친절하고 온화하며 너그럽게 대하는 방식을 발견하게 된다. 이런 관점이 자리를 잡으면 거절로 생기는 괴로움의 강도 또한 약해질 것이다. 그러면 현재 상황을 더 명확하게 사고할 수 있으며, 현재의 감정적인 반응이 지금 벌어지고 있는 일이 아니라 과거의 경험으로 학습한 것과 더 관련 있다는 점도 확인할 수 있다. 그러면 당연하게도 현재의 삶에서 신뢰를 보여주는 사람들과 자유롭게 교류하며 즐길 수 있다.

거절의 고통에 근원이 될 만한 일을 이해하기 위해 다음 과제를 수행하자. 그러나 만일 이 과제가 감정적으로 벅차게 느껴진다면 건너뛰어도 된다. 5장을 읽고 제시된 과제를 다 끝내고 나면 자신의 감정을 수용할 방법을 알고 싶어질 것이다. 그때 돌아오자.

○ 회상으로 점들을 연결하기

외로운, 거부된, 눈에 안 띄는, 중요하지 않은, 결함 있는, 버려
진, 부족한, 실패한.
이상의 단어들을 보고 가장 처음 드는 생각이나 감정을 떠올려
보라. 그것들을 노트에 적고, 다음 질문에 답해보자.

• 당신의 기억에 특정 인물들이 포함되어 있는가? 있다면 누구
  인가?
• 당신이 기억하기에 집 밖에서 생긴 일이었다면, 부모나 그 외
  가족 구성원에게서도 비슷한 감정을 느낀 적이 있는가? 만일
  그렇다면 그 기억을 좀더 떠올리며 그런 경험이 당신에게 어
  떤 영향을 줬는지 살펴보라.
• 당신이 더 기분 상할 만한 반응을 습관처럼 보이던 특정 인물
  이 있었는가? 그 사람은 누구인가?
• 어떤 이야기가 눈에 띄는가? 일테면 당신은 외롭고 비난받는
  데, 당신의 형제자매는 칭찬을 받았는가?

다음 질문에도 답하면서 앞의 질문과 연관지어 생각해보자.

• 당신은 이 사건들을 통해 자신의 인간적인 가치를 어떻게 바
  라보게 됐는가(자기 표상)?

138

- 이런 사건들로 인해 다른 사람들이 정서적으로 당신 곁에서 함께해줄 거라는 생각에 어떤 영향을 받았는가(대상 표상)?
- 당신의 자기 표상과 대상 표상이 현재 자신이 지닌 거절 민감도와 어떤 관련이 있다고 생각하는가?

과거를 되돌아보며 얻은 통찰을 통해서 다시 현재에 집중한다. 특히 거절 또는 거절 가능성에 민감했다고 생각되는 사건이 최근에 있었다면 다시 떠올려보자. 당신의 반응이 그 사건 자체에 비해 지나쳤다면, 방금 살펴본 어린 시절 사건과 관련이 있진 않은가? 이에 대해 일기를 써보자.
당신은 이 질문들에 답하면서 그동안 불합리하게만 보이던 자신의 반응이, 그것을 유발한 과거의 기억을 고려할 때 매우 일리 있는 것이었음을 깨달았을 것이다.

크리스틴의 치료 체험은 이와 같은 통찰과 과제가 얼마나 도움이 되는지 보여주는 아주 좋은 예다. 그녀는 스물일곱 살이며 낮은 자존감과 만성적으로 불행하다는 느낌 때문에 치료를 받으러 왔다.

"저도 친구들이 있긴 하지만 그 애들이 절 판단할까 봐 늘 걱정돼요. 내가 자기네한테 하는 만큼 게네가 날 생각한 적은 단 한 번도 없었거든요."

크리스틴은 치료받는 과정에 한 남자와 사귀기 시작했다. 그는 크리스틴을 정말 좋아하는 것 같았으나, 다른 친구들과 비슷하게 그녀의 욕구에 민감하진 않았다. 크리스틴은 이 모든 관계에서 유순한 편이었으며, 자기 생각이나 감정을 별로 주장하지 않았다. 간혹 자기 생각을 표현하다가도 금방 다시 순종적인 태도로 돌아왔고, 조금이라도 의견 차이가 생길 것 같으면 다른 이들이 하자는 대로 금세 따랐다.

치료 과정이 크리스틴의 가족 간 상호작용으로 넘어갔을 때, 그녀에게 이 과제를 하게 했다. 크리스틴은 자신의 답변을 다시 읽으며 말했다.

"저는 늘 감정적인 아이였어요. 그런데 부모님은 매우 논리적인 편이어서 저의 감성적인 면을 잘 이해해주지 못하셨죠."

크리스틴은 부모님이 감정을 '나쁘다', '유치하다' 같은 표현과 동급으로 사용했음을 깨달았다. 크리스틴은 성장기에 부모님 앞에서 자기표현을 할 때마다 늘 자신이 얼마나 평가절하되는 느낌이 들었는지 얘기했다. 그러다 보니 당연히 부모님 앞에서 이야기를 하지 않게 됐다. 그녀는 이 과제를 하면서 조용히 있으려 하고 '열등하다' 라고 느끼던 어릴 적 성향이 성인이 된 후의 관계에까지 계속 이어졌고, 결국 어떤 관계도 만족스럽지 못하게 됐음을 이해했다.

○ 자신의 어린 시절 살펴보기

어린 시절의 어떤 관계가 자신에 대한 비판적인 시각으로 이어지기도 하지만, 어릴 적 또 다른 관계 덕분에 자기 자신에 대한 긍정적인 시각이 형성되기도 한다. 이렇게 긍정적이며 마음을 치유하는 관계에 있는 사람들은 유년기와 일생을 통해서 당신을 지지해주는 애착 대상 역할을 할 수 있다. 이들은 성인이 되어서도 위안을 주고 긍정적인 자기인식을 하도록 도와주며 마음을 치유해주는 관계를 발전시켜나간다. 이런 모든 긍정적인 관계는 자신이 이미 발견했거나 발견하는 법을 익히는 데 큰 힘이 되는 내적 보물창고다.

관련 있는 적당한 기억을 더 강화하려면 이런 관계를 정확하게 확인해야 한다. 다음 질문들에 답하면서 확인해보자.

• 어린 시절 당신이 속상할 때 위안과 지지, 격려를 받기 위해 의지하던 사람은 누구였는가?
• 어떤 사람과 함께 있을 때 기분이 좋아지고 자신에 대해 긍정적으로 여기게 됐는가?
• 성인기에 당신에게 위안과 지지와 격려를 해준, 그래서 짧은 기간이라도 함께할 수 있어서 행운이라고 생각되는 사람들이 있는가?

당신이 진정한 것으로 여기는 관계에 대해 다음 질문을 던져보자.

- 당신을 배려해주던 사람들이 당시에 또는 지금도 여전히 당신을 어떻게 여긴다고 생각하는가?
- 당신은 당시 그들에 대해 어떻게 생각하고 느꼈는가? 그들이 여전히 당신과 함께 있다면(그리고 여전히 당신을 지지하고 있다면) 지금은 그들에 대해 어떻게 생각하고 느끼는가?
- 과거에 그 사람들과 함께 있을 때 당신은 자신에 대해 어떻게 생각하고 느꼈는가? 만일 여전히 그들과 관계가 이어지고 있다면(그리고 여전히 당신에게 힘이 되어주는 존재라면), 당신은 지금 그들과 함께 있을 때 자신에 대해 어떤 생각과 감정이 드는가?
- 그 사람들과 지금 또 같이하더라도 여전히 기분 좋아질 예전에 함께하던 어떤 활동이 있는가?

가끔 사람들은 자신의 고통을 생각하느라 자기 인생의 일부가 되는 지지자들을 인지하지 못하게 돼버린다. 균형 있게 관심을 나누고자 한다면 이와 같은 질문들을 활용해 긍정적이고 치유가 되는 이전의 관계에 초점을 맞춰야 한다. 만일 정서적으로 타인이 자기 곁에 있어줄 수 없다고 생각하는 대상 표상을 지니고 있다면, 이 과제를 통해 과거나 현재의 관계로 볼 때 그 대상 표상이 정확한 것인지도 재검토할 수 있다.

크리스틴은 치료를 받고 이 책에 나오는 과제도 따라 하며 자신을 더 잘 알게 됐다. 나아가 너그러운 자기인식을 발달시킬 수 있었으며, 자신을 내세울 줄도 알게 됐다. 마지막 상담 때 그녀는 자신의 성장 과정을 되돌아보며 말했다.

"치료를 받으면서 친구들을 잃기도 했지만 새로운 친구와 관심거리도 발견했어요."

크리스틴은 자신을 매우 존중하고 사랑하는 남성을 만나 결혼했다.

늘 맞는 것 같아 보이는 자신의 부정적인 인식이 정확한 현실이 아닐 수도 있음을 알아야 한다. 당신은 이런 사실을 더 잘 알게 되고 나서도 여전히 마음속으로 계속 비판하는 덫에 빠질지도 모른다. 그러나 과제를 웬만큼 하고 나면 생각이 어떤 것들에 영향을 받고, 자신이 어느 정도로 그것을 믿는지, 또 그것이 삶에 얼마나 큰 여파를 미치는지 더 잘 파악할 수 있다. STEAM의 나머지 네 가지 영역인 감각, 감정, 행동, 정신화에서도 자기인식을 발달시키면 그 모든 영역이 어떻게 상호작용하는지를 제대로 알 수 있다.

Chapter 5

. . .

감정에 휘둘리지 않는
사람이 된다는 것

감정

．
．
．

고등학교 졸업이 한 달 앞으로 다가왔다. 채드는 파티에서 천천히 돌아다니며 마주치는 친구들에게 미소를 보내고 하이파이브도 하는 등 여유로워 보였다. 그러나 머릿속에서는 사이렌이 요란하게 울려대고 있었다.

'바보짓 하지 말자!'

채드는 자신을 너무 드러내지 않기 위해 주의했다. 웃어야 할 때만 맞춰 웃으려 했고 친구들이 하는 대부분 말에 맞장구쳤다. 그는 이런 괴로움을 내내 안고 학교에 다녔다. 자신이 야구 대표팀 투수로서 확실히 재능이 있는 건지, 공부를 잘하는지, 다른 아이들이 자신을 좋아하는 것 같은지…. 실제로 야구에 재능이 있고 공부를 잘하고 아이들이 좋아하는 것 등은 중요한 문제가 아니었다. 그는 이 말을 되뇌곤 했다. '언젠가 그들은 내가 가짜라는 사실을 알게 될 거야.'

채드는 대학에 가서 만난 친구인 브렛이 두려움을 털어놓았을 때, 예전 생각이 번쩍하고 떠올랐다.

'나하고 완전히 똑같이 느끼는구나!'

채드는 더는 혼자가 아니었다. 브렛의 두려움이 쓸데없는 거라는 걸 알고, 자신의 두려움 또한 그렇다는 사실을 깨달았다. 그 후로도 채드는 다른 사람들이 자신을 어떻게 생각할지 여전히 걱정이 됐지만, 그래도 이제는 그것이 두려움으로 인한 생각이 아닐지 의심하기 시작했다. 시간이 갈수록 채드는 친구들과 더 편안하게 지낼 정도로 불안한 마음을 진정시킬 수 있었으며, 심지어 파티도 즐기게 됐다. 20대가 되자, 자기인식을 의식적으로 발달시키면서 마침내 여성들과 권위 있는 사람들에게 판단받는다는 두려움까지 정면으로 마주하게 됐다.

감정은 인간의 구성 요소 가운데 하나다. 강하게 긍정적인 감정을 즐기면서도 괴롭고 고통스러운 감정을 느낄 수 있다. 신경학 차원에서 볼 때 압도적인 감정은 편도체라는 뇌 부위가 매우 활성화됐음을 나타낸다. 편도체가 활성화되면, 명료한 사고를 담당하는 전두엽 피질은 비활성화된다. 내쳐지고 무시당했다는 생각만으로 그렇게 화내면 안 된다는 걸 '입증해주는' 이성적인 해석인 셈이다. 이런 사실을 알게 되면 당신 앞에는 두 개의 선택지가 놓인다. 여전히 설득이 안 될 수도 있고, 아니면 자기 상황을 더욱 효과적으로 헤쳐나갈 수도 있다.

감정은 인간이 할 수 있는 풍성한 경험의 핵심이다. 따라서 유 쾌함뿐 아니라 고통에 이르기까지 감정의 모든 면을 받아들이는 것 이 중요하다. 안정형 애착을 지닌 사람들은 감정의 폭넓은 면을 다 양하게 받아들이며, 인생의 많은 경험과 가능성에 마음이 더 열려 있다. 그래서 사랑을 추구하면서 자신의 꿈을 향해 활기 있게 나아 간다. 때로 일이 잘 안 풀린다고 해도 거절이나 실패의 고통 또한 받아들이며, 그런 감정을 소화하여 흘려보낸다. 그렇게 함으로써 감정과 경험을 통해 얻을 수 있는 교훈을 받아들이는 것이다. 이들 은 세상이 선사하는 것 이상을 탐구하는 경향이 있으며, 삶의 크고 작은 불행에도 더 유연하게 대처한다.

그래도 그들이 자신의 감정을 건강한 방식으로 체험하고 처리 하는 능력은 특별한 상황이나 관계 또는 삶의 어떤 시기에 놓여 있 는가에 따라 달라질 수 있다.

테레사는 보통 때는 회복탄력성이 높았다. 그런데 애인에게 차이자 크게 상처받았고 화도 났다. 감정이 너무 강하다 보니 불안감 같은 건 그 속에 묻혀버렸지만, 가끔은 아예 마음의 문 을 닫아버리는 식으로 대처하기도 했다. 거절당한 일을 떨치고 앞으로 나아갈 건설적인 방법을 찾기가 쉽지 않았다. 그러나 얼마 후 STEAM을 사용해 감정적인 반응을 가라앉히고 자신의 감정이 다른 사람들에게도 있는 '그저 인간적인' 반응이란 사실을 알고 나서는 한결 마음을 열 수 있게 됐다. 자기관용을 느끼고 자신의 고통에 공감하며 그 고통이 사라지기를 바라는 과정에 대해서도 더 열린 마음을 지니게 됐다. 그리고 이제는 상실을 마음껏 슬퍼한 후 새로운 관계를 시작할 수 있는 상태가 됐다.

거절로 힘들어하는 다른 누군가처럼, 당신 또한 직장 친구나 연애 문제 등으로 어려움을 겪고 있을지도 모른다. 어쨌든 당신이 이 책을 펼쳤다는 사실은 그 일 때문에 많이 괴로워하고 있다는 의미일 것이다.

이번 장의 초점은 자신의 감정에 대한 인식과 확인 능력을 끌어올리고, 스스로 그 감정과의 관계를 더 건강하게 만드는 데 있다. 감정을 억누르고 피하는 대신 더 허용하고 받아들일수록 더 큰 자기관용을 지니고, 그 감정에 대응하며 거절을 극복하는 자신을 스스로 더 응원할 수 있다. 아니면 적어도 자기관용을 향상시키는 일에 더 열린 마음을 지니게 될 것이다.

거절을 만성적으로 힘들어하는 사람들은 거절에 대처하는 능력이 훼손된 것이다. 이런 사람들은 어떤 피드백을 받든 거절을 두려위하면서 끊임없이 경계한다. 동시에 다른 많은 강렬한 감정을 경험하기도 한다. 이들은 심하게 자기비판적인 편이며, 그런 성향은 또 다른 거절로 이어질 가능성을 높인다.

다른 모든 영역을 인식할 때도 마찬가지겠지만, 자신의 감정에 호기심을 지니고 접근하면 많은 도움이 된다. 감정에 대해 더 배우고 싶어 할수록 감정을 잘 알게 되고, 감정이 자기 인생에서 어떤 역할을 하는지도 더 잘 이해할 수 있다. 호기심이 있으면 이번 장에 나오는 과제를 수행할 때도 더 많은 것을 얻을 수 있다. 이 과제를 통해 자신의 감정 체험을 스스로 더 잘 알게 될 뿐 아니라 마음을 더 열고 수용하는 방법 또한 발견할 수 있다. 이런 과정을 통과하면 거부당했다는 느낌과 관련된 고통에서 상당히 놓여날 것이다.

그러나 이 과제를 해내는 과정은 감정적으로 큰 부담이 될 수 있다. 이 장의 몇 가지 과제는 어려움을 확인하고 견딜 만한 수준을 유지하기 위해 고안된 것이다. 감정에 집중하는 일을 잠시 멈추고 STEAM의 다른 영역에 몰두할 수도 있다. 시간을 두고 영역 사이를 오가면, 그 모두를 더 잘 탐구할 수 있다.

생각과 감정은 때때로 겹쳐지면서 서로 영향을 준다. 그런 관계에 대한 기억을 되살리기 위해 4장의 '생각과 감정은 별개다' 단락을 다시 한번 살펴봐도 좋다. 다음 단락은 자신의 감정에 건강한 방식으로 연결되는 방법을 생각하게 해준다.

감정은 갑자기 찾아오는 손님과 같다

다음 시는 13세기 페르시아 시인인 잘랄루딘 루미Jalaluddin Rumi
가 쓴 것이다. 한번 읽어보며 생각해보자. 이런 방식으로 감정에 마
음을 열면 어떨지 가늠해보자. 어쩌면 당신은 어느 고요한 아침 또
는 저녁에 몸을 웅크리고 앉아서 차나 포도주를 홀짝이며 이 시를
음미하고 싶어질지도 모른다.

게스트하우스

이렇게 인간으로 산다는 건
게스트하우스가 되는 것이다.
매일 새로운 손님이 도착한다.
기쁨, 우울, 치사함,
어떤 순간적인 인식이
예기치 않은 손님이 되어 찾아온다.
그들을 모두 환영하고 대접하라!
가구 하나 남기지 않고
집 안을 온통 휩쓸고 가버리는
슬픔의 무리라고 하더라도.
그래도

의연하게 모든 손님을 접대하라.

어쩌면 그들은 새로운 기쁨을 위해

당신을 비워내고 있는 것인지도 모르니.

어두운 생각, 수치심, 악의,

문간에서 이들을 웃으며 맞이하고,

안으로 들어오라고 청하라.

어떤 이가 오든 감사히 여기라.

저마다 저 너머의 손길에 의해

여기로 보내진 것이니.

시에서는 모든 감정을 '웃으며 맞이하라'고 한다. 그러니 감정을 몽땅 떨쳐내고 싶더라도 그 유혹을 이겨보자. 대신 의식적으로 진지하게 이런 관점에 대해 생각해보라. 어쩌면 당신은 거절, 버림받음, 상처, 수치심, 분노 중에서 어떤 감정을 특히 힘들어할 수도 있다. 당신과 감정 사이에 거리를 두려는 자신의 모습을 비판하고 싶어진다면, 다른 누군가가 그렇게 반응하고 있다고 상상해보자. 당신은 '고통스러운 감정에서 자신을 보호하려고 하나 보다'라며 그 사람을 이해할 것이다. 어쩌면 그를 위로하고 안심시켜주고 싶을지도 모른다. 자신에게도 이와 똑같이 해주자.

당신이 처한 상황이 어떻든 자신의 감정을 모두 받아들이면 더 큰 자기수용을 향해 나아갈 수 있다. 사소한 거절에 과잉반응하는 일이 줄어들고, 어떤 거절이든 더 견디기 쉬워진다. 이처럼 반응이 달라지면 전반적인 회복탄력성 또한 높아진다.

감정을 살피는 가장 좋은 도구, 호기심

옛날 어느 먼 왕국에 거대한 용 한 마리 때문에 공포에 빠져버린 한 마을이 있었다. 용은 도저히 물리칠 수 없을 것만 같았다. 이웃 왕국들에서 여러 용맹한 기사가 용을 죽이러 왔지만, 오히려 다들 용에게 죽임을 당하고 말았다. 한 기사는 용에게 달려들었으나 야수의 엄청나게 커다란 발에 짓밟혔고, 또 다른 기사는 자기 앞에 놓인 것이 산이 아니라 용이었음을 막 깨달은 순간 화염에 휩싸여 죽었다. 그 후로도 여러 해 동안 기사들이 다양한 무기를 들고 찾아와 용을 죽이고자 나섰지만 아무도 성공하지 못했다. 마을 사람들은 차츰차츰 희망을 버렸다.

그러던 어느 날, 한 나그네가 오더니 용에 관해 물었다. 전에 왔던 젊고 용감한 기사들과 달리 그는 방랑자로 보이는 노인이었고 느린 걸음걸이에 편안한 미소를 지니고 있었다. 그는 마을 사람들에게 말을 건넬 때처럼 침착한 모습으로 용과 대면하기 위해 나섰다. 사람들은 그가 아무 무기도 들고 있지 않았으며 심지어 칼도 없이 갔다고 했다.

그가 용을 향해 천천히, 단호하게 걸어가자 거대한 짐승이 신기한 듯이 쳐다봤다. 그가 용의 주둥이에 닿을 만큼 가까워지자 용이 거대한 입을 벌리며 이 낯선 남자를 유인했다. 그는 이 초대에 응하며 안으로 발을 들였고, 용의 배 속으로 바로 걸어 들어가 자리 잡고 앉았다. 용은 약이 바짝 올라 으르렁거리며 불을 내뿜더니 연기를 내뿜으며 사라져버렸다. 용이 내뿜은 불이 배 안에 앉아 있는 노인은 건드리지 못했기에, 그는 용이 사라진 자리에 여전히 침착한 모습으로 앉아 있었다.

감정, 특히 거절과 관련된 감정은 당신을 태워 없애버릴 만큼 강력하며 때로는 야수와도 같다. 그러나 사실 그 힘은 당신이 보이는 반응 때문에 커진 것이다. 감정을 차분하게 받아들이며 다가가는 법을 배우면 그 힘을 제한할 수 있다.

아마 당신은 이 부분을 읽고 두 가지 다급한 질문이 생겼을 것이다.

• 감정을 마주하고 침착해진다는 게 정말 인간적으로 가능한 일인가?
• 만약 그렇다고 해도 어떻게 그 힘을 제거한다는 것인가?

두 번째 질문부터 살펴보자. 감정은 그것을 유발한 것들에 대한 자동적인 반응이기도 하지만, 자신이 느끼는 한 계속해서 감정에 영향을 주는 여러 요인의 결과이기도 하다. 당신의 감정적인 반응은 최근 또는 아주 오래전 경험에 지나치게 영향을 받고 있거나, 자신 또는 다른 이들에 대한 잘못된 추정에 대응하는 것일 수도 있다. 또한 미지의 것이 두려움을 불러일으켜 감정적인 반응을 부채질했을 수도 있다. 그러므로 자신과 자신의 감정적인 반응을 더 잘 이해할수록 그런 감정적인 반응이 덜 발생하며, 앞으로의 경험을 더 잘 통제할 수 있다.

첫 번째 질문에 대한 답은 '확실히 가능하다'는 것이다. 배우고 실천하는 데 시간이 좀 걸리겠지만, 그저 감정을 굳혀버리거나 피하려 하는 대신 호기심 속에 감정을 직면하는 기술과 경험을 습득할 수 있다.

감정을 살피고 더 잘 알게 되는 방법에는 여러 가지가 있다. 처음 시도할 때부터 가장 좋은 도구는 바로 당신의 '호기심'이다. 자신의 감정을 궁금해하라. 모든 과제를 할 때마다 그것이 당신에게 어떤 도움이 될지 궁금해해야 한다. 그 자체만으로도 내면세계를 살펴볼 때 느껴지는 불안을 줄일 수 있다.

과정이 격할 수 있으므로 자기에게 맞는 속도를 유지하고, 한계를 시험하되 너무 몰아붙이지 않는 법을 익혀야 한다. 다음 단락에서는 상처받고 수치를 당하고 내쳐지는 등 전반적으로 속상하다고 느껴질 때, 자신의 마음을 가라앉힐 방법을 알려준다. 자신의 감정을 경험하고 이해하게 해주는 과제도 포함되어 있다. 자신의 감정이 더 편하게 느껴지면 자기수용과 자기관용 능력이 향상된다.

그 결과 당신은 전반적으로 자신과 상황에 대한 명료함을 얻을 것이며, 더 건강하게 대응하고 거절에도 과잉반응하지 않게 될 것이다. 그러면 거부당하는 일이 생기더라도 더 잘 대처한다는 기분을 느끼며 앞으로 나아갈 수 있다.

안전하다는 느낌은 타인이 주는 게 아니다

거절을 극복했다는 것은 감정적으로 충분히 안전하다고 느껴서 굳이 거부당하는 일을 막으려 하지 않으며, 혹시 거절당하는 일이 생긴다 해도 그에 대해 방어적인 태도를 보이기보다 상황을 그대로 받아들임을 의미한다. 그러면 자신의 내면세계로 가는 문을 열 수 있다. 또한 자신을 더 잘 알고 자기 경험에 더 완전히 몰두하게 되며, 앞으로 다시 거절당할 가능성이 있더라도 관계를 맺는 데 주저하지 않게 된다.

누군가가 당신 기분을 안전하게 '만들어주는' 것이 아니다. 당신이 자신 안에서 (보통 다른 이들의 지원을 받으면서) 안전함을 찾는 것이다. 안전하다고 느끼는 데 도움이 되는 방법 중 하나로 마음이 차분해지고 위로가 된다고 여기는 어떤 장소(상상이든 현실이든)를 마음속에 떠올리는 것이 있다. 안전하다는 느낌은 살아가면서 사람들로부터 받게 되는 배려를 통해서도 경험할 수 있다. 이런 경우는 당신이 그 배려를 받아들였기 때문이다. 자신이나 의미 있는 타자 모두가 함께 더 안정감을 느낀다면, 만성적으로 거절당했다는 느낌 때문에 압박받지 않고 안정적인 애착을 형성할 수 있다.

어떤 장소가 안전한가에 대해서는 어떤 제한도 없다. 많은 사람이 숲이나 해변 같은 자연에서 장소를 선택한다. 자기 집이나 어린 시절을 보낸 집을 택할 수도 있다. 우주나 바닷속 깊은 곳 또는 상상 속 천국이어도 상관없다. 당신이 위로받을 수 있는 애착 대상을 떠올릴 때도 애인, 종교 지도자, 가상 캐릭터, 심지어 당신의 애완동물을 선택해도 된다. 어떤 선택을 하든 그 장소나 대상은 자신에게 힘을 주고 위안이 되어야 한다.

방해받지 않을 수 있는 시간에 이 상상하기 과제를 할 수 있도록 계획하라. 최선을 다해 자신의 모든 감각을 동원하자. 눈앞의 광경, 들리는 소리, 안전한 장소에 있거나 안전한 사람과 함께 있는 육체적인 감각을 상상한다. 마음속에서 그리는 상에는 심지어 미각도 포함될 수 있다. 더 사실적인 이미지로 만들수록 마음이 더 차분해지는 경험을 할 수 있다.

이 과제를 당신이 비교적 편안하게 할 수 있을 때까지는 고요한 시간에 하기를 권한다. 그다음엔 거절당했다는 느낌(또는 다른 어떤 감정)으로 마음이 버거워질 때마다 시도해도 좋다. 상황을 모면하기 위해서가 아니라 어려운 상황을 헤쳐나가면서 더 기운이 나고, 거절당하는 일이 생겨도 그 느낌을 직면할 수 있도록 이 과제를 활용하자. 그래도 만일 그게 너무 힘들다면 상황에서 한 걸음 물러나 마음을 가라앉히기 위해 과제를 사용해도 상관없다. 나중에 이 상황에 다시 대처하면 된다.

자신의 감정에 이름 붙이기

이번 장을 시작하면서 언급했던, 어떻게 감정이 명료한 사고를 하는 전두엽 피질을 비활성화하는지에 대한 신경학적 설명을 기억하는가? 뇌에서 감정에 대해 이런 식으로 어떤 대응을 한다고 해서 당신이 꼭 이 사실을 알고 있는 건 아니다. 자신이 몹시 감정적이라고 느끼더라도 그 감정 또한 제대로 알지 못하거나 단지 그 존재만 막연하게 느낄 수도 있다. 예를 들어 동료가 당신을 피하는 것 같아 불쾌한 감정이 들어도 단지 당신 마음속에서 화산처럼 끓고 있는 분노에 대한 신호에 불과할지도 모른다는 얘기다. 역효과를 일으키기 쉬운 이런 행동 또한 거절에 대한 대응 방식 중 하나다.

아니면 당신은 거절당했다는 느낌에 대한 자신의 반응을 예민하게 의식하고 있을 수도 있다. 재닌 또한 어머니가 자신에게 심하게 비판적이었던 어린 시절부터 자신에 대한 부정적인 느낌 때문에 고통을 인지하고 있었다. 지금도 그녀는 자주 사람들에게 무시당한다고 느꼈고, 그래서 감정이 격해지곤 했다. 때로는 너무 속상하고 두려워서 감정적으로 무너져버리는 것 같았다. 명확하게 생각하거나 마음을 가라앉히기도 힘든 상황에서 재닌은 어떻게 해야 할까?

재닌은 편도체를 스위치 누르듯 꺼버려 작동을 멈출 수 있다면 마음이 진정되고 생각도 한층 명료해질 것 같았다. 뇌에 정확히 이런 스위치가 있지는 않지만, 과학자들은 이따금 이와 비슷한 기능을 하는 부위를 발견했다. 자신의 감정을 확인하고 규정하면, 편도체 활동이 줄고 전두엽 피질이 활성화된다. 간단히 말해, 감정에 이름을 붙이면 감정적인 반응이 줄어든다는 뜻이다. 자신의 감정을 인식하면, 그 감정에 온통 휩쓸리거나 생각이 압도당하지는 않는다.

자신의 감정을 확인하는 일은 일종의 기술이므로, 그 기술을 개발하기 위해 의식적으로 노력해야 한다. 가만히 자리에 앉아 느껴지는 것들과 연결된 감정에 이름을 붙여보자. 만일 감정을 머리로 이해하려 하거나 합리적으로 해석하려 하는 듯하다면, 다시 마음을 다잡고 그저 감정을 관찰하고 규정하려 해보자.

몇 주 동안 연락이 없는 친구 일로 신경이 쓰이는 것과 같이 덜 심각한 감정에 초점을 두면서 시작하는 편이 좋다. 감정에 이름 붙이는 기술을 익히면, 마음이 더 힘들 때도 감정을 잘 규정할 수 있다(만약 감정이 심각해지기 전에 그 감정을 알아차리기 어렵다면 이번 장의 '자신의 감정 강도 관찰하기' 단락을 읽고 그와 연관된 과제인 '자신의 감정 강도 평가하기'를 먼저 해보자).

자신의 감정을 규정하는 일이 힘들게 느껴지는 건 흔한 일이다. 특히 그 감정이 강렬한 것일 때는 더 그렇다. 육체적으로 감정과 연결되는 게 힘들어 감정을 규정할 수 없다면, 3장에 나오는 과제인 '자기 감각에 다시 연결되기'를 다시 해보기 바란다.

자신의 감정과 연결된다는 것

재닌은 너무나 빈번하게 거절에 민감해졌고, 그때마다 다른 이들을 챙기는 일에 더 신경 썼다. 그들에게서 긍정적인 피드백을 듣고 거절에 대한 두려움을 완화하면서 자신의 감정은 회피하곤 했다. 그러나 자신의 감정과 가까워지는 훈련을 하고 난 이후에는 감정을 점차 받아들이게 됐으며, 그와 함께 감정을 처리하고 풀어내면서 앞으로 나아갈 수 있었다.

자신의 감정에 마음을 열기 위해서는 감정에 주목하는 일부터 시작해야 한다. 자신이 무엇을 느끼는지 또는 어떤 것을 느끼는지조차 모르겠다면 자기 몸을 통한 감정 연결부터 훈련해야 한다. 그러기 위해 3장의 '자기 감각에 다시 연결되기' 과제를 다시 살펴본 후 이 과제로 되돌아오기 바란다.

○ 자신의 감정과 함께하기

일단 자신의 감정과 이어지면, 이 과제를 통해서 고요한 시간에 어떻게 감정을 느끼며 그 안에 얼마나 머물 수 있는지 알게 될 것이다. 적어도 10분 동안은 누구에게도 방해받지 않도록 준비한다.

● 자신의 감정을 감지해본다 강도가 약하고 별로 주목할 만한 감정이 아닐 수도 있고, 강렬한 느낌이 드는 감정일 수도 있다. 어쨌든 주의를 기울이자. 시간을 들여 감정을 하나하나 확인하고 그것을 느껴보자. 이번 과제에서는 이 부분이 어려운 편에 속한다.

● 여러 감정이 느껴진다면 그중 특히 강렬하고 중요한 감정 하나만 추려낸다 예컨대 최근 친구와 다퉈 관계가 안 좋아졌다면, 그녀와 다시는 얘기하지 못하게 될까 봐 심하게 걱정될 수도 있

다. 이처럼 강도가 비교적 세지 않은 '성가신 일' 정도에 주목해도 상관없다. 자신이 왜 그런 선택을 했는지 잘은 모르더라도 그것이 중요하다는 점은 당신도 느끼고 있을 것이다.

● 어떤 감정을 선택하든 그것을 바꾸려 하지 말고 그대로 주의를 기울인다 그렇게 감정을 느끼고 있다 보면 그 감정이 저절로 변한다는 사실을 알게 될 것이다. 그래도 괜찮다. 아마 친구 때문에 살짝 성가셨던 문제가 '짜증 나는' 일이 되거나 화나는 사건이 돼버릴 수도 있다. 다음엔 자신의 분노가 염려될 것이다. 더 정확히 말하자면 영원히 계속될 것 같은 거절의 두려움을 느낄 수도 있다. 이런 식으로 자신의 감정을 드러내다 보면 자기인식이 높아지고 커다란 통찰까지 얻을 수 있다. 스스로 그만해도 되겠다는 느낌이 들 때까지 그저 계속해서 감정에 주목해보자.

● 감정을 느끼고 있다가 산만해지면 다시 마음을 다잡고 감정에 집중한다 아마도 이 과정을 몇 번은 반복해야 할 것이다. 자기 몸에 다시 주목하고, 몸을 통해서 특별한 감정이 생겨남을 인지하면 도움이 된다고 말하는 사람이 많다.

감정을 확인하고 느끼는 것은 과정이기도 하지만 그 자체로 목적이 되기도 한다. 그러니 너무 서둘러선 안 된다. 인내하라. 과제를 마치고도 약간 혼란스러운 상태일 수 있다. 그래도 괜찮다. 이건 반복해야 하는 과제다. 당신의 감정은 때가 되면 알아서 모습을 드러낼 것이다.

자신의 감정 강도 관찰하기

자신의 정서적 경험을 더 자세히 들여다보면, 감정의 강도가 커지고 줄어들면서 어떻게 변화하는지 구별할 수 있다. 이런 인식의 향상은 자신을 더 잘 알게 하고, 자신의 감정을 변화시키며 더 잘 통제할 수 있게 해주는 중요한 요소다. 그 예시가 되는 다음 이야기를 살펴보자.

채드는 린다와 데이트를 시작할 때부터 줄곧 '그녀가 나를 떠나지 않을까?'라는 두려움이 머릿속에서 떠나질 않았다. 린다를 열렬히 사랑하면서도, 자기와 대화하던 중에 잠시 한눈을 파는 것 같은 그녀의 사소한 행동에도 거절당했다는 생각에 마음이 나락으로 곤두박질치곤 했다. 채드는 긍정적이었다가 부정적이었다가 하는 기분 때문에 아무 때나 불쑥 압도되고 통제받는 느낌을 받았다. 하지만 자기가 느끼는 감정의 작은 신호와 그 강도가 더해지는 데 주의를 기울이자 그런 변덕스러운 마음도 바뀌기 시작했다.

채드는 그림 5.1에 나와 있는 '행복'과 '두려움' 항목에 해당하는 자신의 감정 강도를 등급에 맞춰 평가하는 법을 익혔다.

| 그림 5.1 | 채드가 만든 감정의 강도에 대한 등급: 행복과 두려움

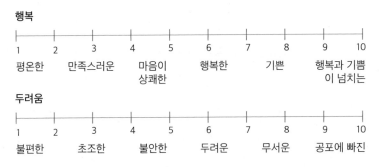

행복

| | | | | | | | | | |
1   2   3   4   5   6   7   8   9   10
평온한   만족스러운   마음이   행복한   기쁜   행복과 기쁨
                       상쾌한   이 넘치는

두려움

| | | | | | | | | | |
1   2   3   4   5   6   7   8   9   10
불편한   초조한   불안한   두려운   무서운   공포에 빠진

　당연히 채드는 '행복' 등급을 살펴보고 그 강도를 평가하는 과제
를 좋아했다. 그는 자신이 린다와 함께 있을 때 평온한 기분이 든다
는 점을 알고 있었다('행복' 등급의 1에 해당한다). 더 살펴보니 어떨 때
는 행복해서 미소를 짓기도 하고(6등급), 기쁨으로 휘파람도 불며(8등
급), 또 어떨 때는 이른바 기쁨에 겨워 얼굴에 빛이 날 정도가 되기도
했다(10등급).

　한편 채드는 '두려움' 등급이 올라갈 때 기분이 안 좋아진다는
사실 또한 알게 됐다. 채드는 두려움을 살펴보는 과제를 하면서 그
강도를 평가하는 법을 배웠고, '두려움' 등급 가운데 1에 해당하는 불
편하다는 감정을 처음으로 인식했다. 등급이 올라가면서는 약간 떨
리고 두려운 느낌이 들었고(6등급), 린다가 자신을 떠날까 봐 무서운
마음에 휩싸일 때는 땀이 나기 시작했으며 가슴이 뛰는 것 같았다(8

또는 9등급).

　채드는 자신의 감정을 평가하고 그 감정에 다르게 대응하는 방법을 배웠다. 커가는 두려움을 꽉 붙잡고 그저 수동적으로 받아들이는 대신, 경험하는 감정의 강도가 어떻든 그 느낌에 호기심을 지니는 훈련을 했다. 처음에는 단지 자신이 인지한다는 느낌만 지니고 있었는데, 이것만으로도 감정의 강도가 완화될 때가 많았다. 때로 충분히 완화되지 않을 때는 그 감정이 정말 궁금해졌다.

　'무엇 때문에 이런 식으로 느끼는 걸까? 이 느낌이 정말 린다가 한 행동에 대한 반응일까, 아니면 그녀가 그럴 거라는 내 생각에 대한 반응인 걸까? 린다가 나를 떠나리라고 생각할 근거가 정말 있는 걸까?'

　채드는 거절에 대한 두려움의 강도에 주목하면서, 자신의 두려움이 얼마나 강한 것이든 상관없이 시간이 흐르면 언제나 희미해진다는 점을 배웠다. 또 이를 통해 거절에 대한 두려움에 일종의 라이프사이클이 있다는 것도 알게 됐다. 그래서 거절에 대한 두려움이 버거울 정도로 강해지면 속으로 '이 또한 지나가리라'라고 읊조리게 됐다.

○ 자신의 감정 강도 평가하기

이 과제를 완료하면 감정의 등급을 만들고 사용함으로써 자신의 감정 강도에 대한 인식을 높일 수 있다. 우선 두려움이나 분노 또는 그 밖의 감정을 택한다. 한 가지 눈금만으로 시작해도 되지만, 채드가 '행복'과 '두려움'이라는 두 가지 눈금을 사용했듯이 한 가지 이상의 눈금을 만들어도 상관없다.

● 다음의 눈금을 노트에 옮겨 그린다 여러 단계의 강도에 대해 어떤 느낌이 드는지 한 단어로 표현한다. 열 가지 단계에 모두 필요한 건 아니지만, 몇 가지 단계에는 반드시 이름을 붙인다.

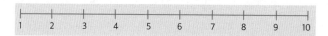

● 눈금을 사용해 어떤 강도의 감정이 사고에 해로운지 확인한다 감정의 단계가 올라가는 것을 살펴보면 자신이 분명하게 사고하기 힘들어지는 시점이 오리라는 사실을 알아챌 수 있을 것이다. 그 강도의 단계를 가장 잘 나타내는 숫자에 동그라미를 치자.

눈금을 만들면 감정에 대한 인식을 높일 수 있다. 일상에서 느끼는 감정의 강도가 올라가는지 의식하는 훈련을 할 때도 이 눈금을 활용할 수 있다.

강도의 단계가 어떤 숫자에 이를 때 자신이 사고를 명료하게 하는 게 힘들어지는지 의식하는 과제를 정기적으로 하자. 당신의 감정이 동그라미 쳐놓은 숫자에 접근하거나 넘어설 때 그 감정을 견디거나 통제하는 일 또는 사고를 명확하게 하는 일이 점차 힘들어질 것이다.

감정을 평가하는 훈련을 많이 할수록, 그 감정을 인내하고 다스리는 일을 더 잘하게 된다. 그러면 통제 불능의 상태가 되는 상황이 줄어든다. 자신의 감정을 평가하는 데에는 능숙해지더라도 그 감정을 극복하는 일은 여전히 힘들 수 있다. 자신이 동그라미 쳐놓은 숫자에 다가가고 있다면, 이번 장의 초반에 나오는 '자신의 감정과 함께하기' 과제를 다시 한번 하는 것도 좋다. 만일 감정이 너무 강렬해서 느끼기가 힘들다면, 2장의 '스스로 마음을 가라앉히는 법' 단락에 나오는 제안 몇 가지를 따르길 권한다. 3장의 '마음챙김 호흡 명상'과 '걷기 명상'도 도움이 된다. 자신의 감정에 압도되는 느낌이 줄어들면 감정과 그에 따르는 여러 단계를 다시 살펴볼 수 있을 것이다.

감정 변화에 대한 지도 만들기

어떤 상황에 부닥치면 마치 호랑이를 마주쳐 공포에 떨게 되는 것처럼, 즉각적으로 불안하고 거부당했다는 느낌이 강렬하게 들 수 있다. 그러나 사실은 호랑이가 철망 건너편에 있다는 점을 안다면 마음이 차분해질 수 있을 것이다. 마찬가지로 자신의 감정에 대한 인식이 높아지면 그 감정을 되돌아보면서 마음이 훨씬 안정될 수 있다. 살면서 겪는 사건들에 대해 느끼는 감정들은 있겠지만, 그것 때문에 받는 고통은 줄어들 것이며 즐거운 감정에 좀더 마음을 열게 된다.

감정 연구의 선구자인 폴 에크먼 박사는 티베트의 영적인 지도 자인 달라이 라마 14세와 함께 감정에 대한 지도 제작에 참여했다 (이 지도는 'www.atlasofemotions.org'에서 확인할 수 있다. 이 사이트를 방문 하면 에크먼 박사가 다섯 가지 보편 감정이라고 정의한 분노, 두려움, 슬픔, 혐 오, 즐거움을 사람들이 어떻게 경험하고 처리하는지 이해하는 데 도움이 될 것 이다).

이 감정 유형을 더 잘 파악하려면 그림 5.2를 참고하기 바란다. 거절에 민감한 사람이 다섯 가지 보편 감정을 경험하는 상황을 그 림으로 나타낸 에크먼의 감정 타임라인을 변형한 것이다. 이 그림 은 감각, 감정적인 생각, 감정이 어떻게 행동 반응에 영향을 미치는 지를 보여준다. 생각을 '감정적인 생각'이라고 구체적으로 쓴 이유는 그 생각이 감정에 강하게 영향받는 사고 유형에 속하기 때문이다.

이 그림을 살펴보면 거절로 인한 고통이 어떻게 펼쳐지는지 더 잘 이해할 수 있다. 살면서 얻은 경험이나 거절 민감도에 따라, 친구나 애인이 소통을 더 원활히 하기 위해 자신에게 목소리를 좀 낮춰달라고 하는 단순한 제안만 들어도 거절에 대한 두려움을 느낄 수 있다. 그림 5.2에 있는 '두려움' 부분에서 볼 수 있듯이 두려움에는 심장이 빨리 뛰고, 땀이 나며, 구토가 생기는 감각이 따라올 수 있다. 다른 사람들이 자신에게 비판적이며 자신을 가치 없고 비호감이라 여기므로, 육체적으로든 정신적으로든 자기를 버릴 것으로 생각하는 감정적인 생각이 생겨날 수 있다. 행동 반응은 어느 순간 극도로 상냥하다가도, 이어서 신랄한 문자를 보내는 모습으로 나타날 수 있다.

감정에 대한 자기인식을 높이면, 상황에 '자동으로 반응하는' 대신 '의식적으로 대응할' 수 있다. 이 장은 감정에 초점을 두고 있지만, STEAM의 어떤 영역에서든 같은 방식으로 개입하면 도움이 될 것이다.

| 그림 5.2 | 거절에 민감한 사람들이 경험하는 다섯 가지 보편적 감정

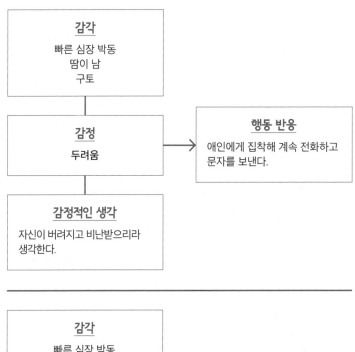

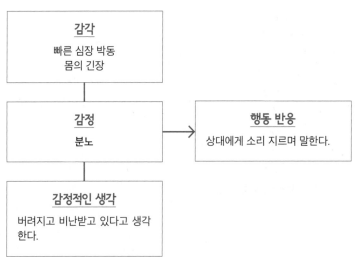

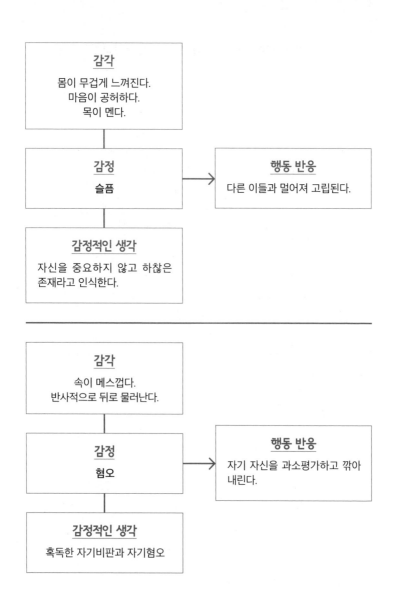

감각

몸이 무겁게 느껴진다.
마음이 공허하다.
목이 멘다.

감정

슬픔

행동 반응

다른 이들과 멀어져 고립된다.

감정적인 생각

자신을 중요하지 않고 하찮은
존재라고 인식한다.

감각

속이 메스껍다.
반사적으로 뒤로 물러난다.

감정

혐오

행동 반응

자기 자신을 과소평가하고 깎아
내린다.

감정적인 생각

혹독한 자기비판과 자기혐오

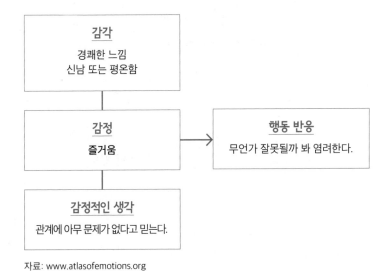

감각
경쾌한 느낌
신남 또는 평온함

감정
즐거움

행동 반응
무언가 잘못될까 봐 염려한다.

감정적인 생각
관계에 아무 문제가 없다고 믿는다.

자료: www.atlasofemotions.org

○ 자신의 감정적 과정 따라가기

그림 5.2를 다시 살펴본 후 자신이 거절당해 힘들었던 상황을 떠올려보자. 그리고 노트와 펜을 꺼내 이 과제를 해보자. 그림 5.3을 노트에 옮겨 그린다.

● '감정' 칸에 구체적인 감정을 적는다 거절로 힘들어할 때는 여러 감정을 느낄 수 있는데, 과제의 목적에 맞는 한 가지만 선택한다.

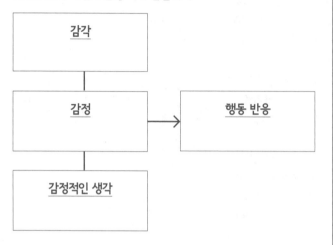

| 그림 5.3 | 자신의 감정 처리 관찰하기

● '감각' 상자를 완성한다 심호흡을 한 후 몸에 주의를 기울이 자. 눈을 감는 편이 더 도움이 될 것이다. 발끝부터 머리끝까지 몸 전체를 천천히 살피면 도움이 된다는 이들도 있다. 어떤 방식 으로 하든 주목할 만한 감각이 있는지 관찰하고 해당 칸에 적어 둔다.

● '감정적인 생각' 상자의 내용을 채워 넣는다 주어진 상황을 되 돌아보고 자기 생각을 살펴보자. 생각을 해당 칸에 적는다.

● '행동 반응' 상자를 완성한다 상황을 다시 떠올리며 자신이 그 때 어떻게 행동했는지 관찰하여 그 내용을 '행동 반응' 상자에 기 록한다.

전체 그림을 완성하고 나면 내용을 다시 한번 읽어본다. 이런 감정적인 상황에 모든 요소가 개입한다는 점을 좀더 의식하자. 이를 인지하면 그 자체만으로도 앞으로 감정적인 상황에서 대응을 다르게 하는 데 도움이 된다. 방금 상황을 되돌아보면서 느꼈던 다른 감정들에 대해 또는 다른 상황들에 대해서도 이 과정을 반복해보자.

만약 당신이 자신의 감각, 생각, 행동(반응) 가운데 무언가 때문에 감정적으로 더 힘들어지곤 한다면 그 영역을 어떻게 다뤄야 할지 배우고 싶을 것이다.

감정은 한 번에 하나씩 처리하면 된다

거절을 당하면 감정적으로 산사태라도 일어난 듯한 기분이 들수 있다. 또는 가슴에 바윗덩어리가 내려앉은 느낌이 들어서 일어나기조차 힘들어질 수도 있다. 그러나 좀더 자세히 살펴보면 바위는 하나도 없음을 알게 될 것이다. 대신 돌멩이들이 무더기로 쌓여있다. 이는 매우 커다란 차이다. 가슴에서 거대한 바위를 들어내진 못하더라도 돌멩이를 치우는 일은 할 수 있을 테니 말이다. 시간은 걸리겠지만, 마침내 당신은 자유로워진다. 이것이 바로 감정이 작동하는 방식이다.

여러 강렬한 감정이 구분도 없이 뒤섞이면 압도되고 혼란스러울 수 있고, 온갖 불안의 총체처럼 느껴질 수 있다. 그래서 한꺼번에 감당하기에는 너무 버거워진다. 하지만 그렇게 커다란 체험에서 오는 두려움, 상처, 슬픔과 같은 많은 감정을 인지할 수만 있다면 감당하기가 더 수월해질 것이다. 그러므로 '돌 더미'를 이루고 있는 여러 감정을 확인한 후, 한 번에 하나씩 처리하는 것이 중요하다.

이 일을 끝내기가 좀 어려울 수도 있지만, 한 번에 한 단계씩 집중하면 해낼 수 있다. 책의 앞부분에 있는 과제 몇 개를 다시 해야 할지도 모른다. 이 단락을 끝까지 잘 읽고 이번 일에 도움이 되는 과제가 어떤 것인지 살펴보자. 만일 아직 어떤 과제도 마치지 못했다면, 다시 앞으로 돌아가 한 번에 한 개씩(과정을 모두 익히고 난 후 한꺼번에 다 하는 것보다) 과제를 완료하기를 권한다.

○ 짐을 내려놓는 과정 시작하기

앞에 나오는 과제를 모두 끝마쳤고 여기서 활용할 준비가 됐다면, 편안한 장소에서 방해받지 않을 조용한 시간을 따로 확보하자. 편안한 의자에 자리잡고 앉아 감정을 잠시 떼어냈다가 일상으로 돌아가기 전에 다시 감정을 가다듬자. 이를 위해서는 충분한 시간이 필요할 것이다. 처음엔 적어도 20분을 예정하고 시작하길 권한다.

● 감정에 주의를 기울인다 감정에 곧바로 집중하기 힘들다면 3장의 '자기 감각에 다시 연결되기' 과제부터 해보기 바란다.

● 감정을 확인한다 자신이 느끼는 감정에 이름을 붙여보자. 이 작업을 하는 데 도움이 필요하다면, 이번 장 앞부분에 나오는 '자신의 감정에 이름 붙이기'를 다시 한번 읽자.

● 한 가지 감정에 집중한다 여러 감정이 마음속에서 뒤섞이는 것 같다면 한 가지 감정에 초점을 둔다. 감정을 계속 인식하는 것 외에는 다른 어떤 일도 하지 않는다.

● '자신의 감정과 함께하기' 과제를 끝마친다 이번 장 앞쪽에서 했던 이 과제가 기억나지 않는다면, 그저 감정을 느끼려 시도하기 전에 그 과제부터 다시 하자.
이 과제를 마쳤는데도 여전히 꽤 감정적일 수 있다. 그래도 자신의 감정을 처리하고 의식적으로 거절을 극복하기는 훨씬 수월해졌을 것이다.

당신은 다른 감정에 대해서도 이 단계들을 반복하고 싶을 것이다. 그러나 나는 한 번에 모든 감정을 시도하는 걸 추천하지 않는다. 시간도 걸리고 정서적으로도 고갈될 수 있기 때문이다. '거대한 돌더미'의 일부인 의미 있는 각각의 감정을 확인하고 체험하려면 아무래도 이 과제를 여러 번 거쳐야 한다. 그래도 이 과제를 할 때마다 당신의 경험이 더 분명해지고, 과제를 해내기가 덜 버거울 것이다.

첫 번째 감정이 중요한 이유

내면의 정서적인 풍경을 이해하는 일은 매우 까다롭다. 상황에 직접 감정적인 반응을 할 뿐 아니라, 감정과 생각에도 감정적으로 반응하기 때문이다. 감정에 초점을 둔 치료에서는 '첫 번째 감정'과 '두 번째 감정'과 같이 두 가지 감정 단계를 확인한다(Green berg 2010).

첫 번째 감정은 상황에 대해 맨 처음 보이는 반응이다. 당신은 행복, 슬픔, 상처, 두려움, 수치심, 외로움을 느낄 수 있다. 이는 당신의 신뢰할 만한 본모습 또는 '진정한' 자기 모습이라고 할 수 있다.

두 번째 감정은 최초의 생각과 감정에 대한 반응이다. 예를 들어 당신은 상처받은 자신에 대해 좌절하고 화가 나거나 자신이 약하다고 평가할 수 있다. 상황이 좋아질 거라고 희망을 품는 자신에 대해 화가 날 수도 있다. 그래 봐야 다시 거절당하게 될 뿐이라고 믿기 때문이다.

두 번째 감정은 당신이 너무 위협적이고 고통스러워 보이는 첫 번째 감정에 연결되지 않도록 '막는' 역할을 한다. 그러나 여기엔 대가가 따른다. 예컨대 당신이 친구의 무시하는 발언에 상처받았고(첫 번째 감정), 그런 자신에 대해 속상하고 화가 난(두 번째 감정) 상태라고 해보자. 이후 당신의 자기비판적인 생각이 더 커질 수 있다. 이런 생각을 지니는 한 거절로 인한 고통을 의식하지 못하거나, 이제는 그런 기분을 피하고 싶을 것이다. 하지만 그러면 자신에 대한 부정적인 시각 또한 지속시키게 된다.

첫 번째 감정을 더 키워서 부적응 상태에 빠져버리는 이들도 있다. 이를테면 아주 사소한 거절이나 거절 가능성에 대해서까지 자꾸만 강렬하게 두려워하고 화내고 슬퍼하면서 대응하게 되는 것이다. 이와 같은 부적응적 패턴을 깨달을 때 억지로 다르게 느끼려 하거나 비판적으로 몰아세우지 않는 것이 중요하다. 대신 마치 영화 속 등장인물을 바라보듯 정서적 거리를 둔 채, 그저 당신의 반응이 얼마나 부적절한지에 주목하라.

거절로 생긴 정서적인 수렁에서 자신을 해방하기 위해 이런 첫 번째, 두 번째 감정을 인지하는 것은 필수적인 과정이다. 두 감정을 알아보는 자기 탐구를 함으로써 자신의 상처(첫 번째 감정)를 더 잘 알게 돼 반사적으로 자기 분노(두 번째 감정)로 되돌아갈 수 있다. 이와 같은 관찰이 변화를 이루는 데 핵심이다. 이를 통해 자신의 첫 번째 감정으로 돌아가는 길이 생기기 때문이다. 첫 번째 감정을 계속 관찰하라.

감정이 STEAM의 다른 영역들에 깊은 뿌리를 두고 서로 뗄 수 없이 뒤얽혀 있으며, 그래서 이해하기에 복잡하다는 점은 확실하다. 그러나 만일 그렇지 않았다면 삶이 생기도 없고 만족스럽지도 못했을 것이다. 감정이 삶에 풍성함을 부여한다고 말할 수도 있다. 감정의 포로가 되지 않고 마음을 열면 자유로운 기분을 느끼게 된다. 나아가 내적 자기를 끌어안고 의미 있는 타자들과 자신을 공유하는 위험까지 무릅쓸 수 있다면, 삶이 더욱 즐거워질 것이다.

Chapter 6

. . .

모든 행동에는
이유가 있다

행동

．
．
．

"됐어!"

재닌은 통화 종료 버튼을 누르며 소리쳤다. 그러고는 "지나가 진짜 친구라면 사과하겠지"라고 중얼거렸다.

재닌은 하루 단위의 해야 할 일 목록을 다시 작성하려 했으나 계속 전화기로 눈이 가 집중을 할 수가 없었다. 지나를 거부한 건 자신이지 지나가 자신을 거부한 건 아니란 생각이 들었다. 지나는 헐뜯거나 못되게 굴려고 재닌에게 스스로 일어나라고 한 게 아니었다. 오히려 재닌을 아끼기에 한 말이었다. 그녀가 예전에 재닌에게 상처를 준 일이 있긴 했지만, 그때는 곧바로 사과했다. 만약 이번에 재닌이 제대로 들었다면 지나의 목소리에서 배려를 느낄 수 있었을 것이고, 그랬으면 공격받은 게 아니라 배려받는 느낌이 들었을 것이다. 재닌은 펜을 내려놓고 심호흡을 한 다음, 전화기를 들었다.

"지나, 미안해….."

당신은 행동을 통해서 거절에 대한 민감함을 표현하고, 스스로 의식하지 못할지도 모르는 상태에서 그 행동을 고착화할 수 있다. 그러나 자신의 행동을 더 깊이 인식한다면, 행동과 STEAM의 다른 영역들을 통해 자기를 더 깊이 이해하는 기회로 만들 수 있다. 그러면 자신의 경험과 행동을 인식하고 '인정하게' 될 것이다.

재닌에게 생긴 일도 바로 그런 것이었다. 그녀는 상황을 되돌아본 후 자신이 지나의 전화를 끊어버린 행동이 실제 상황이 아니라 감정적으로 영향받은 생각에 근거한 것이었음을 깨달았다. 시각을 바꾸니 지나와 나눈 대화가 다르게 느껴졌고, 그래서 서둘러 그녀에게 다시 전화했다. 당신 또한 자기 행동에 대한 인식을 높이면 자신과 타인 간의 관계에 변화를 만들 수 있다.

이번 장에서는 오랫동안 반복된 패턴이나 특정한 대화에서 나타나는 언어적·비언어적 의사소통을 관찰함으로써 자기 행동을 깊이 인식하는 법을 제시하려 한다. 예를 들어 자신이 보잘것없다는 느낌을 가지면, 자기를 계속 깎아내리게 될 뿐 아니라 자세가 구부정해지기도 한다. 어떤 때는 이런 행동 패턴 때문에 가족이나 친구들의 비난을 듣기도 한다. 그러면 자신에 대한 부정적인 감정만 더 강화된다. 이런 역학관계를 의식적으로 살펴보면, 잠시 멈춰 생각함으로써 자신과 타인을 더 제대로 이해할 수 있다. 그 결과 자신에 대해 더 많이 공감하고 너그러워질 것이며, 이 너그러운 자기인식이라는 새로운 관점을 통해 행동도 다르게 할 수 있다.

이번 장의 과제를 마치면 우리가 행동을 할 때 감정에 어떤 영향을 받게 되는지 좀더 인식할 수 있을 것이다. 그리고 이런 통찰력을 얻으면 성장과 치유에 도움이 되는 활동을 선택할 수 있다. 마음챙김 활동을 하면 거절당했다는 느낌이나 두려움에 휩싸이지 않고 어떻게 현재에 머물 수 있는지도 알게 된다. 낙심될 때 자신을 아끼는 사람들이 보내는 위로의 손길에 어떻게 감사를 표할 수 있는지도 다루려 한다. 배려를 받아들이는 법을 배우면 속상할 때 자기를 걱정하는 이들(애착 대상으로서)에게 기대 위로를 받을 수 있다. 2장의 '스스로 마음을 가라앉히는 법' 단락과 함께 이번 장에서 소개하는 요가나 공에 같은 기술을 익혀도 좋을 것이다. 거절당했다는 기분이 들 때 이렇게 다양한 방법으로 적극적으로 대처하면 고통을 완화하고, 상황을 더 명료하게 이해하며, 더 큰 회복탄력성을 지니고 거절에 대응할 수 있다. 그리고 이 모든 과정을 통해서 더욱 안정적인 애착 관계를 형성하게 되므로 거절에 한층 덜 민감해질 것이다.

비언어적 의사소통 이해하기

누군가의 존재 전체를 통해 전달되는 메시지가 말보다 더 큰 의미를 가질 수 있다. 이런 메시지는 표정, 몸짓, 행위와 같은 다양한 방식을 통해 전달된다. 비언어적 소통과 그 의미는 의식하지 못한 상태에서 표현될 때가 많은데, 그런 점 때문에 한층 더 강렬한 인상을 준다. 거절에 민감한 사람이라면 타인의 비언어적 신호를 강한 거부로 잘못 받아들이기 쉬우며, 그런 생각을 공고히 하는 방향으로 자신의 고통을 무의식적으로 표출하는 경향이 있다. 그러나 이런 소통에 의식적으로 주의를 기울이면 비언어적인 신호를 알아보고, 메시지를 명료하게 파악하며, 그에 대한 자신의 반응을 되돌아보는 방법을 익힐 수 있다.

이를 염두에 두고 다음과 같은 비언어적 소통을 살펴보자. 그리고 일상에서 이런 사례들을 접하면, 상대가 무엇을 말하고 당신은 어떤 점에서 오해할 가능성이 있는지 관찰해보기 바란다.

● **운율** 말의 패턴과 리듬으로 음량, 음의 높낮이, 속도가 있다. '친절한', '행복한', '들뜬', '거친', '잘난 체하는', '비꼬는', '위협적인'과 같은 정서적 어조도 운율에 포함된다. 이런 신호들은 말하는 사람의 정서 상태를 암시하며, 그의 생각과 앞으로 취할 행동을 나타낸다. 운율을 어떻게 인식하느냐에 따라 "응, 사랑해"라는 말이 위안이 되

기도 하고 오히려 거부당했다는 느낌을 주기도 한다.

● **자세** 사람들이 어깨를 펴고 곧은 자세로 서 있으면 육체적으로 흔들림 없이 안정적이라고 할 수 있다. 이런 자세는 자기 확신을 드러낸다. 반면 몸이 경직되어 있고 움직임이 부드럽지 못한 사람은 매우 불안해 보인다. 스스로 실패하고 무시당했다고 느낄 때 몸이 구부정해지기 쉽다. 다른 누군가의 자세가 좋아 보이면 자기를 더 의식하게 되면서 스스로 더 부족하게 느껴지며, 심지어 자신이 평가받고 있다고 생각하기도 한다.

● **위치** 데이트하는 상대가 당신 곁에 서 있거나 앉아 있다면 애정을 드러내는 것으로 해석할 수 있다. 반면 멀리 떨어져 있다면 지금은 더 가까워지기를 바라지 않는다는 뜻일 수 있다. 그러나 누군가의 위치에 대한 의미를 해석할 때는 최대한 사실에 근접하도록 주의를 기울여야 오해를 막을 수 있다.

채드는 린다가 자신과의 첫 데이트에서 신체적으로 조금 거리를 두고 있자, 무턱대고 거절당한 것으로 여기고 좌절감에 빠졌다. 그러나 그런 반응은 너무 성급한 것이었다. 린다도 채드를 좋아했지만 편안해지는 데 시간이 걸려서였음을 그는 나중에야 알게 됐다.

● **신체 반응** 우리는 무의식적으로 많은 신체 반응을 보인다. 당황하거나 화가 나면 얼굴이 빨개지고, 두려우면 몸이 떨리기도 한다. 거절당할까 봐 불안하고 두려울 때는 호흡이 가빠지기 쉽다.

● **몸짓** 우리는 말이 아닌 몸짓으로도 소통한다. 가까이 오라고 손짓하는 것이 한 가지 예다. 그러나 언어적 의사소통과 마찬가지로 몸짓은 맥락 안에서 이해해야 한다.

● **눈 맞춤** 눈을 마주 보고 있으면 경험이 강화될 때가 많다. 사랑하는 감정이 들 때의 눈 맞춤은 정서적으로 더 큰 친근감을 표시한다. 그러나 화나고 비판적일 때는 눈 맞춤이 위협적일 수 있다. 이와는 대조적으로, 눈길을 피하면 대개 거리감이 생기고 감정의 강도가 약해진다. 거짓말을 하거나, 평가받는 두려움 같은 다른 이유로 상대와 가까이 있는 게 불편할 때 눈 마주치기를 피할 수 있다.

비언어적 소통에 주목하면 자신이나 다른 사람들에 대한 통찰력을 얻을 수 있다. 그러나 있지도 않은 거부 반응을 눈치챘다고 하거나, 실제보다 더 크게 인식하는 등의 편견에 주의해야 한다. 비언어적 메시지는 상황의 전후 맥락과 소통하고 있는 사람의 성격 같은 다른 정보도 반드시 함께 고려해야 한다.

지나치게 최선을 다할 필요는 없다

때로는 자신이 일을 하느라 끊임없이 움직이는 기계처럼 여겨지면서도, 그래야만 한다고 느끼기도 한다. 그렇게 하지 않으면 자신이 다른 이들에게 더는 소용이 없을 것으로 생각하기 때문이다. 그렇다 해도 너무 많은 수고를 해야 한다면, 자신에게 뭔가 문제가 있다는 생각이 들 수 있다.

늘 바쁘게 활동하면서 엄청나게 노력할 때의 안 좋은 면은, 한계에 부딪혀 늘 심하게 불만족스럽거나 에너지가 고갈된 것처럼 보인다는 것이다. 그런데도 속도를 늦추기가 힘들 수 있다. 그렇게 하면 모든 사람에게 자신이 부족하다는 사실을 드러낼 것이고, 무시당하고 거부당하는 등의 용납할 수 없고 받아들일 수 없는 운명으로 이어질까 봐 두려워서다. 하지만 그렇다고 해서 이런 식으로 계속하다가는 탈진할 것 같은 기분이다.

당신이 만약 이 글을 읽으면서 고개를 끄덕인다면, 인생을 이런 식으로 살 필요가 없음을 이해하는 것이 가장 중요하다! 어떤 일에 최고가 아니고, 자신이나 다른 이들의 기대를 충족하지 못하더라도 최선을 다해 자신을 관리하며 긍정적인 자아상을 지닌 사람들도 있다. 이들은 겉으로도 잘하는 것으로 보이는 경우가 많지만, 다른 이들이 자신을 좋아하지 않거나 비판적이거나 때로 노골적으로 거부할 때도 행복한 자기 삶을 살아간다.

이 점을 생각하면서 당신이 어떤 일을 잘하기 위해 들이는 수고와 그것이 자신에게 미치는 영향을 살펴보자.

○ 너무 많이 일하고 있는 건 아닌가?

일을 지나치게 하고 있는지 어떤지를 판단하기 위해 일주일에 70시간을 일한다든지, 친구 부탁을 절대 거절하지 못한다든지 등 자신이 극단적인 행동을 하는 상황이 있다면 그중 한 가지를 선택하자. 그리고 다음 과제를 수행하자.

● 장단점 목록을 만든다 장점으로는 좋은 친구가 된 기분이 든다거나 일에서 진전을 보여 신이 난다는 내용이 포함될 수 있다. 단점에는 자신이 좋아하는 활동이나 친구들을 위한 시간이 없다고 적을 수 있다. 자기비판을 통해 스스로 동기 부여를 하는 사람들은 '아무리 성공해도 계속 자기회의가 생기고 전반적으로 불행하다'라고 적을 수 있다.

● 목록을 다시 살펴본다 '이것이 궁극적으로 내가 행복하고 만족감을 느낄 수 있는 길일까?'라고 자문해보자. 미래를 위해서 지금의 희생을 받아들이고 있는 거라면, 이런 활동을 통해 성공과 만족을 느낄 때가 정말 올 것인지 생각해보기 바란다. 만일 현재 행복

하지 않고 앞으로도 계속 인정받기 위해 쫓기듯 살아야 한다면, 지금 겉으로는 성공한 것처럼 보이더라도 당신의 과도한 노력이 제대로 작동하지 못하는 거라는 사실을 명확히 이해해야 한다.

● 욕구와 한계를 받아들일 대안을 생각한다 좀더 균형 있는 삶을 상상해보자. 틀림없이 실패와 거절에 대한 두려움이 생길 것이다. 그렇다면 두려움에 따라올 비판에 도전해보자. 예컨대, 당신은 더 균형 잡힌 인생을 사는 동료나 친구들을 정말 별로라고 생각하는가?
거절에 대한 두려움이 어떻게 지나치게 바쁜 삶으로 이어지는가를 이해하고 있지만, 지금은 그 상태를 바꾸지 못할 것 같다면 상관없다. 이를 거절에 대한 민감함을 극복한다는 목표의 첫걸음으로 삼으면 된다.

지나치게 노력하는 행동이 자기비판과 거절에 대한 두려움, 불행과 어떤 관련이 있는지 매일 주목하자. 자신이 존경하지만 완벽하지는 않은 이들에게 당신이 어떤 반응을 보이는지도 생각해보자. 이런 관찰과 생각에 대한 일기를 쓰는 것도 도움이 될 것이다.

거절에 맞서는 부정적인 행동들

재닌은 자신이 충분히 잘하지 못해 친구들에게 거부당할까 봐 끊임없이 두려웠다. 그래서 친구들에게 계속 문자를 보내고 전화를 하면서 이런 두려움에 '맞서고자' 했다. 그리고 친구들 일이라면 뭐든 돕느라 모든 시간을 쏟아부었다. 친구들에게 도움이 되는 게 즐겁긴 했지만, 꼭 필요한 사람이 되려는 마음에 무의식적으로 자신을 끝도 없이 몰아세워야 했다.

많은 사람이 자기 모습 그대로는 사랑받기 힘들지만 그래도 다른 이들의 수용과 배려가 어느 정도는 필요하다고 느낀다. 그래서 무시당하거나 버려졌다는 느낌이 들면(특히 애착 대상에게서) 상황에 맞서는 반응을 보이곤 한다.

사람들이 거절에 맞서면서 타인에게 인정받기 위해 자주 하는 행동으로는 다음과 같은 것들이 있다.

- 실질적인 도움과 정서적인 지지를 요구한다.
- 다른 이들을 돌보는 행동을 한다.
- 직접 만나거나 전화 또는 소셜 미디어를 통해서라도 대부분 시간 동안 다른 사람들과 연결되어 있다.

- 포옹과 키스를 하고 친근하게 구는 등 신체적으로 매우 다정하게 행동한다.
- 속임수와 조작 등의 방법을 동원해서라도 사람들을 개인적으로 속박하려 한다.

어떨 때는 다음과 같은 행동을 하면서 분노를 이용하기도 한다.

- 적대감을 보인다. 분노를 정직하게 표현하는 것이기도 하고, 다른 이들에게 자신을 달래고 배려할 기회를 주려는 것이기도 하다.
- 수동적인 공격을 한다. 예컨대 재닌은 거부당했다는 느낌이 들 때 친구들에게 분노를 드러내면 더 거절당할까 봐 두려워서, 분노 대신 그들의 문자와 전화에 답을 안 하곤 했다.

거절에 맞서는 자신의 행동을 주의 깊게 살펴보면, STEAM의 다른 영역들뿐 아니라 거절당할 때 느끼는 자신의 감정 또한 더 인식할 수 있다. 자기를 더 인식하게 되면, 거절과 같은 경험에 반사적으로 반응하는 대신 어떤 식으로 대응하길 원하는지 생각해볼 수 있다. 예컨대 타인을 돌보려 하는 자기 성향을 인식하고 있다면, 친구와 저녁 약속을 잡을 때 친구에게 식당을 고르라고 거의 우기다시피 하는 자신의 모습을 더 잘 알아챌 수 있을 것이다. 그러다 보면 배가 고파서 저녁을 먹는 일 따위는 아무 문제도 아니게 되고, 그저 친구가 좋아하는 식당에 가는 것만 중요해진다.

자기 행동과 관련된 경험을 더 잘 인식하는 것 외에도, 타인에 대한 자신의 인식을 다시 생각해볼 수 있다. 당신이 바비큐를 좋아하는 친구에게 중국 음식을 먹고 싶다고 말한다고 해보자. 이제 당신은 친구가 기분 나빠할까 봐 두려워한다. 실제로 그렇더라도, 그런 느낌과는 별개로 친구는 당신이라는 사람 자체를 여전히 좋아할 수 있다. 또는 어쩌면 당신에게 전혀 화가 난 게 아닐 수도 있다. 당신과 전혀 상관없는 어떤 일로 주의가 산만해졌거나 속상했던 건지도 모른다.

당신의 저항 밑에 숨어 있는 욕구를 더 잘 알아보면 그 욕구를 더 중요하게 생각하게 되고, 전에는 한 번도 하지 않았던 방식을 의식적으로 택하게 될 것이다. 즉 타인의 욕구에 주의를 기울이고 자기 자신도 옹호하려 할 것이며, 그 둘 사이에서 균형을 찾으려 할 것이다.

건설적으로 반응하는 법 익히기

자신의 행동과 반응 그리고 '가능했을' 행동과 반응을 되돌아보

196

노라면, 그 결과까지 생각하게 될 것이다. 그러면 어떤 상황을 만나도 그저 반사적으로 반응하기보다 사려 깊게 대응할 수 있다.

앞서도 언급했듯이 폴 에크먼 박사는 감정에 대한 지도를 만들었는데, 그 지도에서 인간에게 '건설적인', '파괴적인', '모호한'이라는 세 가지 종류의 감정 반응이 있음을 보여준다. 이 반응들을 이해하기 위해 재닌의 사례를 살펴보자.

재닌은 요가 교실에 들어가자마자 베스에게 다가갔다. 베스는 처음 보는 여성과 얘기를 나누고 있었다.

"안녕, 재닌? 이분은 패티라고 해."

베스는 환하게 웃으며 이렇게 말하고는 곧바로 다시 패티 쪽을 바라봤다. 재닌의 심장 박동이 빨라졌다. 베스가 자기에게 등을 돌리고 그 새로운 여성과 친구가 됐다는 생각이 들었기 때문이다. 자신이 중요하지 않은 사람처럼 느껴졌고, 그러자 바로 거절당했다는 기분에 사로잡혔다. 처음에는 아무렇지 않은 척하며 어떤 생각에 빠진 척했다(모호한 반응). 그러다가 패티의 아줌마 같은 외모에 대한 '농담'을 했다(파괴적인 반응). 이 말에 베스가 인상을 쩌푸리면서 재닌이 두려워하던 바로 그 거리감이 생기고 말았다.

다음 수업에 베스가 조금 늦게 와, 재닌은 패티과 둘이 대화하게 됐다. 그런데 그렇게 의구심을 지니고 있었는데도, 알고 보니 자신도 패티를 좋아하며 그녀와의 대화에 빠져든다는 사실을 깨달았다. 결국 두 사람은 가까운 친구 사이가 됐다.

세 가지 반응이 무엇인지 명확히 알기 위해 그림 6.1을 살펴보자. 5장에서 본 것과 유사하지만, 이번에는 폴 에크먼이 밝힌 다섯 가지 보편적 감정(두려움, 분노, 슬픔, 혐오, 즐거움)에 대한 세 가지 반응을 설명하는 데까지 확대된다.

| 그림 6.1 | 세 가지 감정 반응: 건설적인, 파괴적인, 모호한

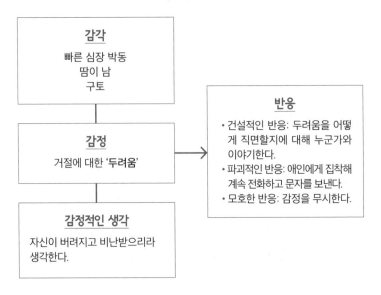

감각
빠른 심장 박동
땀이 남
구토

감정
거절에 대한 '**두려움**'

감정적인 생각
자신이 버려지고 비난받으리라 생각한다.

반응
• 건설적인 반응: 두려움을 어떻게 직면할지에 대해 누군가와 이야기한다.
• 파괴적인 반응: 애인에게 집착해 계속 전화하고 문자를 보낸다.
• 모호한 반응: 감정을 무시한다.

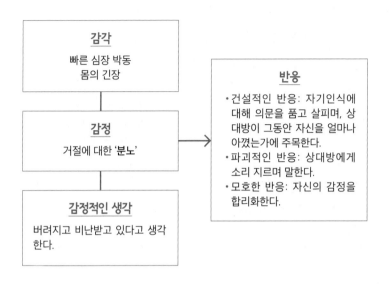

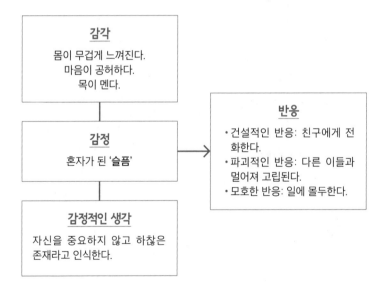

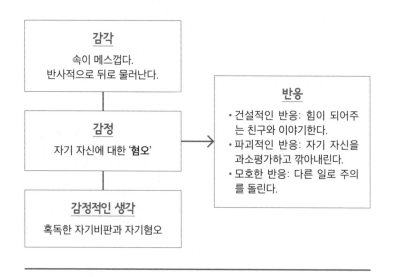

감각

속이 메스껍다.
반사적으로 뒤로 물러난다.

감정

자기 자신에 대한 '**혐오**'

감정적인 생각

혹독한 자기비판과 자기혐오

반응

· 건설적인 반응: 힘이 되어주
  는 친구와 이야기한다.
· 파괴적인 반응: 자기 자신을
  과소평가하고 깎아내린다.
· 모호한 반응: 다른 일로 주의
  를 돌린다.

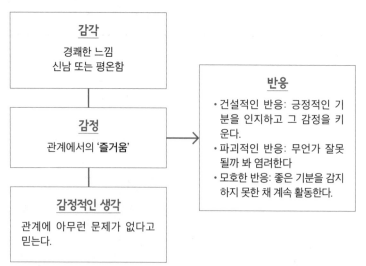

감각

경쾌한 느낌
신남 또는 평온함

감정

관계에서의 '**즐거움**'

감정적인 생각

관계에 아무런 문제가 없다고
믿는다.

반응

· 건설적인 반응: 긍정적인 기
  분을 인지하고 그 감정을 키
  운다.
· 파괴적인 반응: 무언가 잘못
  될까 봐 염려한다
· 모호한 반응: 좋은 기분을 감지
  하지 못한 채 계속 활동한다.

자료: www.atlasofemotions.org

200

○ 자신의 반응을 관찰하고 선택을 고려하기

이 과제는 거절에 대한 자신만의 자동적인 반응을 인지하고 다양한 대응을 고려하기 위해 고안됐다. 5장의 '자신의 감정적 과정 따라가기' 과제에 이어지는 내용이다.

● 거절당해 힘들었던 상황을 떠올린다

● 당시 느꼈던 감정이 어떤 것이었는지 확인한다 에크먼의 보편적 감정에 포함될 수도 있고, 그렇지 않을 수도 있다.

● 그림 6.2를 노트에 옮겨 그린 후 각각의 감정 칸을 완성한다 건설적인, 파괴적인, 모호한 반응 중 해당하는 곳에 자신의 반응을 적는다. 그 반응에 동그라미를 쳐두고, 나머지 두 개의 항목에도 할 수도 있었던 행동들을 적는다.

주어진 상황에서 보인 자신의 반응이 건설적이었더라도, '파괴적인 반응'과 '모호한 반응' 칸까지 채운다. 어쩌면 다른 상황에서 자신이 이런 반응을 했다는 사실을 깨닫게 될 수도 있다. 그림의 빈칸에 모든 반응을 적음으로써 감정에 대응하는 다양한 방식을 폭넓게 이해할 수 있다. 또한 직접 적어보면 어떤 반응이 가장 건설적인지도 분명해진다.

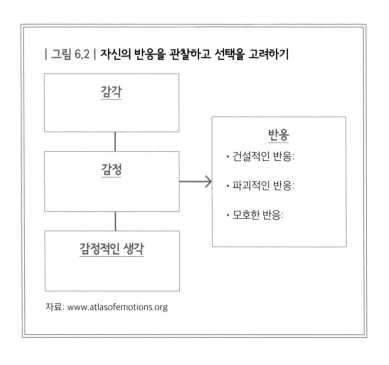

| 그림 6.2 | 자신의 반응을 관찰하고 선택을 고려하기

감각

감정

감정적인 생각

반응
• 건설적인 반응:
• 파괴적인 반응:
• 모호한 반응:

자료: www.atlasofemotions.org

여기서 한 단계 더 나아가 자기 반응에 보이는 자신의 감정적인 반응에 대한 그림을 완성할 수도 있다. 예를 들어 당신의 감정이 슬픔이고 그에 대한 반응이 정서적인 위축이었다면, 이런 반응이 절망감을 일으켰음을 알 수 있다. 당신이 건설적으로 대응하려면 친구에게 전화했어야 한다고 적을 수 있다. 그다음엔 절망감이나 위로받은 느낌에 대한 그림 만들기로 과제를 확장할 수도 있다. 이렇게 자신의 감정을 따라가며 다양한 감정의 측면과 그에 대한 자신의 반응을 살피다 보면 더 건강한 반응을 선택할 수 있는 통찰을 얻게 된다.

가치와 성취감이 느껴지는 일을 하자

채드는 더는 견딜 수가 없었다. 린다가 아침마다 전화를 걸어 줬는데 왜 오늘은 전화를 하지 않은 걸까?

'내가 뭔가 잘못해서 린다가 싫증 난 거야. 그런데 그게 뭐지?'

채드는 린다에게 전화할 용기가 없었다. 전화를 하면 린다가 "우리 그만 헤어져"라고 할 것 같았다. 물론 채드도 이게 다 쓸데없는 걱정이라는 건 알고 있었다.

'어젯밤엔 같이 영화도 보고 저녁도 먹으면서 정말 멋진 시간을 보냈어. 뭔가 잘못될 만한 게 없었다고.'

그는 혼란스러웠다. 하지만 세상의 모든 논리를 동원해도 이 끔찍한 기분이 나아질 순 없었다. 뭐라도 하며 바쁘게 지내야 기분 전환이 될 것 같았다.

내 부모님은 자신들이 정서적인 고통에 얼마나 압도될 수 있는지, 그리고 거절당했다는 느낌과 생각에서 벗어나기 위해 어떤 활동을 하며 대응하는지 나에게 얘기해주시곤 한다. 그러나 그 활동들을 더 자세히 들여다보면 모든 행동이 같지는 않다는 걸 알 수 있다. 어떤 행동들이 순전히 기분 전환용일 뿐이라면, 또 어떤 행동들은 개인적으로 더 큰 만족을 가져다준다.

기분 전환만 되는 활동을 하면 거절로 생긴 괴로움에서 벗어날 순 있겠지만, 이를 통해 본질적으로 내적 자기를 키울 순 없다. 스마트폰 게임이나 정신이 멍해지는 웹서핑에 빠질 수도 있다. 기분 전환을 위한 일이 재미있든 아니든, 그것의 가장 큰 중요성은 마음을 진정시킬 시간을 보낸다는 점일 것이다. 그래도 그저 순간적인 모면이 아니라 장기적인 도움이 되게 하려면, 일단 마음이 가라앉은 후 자신의 고통을 깊이 들여다봐야 한다. 그 일로 아직은 어느 정도 감정적인 상태일 때 해당 문제를 다시 살피는 것이 가장 효과적이다. 훨씬 나중에 마음이 담담해지고 나서 그 일을 되돌아본다면, 도움이 전혀 안 되는 건 아니지만 감정을 관리하는 데는 그다지 효과적이지 못하다.

기분 전환만 가능한 활동 또한 나름의 가치가 있지만, 개인적으로 충족감을 주는 일을 하면 힘든 상황에서 주의를 돌릴 수 있을 뿐 아니라 자신이 가치 있다고 느끼는 감각까지 키울 수 있다. 물론 단지 기분 전환만 되는 활동을 할 때와 마찬가지로, 마음이 좀 차분해지면 거부당해 생긴 괴로움을 다시 살펴봐야 한다.

채드는 의료 보조원으로 자원봉사를 시작했을 때 지역 사회에 기여한다는 사실에 스스로 만족감을 느꼈다. 린다가 채드에게 전화하지 않은 날 아침, 봉사단원 중 한 명이 그에게 전화해 근무 시간을 좀 바꿔줄 수 있느냐고 물었다. 채드는 린다와의 관계가 계속 걱정되긴 했지만, 일하면서 확실히 기분을 환기하고 가치와 만족까지 느낄 수 있었다. 그리고 집에 다시 돌아왔을 때는 린다에게 문자를 보낼 만한 정서적인 힘이 생겼다. 그리고 그제야 자신이 지나치게 반응했음을 깨달았다. 린다는 몸이 안 좋아서 온종일 잤다고 했다.

의미와 만족을 주는 활동은 다음과 같은 삶의 다양한 방면에서 찾을 수 있다.

- **일** 새로운 기술을 배운다.
- **취미** 집안 가계도를 그린다. 직접 만든 생일 카드를 디자인한다.
- **종교** 기도한다. 친목회에 가입한다.
- **자원봉사** 동물을 위탁받아 기른다.
- **사교 활동** 콘서트에 가거나 친구들과 바비큐 파티를 한다.

자신이 근본적으로 가치와 만족에 더 연결되어 있을수록 거절에 대한 두려움을 직면할 때 스스로 더 강한 기분을 느끼게 된다. 자기라는 사람 전체를 거부했다기보다 그저 유머 감각이나 정치적인 의견과 같은 자신의 어떤 면에 대해서 누군가가 문제 삼은 것임을 깨달을 수 있다. 채드가 자원봉사를 하면서 그랬듯이, 자신이 다른 상황이나 관계에서는 받아들여지고 가치를 인정받는다는 점도 알게 될 것이다. 이렇게 서로 다른 경험 때문에 처음에는 혼란스러울 수도 있겠지만, 체험의 다양한 측면을 관찰하는 훈련을 하면 모든 것이 거절은 아님을 알게 된다.

마음이 언짢을 때 성취감을 주고 기분 전환을 할 수 있는 활동을 찾음으로써 기분도 진정시키고, 생각도 더 명료하게 하며, 자신에 대한 가치도 더 느끼고, 심지어 거절 때문에 압도되는 느낌을 덜 겪을 수 있다(긍정적인 자기감정 발달에 대해 더 알고 싶다면 8장과 9장을 참고하기 바란다).

마음을 다해 지금, 여기에 집중하기

거절당했다는 기분이 들면 어떤 특별한 방식으로 생각하고 느끼게 될 수 있고, 이것이 다시 또 다른 고통스러운 생각과 감정으로 이어질 수 있으며, 이런 연쇄 반응이 계속해서 일어나기 쉽다. 그러면 얼마 안 가 이제 더는 실제 상황에 반응하는 대신, 제자리걸음만 하거나 내적으로 만들어낸 고통이라는 지옥에 빠져버릴 수 있다. 예컨대 자신을 바람맞힌 친구에게 그날 가는 길에 교통사고가 났었다는 얘기를 듣기도 전에 쏘아붙이기부터 하는 것이다. 이런 현상은 현재에 연결된 상태가 아닌 자신의 머릿속에서 잘못된 생각을 하면서 시작된 것이다.

현재 상황과 다른 사람들의 실제 행동에 주목하려면, 현재에 머물면서 그날 하루를 온전히 살 것을 계속 마음에 떠올리는 게 좋다. 어떤 이들은 이를 의식처럼 행하기도 한다. 즉 식전 기도를 하기도 하고, 유대인의 경우 집이나 방에 들어가기 전 구약성서 구절이 기록되어 있는 양피지 조각을 만지기도 한다. 본질적인 의미는 덜해도 잠재적으로 강하게, 마음을 챙기는 현재 상태에 있는 능력을 개발하는 방법은 규칙적으로 할 수 있는 행동을 선택하는 것이다.

나는 진료실에 있을 때 다음 환자를 들이기 위해 방문을 열며 문손잡이를 잡을 때마다 그 순간을 더 충분히 인식하는 과제를 하고 있다. 당신도 전화를 받거나 의자에서 일어날 때와 같이 구체적인 선택할 수 있을 것이다. 아니면 매일 차에서 사무실까지 더 천천히 걸어가거나, 좀더 마음챙김을 통한 인식을 하며 샤워하는 등 더 확장된 활동을 택할 수도 있을 것이다. 선택지는 무한하다.

채드는 마음이 자꾸 어수선해진다는 생각에 마음챙김 과제를 하기로 했다. 저녁 식사를 준비하면서 당근 써는 일에 주의를 기울이기로 한 것이다. 그는 당근을 집어 도마 위에 올려놓으면서 그 온도와 질감에 주목했다. 심지어 냄새까지 의식하고자 했다. 그런 다음 칼을 집어 들고는 칼의 무게와 손잡이 재질에 주의를 기울였다. 채드는 천천히 당근을 썰면서 손과 팔에 느껴지는 감각의 변화를 인지했다. 자신의 손을 의식하면서 정말 잘 만들어진 신체 기능을 인식했다.

마음챙김 활동을 할 때는 매번 아주 천천히 주의를 더 집중해서 하자. 별생각 없이 하게 되더라도 괜찮다. 완벽하게 몰두하지 못하고 다시 이전 습관이나 백일몽, 무심한 행동으로 계속 돌아가더라도 마음챙김에 좀더 주의를 기울이자는 것이다. 그래서 마음챙김을 실천하는 사람들은 이런 활동을 훈련이라고 부른다.

신체 접촉은 어떻게 위로가 되는가

재닌은 섬세한 친구인 베스가 자신을 포옹하고 볼에 키스하자 몸이 경직되는 것 같았다. 이런 느낌을 의식하니 자신이 어떻게 반응해야 하는지 혼란스러워졌다. 아무리 인정받기를 갈구한다 해도 이런 신체 접촉은 불편했다.

'베스는 나를 늘 배려해주고 신뢰할 수 있는 친구야.'

재닌은 생각했다. 그리고 '포옹과 키스는 나를 아낀다는 걸 보여주는 베스만의 방식인걸'이라며 안심하려 했다. 재닌은 베스의 신체 접촉에 마음을 더 열기로 했다. 베스가 포옹하면 재닌은 천천히 심호흡하고 의식적으로 근육의 긴장을 이완했다. 몸에 느껴지는 따스함에 주목하면서 '베스의 상냥함이 느껴져'라고 생각했다. 이렇게 여러 번 하고 나서야 재닌도 베스의 신체 접촉을 받아들일 수 있었다. 물론 아직도 조금은 불편했지만, 그래도 긍정적으로 느낄 수 있게 됐다.

포옹이나 어깨에 손을 얹는 것 같은 위로의 손길을 느끼면, 스트레스 호르몬을 낮춰 신뢰감·안정감·소속감이 들게 하는 옥시토신 호르몬이 분비된다. 옥시토신은 이런 강한 효과 덕에 '포옹 호르몬'이라는 별명까지 얻었다. 옥시토신이 분비되면 정서적으로 더 안전하다고 느낄 수 있고, 자신의 감정을 더 잘 인식하고 견딜 수 있으며, 심지어 억누르고자 했던 감정까지 다른 이들과 나눌 수 있다. 누군가와 이런 위안을 주고받으며 어울리면 상대를 애착 대상처럼 여기게 되며, 자기가 속상할 때 위로해줄 수 있는 사람으로 생각하게 된다.

이런 이점이 있지만, 누군가가 신체적 접촉을 하면 자신이 취약하다는 느낌이 커질 수도 있다. 그러면 반사적으로 접촉에 따른 위로 효과가 사라질 수 있다. 만일 이런 문제로 힘든 상태라면 자신을 보호하려는 선천적인 욕구를 존중하기 바란다. 억지로 신체 접촉을 받아들이기보다 자신의 방어벽에 대해 궁금해하고, 이 벽을 조금만 낮추면 어떨지 생각해보자.

당신도 재넌과 같은 불편함을 느끼고 있고 이를 고치고 싶은 마음이 있다면, 자신의 관계를 신중히 생각해보기 바란다. 당신이 신뢰하고 안전하다고 느끼는 사람이 있는가? 만약 그렇다면 만나고 헤어질 때 포옹하며 인사를 하는 등 신체적 표현을 더 늘리는 훈련을 하는 것도 좋다. 이 방식이 도움이 된다고 생각되면 신뢰하는 그 상대에게 지원을 부탁해보자. 전문적인 마사지를 받는 방법도 생각해볼 수 있다. 아니면 사교댄스 수업을 듣는 등 좀더 창의적인 방법을 사용할 수도 있다. 단, 학대받은 경험이 있는 사람들은 신체적인 친밀감을 매우 힘들어하는 경우가 많다. 그러므로 그들에게 억지로 다른 이들과 신체 접촉을 하게 해선 안 된다. 대신 자기관용을 기르고, 가능하면 치료 전문가와 함께 자신의 힘든 점에 대한 작업을 하는 것이 중요하다.

당신이 다른 사람들에게 신체 접촉을 하면 그들의 옥시토신 수치가 올라갈 것이며, 그러면 그들 또한 그런 호의를 돌려주려 할 가능성이 크다. 예컨대 재닌은 베스의 포옹과 키스에 좀더 마음이 열리자, 베스의 기분이 좋지 않던 어느 날 먼저 그녀를 포옹하기도 했다. 베스는 눈에 띄게 기분이 좋아 보였다. 물론 다른 이들이 당신의 접촉에 대해 얼마나 마음이 열린 상태인지 확인해야 할 것이다.

신체 접촉을 늘리면 고통의 강도가 낮아져 더 잘 견딜 수 있게 된다. 그러면 자신이 느끼는 괴로움을 더 명료하게 생각하게 되고, 나아가 다른 이들의 고통에도 더 공감하며 반응할 수 있다. 재닌이 베스에게 위안이 필요하다는 점을 인식하고 먼저 포옹한 일이 그 예다.

○ 포옹과 정서적인 친근감에 마음 열기

개방적이거나 폐쇄적인 사람이 어떻게 편안해질 수 있는지를 더 잘 인식하려면, 사랑하는 사람을 포옹하거나 그에게 포옹을 받을 때의 경험에 주의를 기울여야 한다. 여기서 사랑하는 사람은 애인은 물론 친구나 가족이 될 수도 있다. 이 과제에 도움이 되도록 다음의 짧은 질문에 대한 답변을 노트에 적은 후 자신이 한 답변이 무슨 뜻인지 생각해보자.

● 사랑하는 사람과 포옹할 때 일반적으로 하는 경험에 대해 생각한다 다음 문장을 노트에 옮겨 적고 각 문장에 1점에서 5점까지 점수를 매겨보자. 1점은 '전혀 그렇지 않다'이고, 5점은 '매우 그렇다'이다. 과정을 마치면 점수를 모두 더해 총점을 구한다.

• 상대방의 애정이 느껴진다.
• 상대에 대한 내 애정을 느낄 수 있다.
• 포옹하면서 정서적으로 편안해진다.
• 포옹하면 몸이 진정된다.

● 자신의 전체 점수가 의미하는 바를 생각한 후 그에 대하여 일기를 써본다 총점이 낮을수록 자기에게 주어진 사랑을 받아들이지 못한다는 뜻이다. 어떤 점수가 다른 점수보다 유난히 높거나 낮다면, 스킨십과 감정 수용이라는 것에 자기 마음이 얼마나 열려 있는지 생각해보라. 예를 들어 '포옹하면 몸이 진정된다'라는 구절을 다른 것보다 더 낮은 점수로 평했다면, 포옹을 애정 표현이라고 인식하더라도 정서적으로 받아들이는 데는 어려움이 있음을 나타낸다.

● 자신이 상대에 따라 반응을 달리하는지 살펴보고 그 점에 주목한다 만일 그렇다면 어떤 경우에 그렇게 하는지 살펴보자. 예컨대 여자들에게 받는 신체적인 접촉은 꽤 편안해하면서도 남자들의 접촉은 그렇지 않은 사람들도 있다. 아이들이 하는 신체 접촉은 괜찮지만, 어른들이 하는 건 불편해하는 이들도 있다.

● 이 과제가 의미하는 바를 마음을 열고 고려해본 후 글로 적어
본다 스킨십에 대한 자기 개방성에 따라 스스로 배려받고 있다
고 느끼는지 또는 혼자라는 기분이 드는지에 얼마나 영향이 있
을까를 생각해보자. 눈에 띄는 몇 가지 경우를 살펴보자. 포옹이
라는 신체적인 경험에 대하여 자기 생각을 정리해보기 바란다.

이렇게 관찰하고 통찰하다 보면 자기 자신을 더 잘 이해하게 된다.
이 점이 중요한 이유는 어떤 변화가 당장 나타나진 않더라도 이 과
정을 통해 결국은 자신의 방어 기제를 없앨 수 있기 때문이다.

이 과제를 마친 후에는 누군가가 당신을 포옹할 때 신체적인 온
기만이 아니라 포옹으로 전해지는 따스함에도 마음을 열어보자.
포옹을 받아들이려 했지만 여전히 편안하게 느껴지지 않는다고 해
도 괜찮다. 이것은 출발점일 뿐이다. 그저 포옹할 때의 경험을 계속
인식하면 된다. 포옹에서 오는 따스함은 시간이 흐르면서, 또 자신
이 하는 다른 내적인 작업을 통해 더 잘 느끼게 될 수 있다.

자기 행동과 그것이 나타내는 메시지, 그리고 STEAM의 다른
영역들과 행동 간의 연관성을 더 잘 파악하면 자기 자신에 대해서
도 더 잘 이해하게 된다. 그러면 반사적으로 행동하기보다 자신이

어떤 행동을 할지 선택할 수 있다. 이는 새로운 대응 방식을 익혀 정서적으로 더 강해지며, 거절에 대해서도 더 큰 회복탄력성을 지니게 된다는 걸 의미한다. 자기인식을 개발하여 거절로 인한 자신의 고통에 스스로 더 공감하는 것일 수도 있다. 이 책을 계속 읽어나가면서 그런 공감을 통해 자기관용을 더 발달시키는 법을 익히면, 거절에 대한 회복탄력성도 향상될 것이다.

Chapter 7

:

내 마음을
들여다보는 연습

정신화

⋮

"예상했던 것보다 많이 안 좋아. 엄마 곁에 더 있어야 할 것 같아."

수화기 너머 린다의 목소리가 심각했다. 어머니가 뇌졸중으로 쓰러졌다는 연락을 받고 달려갔는데, 생각했던 것보다 문제가 크다는 것이었다. 전기 충격이라도 받은 것처럼 채드의 심장이 세차게 뛰기 시작했다.

린다가 설명을 계속하는 동안, 채드는 자신이 그녀 말을 제대로 듣고 있지 않다는 사실을 깨달았다. 채드는 지난 2년간 자기 얘기를 들어준 린다에게 자신은 그만큼 도움이 되어주지 못하고 있음을 의식하고, 그녀 말에 집중하려고 애썼다. 그는 흥분의 근육이 긴장되는 자기 '감각'과 린다가 자신을 저버릴 거라는 '생각', 거부당하리라고 느끼는 '감정', 아무 말도 하지 않는 자신의 '행동'에 의식적으로 주목했다. 그러는 동안 자신이 오랫동안 두려워해던 '버려질'거란 생각에 사로잡혔음을 깨달았다. 다행히 채드는 위기에 빠지는 대신 마음을 다잡고 린다에게 위로의 말을 건네며 힘이 되어주었다.

채드가 STEAM의 깊이 있는 자기인식을 사용하여 자기 자신과 린다의 반응을 이해한 과정이 바로 '정신화'다. 다시 말해, 린다가 어머니 곁에 더 있기로 했을 때 그녀가 왜 그런 결심을 했는지 '이해할' 수 있었다는 의미다. 또한 자기 자신을, 그리고 처음 자기가 보인 반응이 자신의 차일 거라는 오래된 두려움에서 비롯됐음을 '이해'하게 됐다는 뜻이기도 하다. 전문가들은 때로 정신화를 가리켜 '마음과 생각heart and mind' 안의 '마음과 생각'을 이해하는 것이라고 말한다. 즉 누군가의 사고와 기분(그 사람의 '마음과 생각')을 이성, 감성 모두를 통해(자신의 '마음과 생각') 알게 된다는 뜻이다. 자신뿐 아니라 다른 사람들에 대해서도 정신화를 적용할 수 있는 것이다.

헷갈려 보일 수 있으나 정신화는 마치 가게에 들어가면서 뒷사람을 위해 문을 잡아줄 때처럼 매일 별생각 없이 하는 일이라고 할 수 있다. 감정적인 상태가 되거나 관계에서 스트레스를 받고 있다면, 정신화 과정을 더 의식하는 것이 유익하다(이를 '통제된 정신화 controlled mentalizing'라고 한다). 채드는 린다가 정말 어머니 걱정 때문에 그렇게 행동했다는 사실(자신을 멀리하려 한 게 아니고)을 인지하기 위해 의식적으로 정신화를 실천한 결과, 화내고 상처를 주는 대신 배려하는 반응을 보일 수 있었다. 채드의 예를 통해 의식적인 정신화가 오해를 없애는 데 얼마나 도움이 되는지 알 수 있다.

중요한 점은 정신화가 그저 이성적인 과정이 아니라는 것이다. 예를 들어 영화 평론가가 등장인물이 왜 그런 식으로 행동했는지 냉정하게 분석하는 것과는 다르다는 의미다. 이는 '가상 정신화 pseudo-mentalizing'라고 부르는데, 감정과 상관없이 진행되는 것이기 때문이다. 그러나 누군가의 경험을 충분히 인식하기 위해서는 마음과 생각 두 가지가 모두 있어야 한다.

정신화를 더 잘할수록 자기 자신과 다른 사람들을 더 잘 이해할 수 있다. 또한 자신의 감정은 더 잘 받아들이되, 감정으로 인한 고통은 줄어든다. 정신화를 통해 더 큰 공감과 관용, 진정한 용서의 능력이 생기기도 한다. 예를 들어 동료가 당신이 자기 일에 끼어들어 힘들다고 말했다고 하자. 정신화 능력이 별로라면 그런 반응을 당신이란 사람 전체에 대한 비난으로 받아들일 것이다. 그러나 정신화 능력이 뛰어나다면 동료가 그저 현재의 기분을 표현한 거라는 점을 이해하게 된다. 일에 몰두하느라 심한 스트레스를 받고 있는데 방해를 받는다면 어떤 기분일지 공감할 수 있다. 정신화 능력이 향상되면 생각도 더 명료하고 유연해진다. 그래서 중요한 일이든 사소한 일이든, 거절에 더 큰 회복탄력성을 지니게 된다.

이번 장의 과제를 할 때 중요한 점은 자기인식의 나머지 모든 영역을 개발하는 작업을 계속해왔어야 한다는 것이다. 감각·생각·감정·행동을 인지하면, 거절 또는 거절 가능성에 자동으로 압도당하는 경험에 의식적으로 맞설 수 있다.

자신에 대한 적극적인 호기심 기르기

아마 당신도 〈호기심 많은 조지〉라는 인기 애니메이션을 알고 있을 것이다. 주인공 조지는 장난기 많은 성격에 무척 사랑스러운 작은 원숭이다. 조지는 엄청난 궁금증을 타고나서 뭐든 배우려는 자세로 세상을 탐험한다. 배움에 대해 조지와 같은 호기심과 열린 마음을 지닌다면, 누구든 자기인식을 향상시킬 수 있다.

그러나 정말 중요한 건 호기심의 특성이다. 호기심에는 '판단하지 않는 호기심nonjudgmental curiosity', 즉 적극적인 호기심과 '판단하는 호기심judgmental curiosity', 즉 비판적인 호기심이 있다. 마음에 적극적인 호기심을 지니면 새로운 경험이 펼쳐질 것이며, 자기 자신을 더 잘 이해하게 될 것이다. 예를 들어 당신이 예술가로 살고 싶다고 생각하면서 "전문적인 화가가 된다면 어떨까?"라고 문득 말해볼 수도 있다. 그런데 친구가 비판적인 호기심을 지닌 사람이라면 따지는 말투로 "그런 건 왜 하려는 건데?"라고 물을 것이다. 그러면 당신은 비판받는 느낌이 들어서 자기인식도 멈추게 되기 쉽다. 이런 일이 생기면 자기 자신에 대해서는 더 모르게 되고, 내적으로 정신화하는 능력에도 손상을 입게 된다.

하지만 걱정할 것 없다. 적극적인 호기심 역시 훈련을 통해 키울 수 있으니 말이다. 적극적인 호기심이 커지면 자신에 대해 더 열린 마음을 지닐 수 있다. 또한 받아들여지고 안전하다는 느낌을 가지게 되므로, 자기방어가 줄어들고 자기인식이 높아지며 정신화도 더 잘하게 된다.

○ 적극적인 호기심을 기르는 법

생각에 대한 이 과제를 마치고 나면 적극적인 호기심이 훌쩍 자랄 것이다.

● 거절당했던 때를 떠올려본다 당시의 생각과 느낌에 연결될 수 있을 만큼 그때 기억을 마음속에 재연해본다.

● 자신의 반응을 호기심 속에 관찰한다 '내게 무슨 일이 있었던 거지?'라고 자신에게 물어보자. STEAM의 다른 영역에서의 자기

인식 또한 활용해보자. 특정한 영역에 연결되기 어렵다면 그 영역에 해당하는 장에 있는 몇 가지 과제를 다시 해보고 돌아오자. 자신의 경험을 제대로 이해하고 공감하는 데 도움이 될 것이다.

● 같은 상황에서 사람들이 할 만한 다른 반응을 생각해본다 당신이 아는 누군가라면 어떻게 반응했을지 생각해보자. 그들은 거부당했다고 느껴도 심하게 상처받진 않을지도 모른다. 아니면 거부당했다는 느낌을 아예 받지 않을 수도 있다. 그래도 그들 역시 무례한 일을 당했다고 느끼고 화가 날 수는 있을 것이다.

● 무엇 때문에 자신이 그런 반응을 보였는지 생각해본다 왜 자신이 그런 식으로 반응하게 됐을지 파악해보고, 그저 오래되고 익숙한 반응을 취하는 대신 가능한 다른 반응들을 생각해보자. 같은 상황에서 사람들 대부분이 적어도 어느 정도는 거절당했다고 느끼지 않았을까 하는 점도 생각해보자. 그 상황의 어떤 측면이 몹시 속상했던 다른 상황들을 기억나게 하는지도 살펴보자. 충분히 잘하지 못하고 있다는 지금의 두려움이 어쩌면 어린 시절부터 지녔던 더 큰 두려움과 관련 있을 수도 있다. 이런 경우라면 충분히 파악하기 위해 문제를 더 살펴봐야 할 것이다.

● 이해한 내용을 긍정한다 자신이 왜 그런 반응을 했는지 '헤아린' 후엔 그 반응이 인간이기에 보인 반응임을 깨닫는 것이 중요하다. 우연히 누군가가 자기와 똑같이 반응하는 걸 보면 그 사람에게 공감하게 될 것이다. 그 사람만이 아니라 자기 자신에게도

비판이 아니라 공감이 필요하다.

어떤 새로운 기술을 얻으려 할 때면 적극적인 호기심이 꼭 필요한데, 이 과제를 통해 훈련할 수 있다. 이전에 하던 방식으로 다시 돌아가더라도 그냥 그 사실을 인정하자. 이런 기술은 발달시키기가 매우 어렵기 때문에 자책할 필요는 없다. 심호흡을 한 번한 후 다시 시도할 수도 있고, 아니면 잠시 쉰 다음 나중에 다시해도 좋다.

적극적인 호기심을 기르면 무시당하고 거절당하는 기분이 드는순간에도 더 잘 대처하고, 이후에도 그런 마음에서 더 빨리 회복될수 있다. 개방적이고 적극적인 호기심을 지니려면 자기 자신을 애정 어린 시선으로 바라봐야 한다. 애정까지는 어렵다면, 적어도 판단하지 않고 바라봐야 한다. 만일 긍정적인 마음 상태일 때도 이렇게 하는 게 힘들게 느껴진다면 8장을 먼저 읽고 오기 바란다. 자신을 좀더 긍정적으로 느낄 수 있도록 시간을 들이자. 스스로 좀더 개방적이고 긍정적인 기분이 들 때 이 과제를 다시 해보기 바란다.

타인에 대한 적극적인 호기심 기르기

자기 자신에 대해서만큼 다른 사람들을 향해 적극적인 호기심을 지니는 것 또한 중요하다. 그러면 다른 사람들의 표현에 마음이 더 열리고, 그들에게 더 공감하고, 그들을 이해하면서 관계를 성장시킬 수 있다. 그리고 신뢰가 쌓이면, 이따금 속상하고 마음이 약해질 때 그들에게 의지하면서(애착 대상으로서) 안정감을 얻고 거절을 두려워하지 않게 된다. 다른 이들과의 관계가 단단해져 더 안정적인 애착 관계가 형성되면, 자기 자신에 대해서도 더 좋은 느낌을 가질 수 있다.

다른 사람들에 대한 적극적인 호기심을 기르기 위해 우선 자신이 비교적 편안한 관계라고 생각하는 친구나 가족 몇 명을 선택해보자. 서로 갈등이 없는 상태에서 같이 얘기를 나누며, 그들이 정서적으로 힘든 점을 말할 때 귀 기울여 들어보라. 그들의 경험에 더 다가가고 공감할 수 있도록 질문도 하기 바란다. 돕고 싶다는 생각이 강하게 든다 해도 그들이 무슨 일을 겪고 있는지 확실히 '파악하는' 데 몰두하라(문제를 해결하는 건 나중 일이다). 그들이 이해와 관심을 받는다고 느끼면 아마도 더 많은 것을 공유하려 할 것이고, 결국 그들 감정의 강도 또한 누그러질 것이다. 당신의 마음이 안정적일 때 이런 기술을 착실히 개발해 누군가에게 동의할 수 없거나 화가 날 때 이 기술을 실제로 적용하자.

적극적인 호기심을 기르는 또 다른 방법이 있다. 누군가의 모호한 행동을 자신에 대한 비판적 시각을 드러내는 것으로 여기게 되는 때가 언제인지를 잘 살펴보는 것이다. 재닌 또한 다른 많은 사람처럼 자기인식을 높임으로써 적극적인 호기심을 개발할 수 있었다.

'아, 이런. 또 이렇게 되고 말았어.'

재닌은 생각했다. 지나가 대화에 통 흥미가 없어 보였기 때문이다. 그녀는 자기가 지루한 사람이어서 지나가 딴전을 피우는 거라 확신했다. 그러나 그때 갑자기 자신이 얼마나 과잉반응한 적이 많았는지가 떠올랐다. 그래서 지긋지긋하고 짜증 나는 거절이라는 소용돌이에 빠져버리는 대신, 잠시 멈춰 생각했다.

'그래 지나는 내가 지겨울지도 몰라. 하지만 다른 문제가 있는 걸 거야. 뭔가 급히 할 일이 있든가, 어쩌면 부모님한테서 안 좋은 소식이 온 걸지도 몰라.'

몇 가지 가능성을 따져보던 재닌은 자긴 정말 무슨 일인지 알 수 없지만, 그렇다고 지나와의 관계가 끝났다는 건 말이 안 된다는 생각이 들었다. 완전히 확신하는 건 아니지만, 적어도 마음을 더 열 수는 있었다. 재닌은 '정말 무슨 일인지 알고 싶어'라고 생각했고, 마침내 입을 열어 이렇게 물었다.

"지나, 뭔가 산만하고 화나 보여. 무슨 일 있어?"

이 간단한 질문 덕분에 수문이 열렸고, 지나는 그동안 마음에 담아뒀던 여러 가지 힘든 일을 털어놓았다.

다른 사람의 내적 경험을 생각한다는 건 그 사람에 대한 정신화를 한다는 것이다. 다른 사람의 내적 경험은 그저 추측하는 수밖에 없지만, 그 사람에 대해 정신화를 하면 그가 하는 행동을 더 잘 이해하고 그 경험과 맞지 않는 단서를 더 잘 알아차릴 수 있다. 그 결과 거절에 대한 두려움은 줄고, 더 좋고 건강하며 행복한 관계를 이어갈 수 있다.

내 감정을 쥐고 흔드는 외부 요인들

만일 자신이 어떤 상황에 대해 지나치게 감정적인 반응을 보인다면, 당연하게도 왜 그런지 의아해질 것이다. 심오한 심리 문제를 다루기보다 좀더 간단한 것부터 시작해보자. 자신에게 영향을 끼칠 수 있는, 그러나 심리적인 측면과는 무관한 요소들을 떠올려보자.

예를 들어 보통 때 힘이 되어주던 친구가 당신이 자기를 만나러 차를 몰고 오다가 길을 헤맨 일로 가볍게 농담을 했고, 당신은 그런 친구에게 몹시 상처받았다고 해보자. 자신이 거절에 민감하다는 사실을 당신이 인식하고 있다면, 친구의 농담이 왜 상처가 되는지 이해할 수 있을 것이다. 그러면 친구는 상처를 주려는 의도가 전혀 없었고, 자신이 과잉반응했을 뿐이라는 걸 알 수 있다. 한편, 당신이 아침을 걸러 몹시 배고픈 상태라는 점도 당신의 반응에 영향을 줬을지 모른다.

그러므로 자신이 왜 과잉반응하는지 알기 위해 마음속 밑바닥부터 살피기 전에 자기 자신에게 다음 질문부터 해보자.

● 나는 신체적으로 어떤 문제가 있나?

이와 관련해 생각해볼 것들이 몇 가지 있다.

- 배고픔
- 피로
- 통증
- 질병
- 술에 취함

● 나는 누군가 다른 사람 때문에 속상한가?

일테면 다음과 같은 사람들이다.

- 부모님

- 친구
- 자녀
- 배우자 또는 애인
- 동료

● **내 기분에 영향을 미칠 수 있는 하나 또는 그 이상의 상황이
  최근 발생했는가?**

다음은 몇 가지 예시다.

- 최근의 일 문제
- 경제적인 어려움
- 교통사고

외부 스트레스 요인들을 확인한 후엔 그것이 얼마나 큰 영향을 미치는지 고려해야 한다. 그러면 그에 대처하는 방법에서도 다양한 선택의 여지가 생긴다. 농담 때문에 상처받는 것 같은 현재의 반응에서 주의를 돌려 외부 문제 한두 가지에 집중할 수도 있다. 속상하게 한 당사자에게 직접 얘기할 수도 있고, 아니면 일단 현재 상황에서 벗어나 다른 사안들에 신경 쓰는 것도 좋다.

문제점이 주의를 기울여야 하는 만성적인 것은 아닌지 확실히

확인해야 한다. 예를 들어 아침을 거르는 습관이 있고 그래서 오전 내내 기운이 없다면, 간단하게나마 아침을 먹을 방법을 생각해내면 된다. 이 정도로도 놀라운 효과를 거둘 수 있다. 다음 표에 몇 가지 사례를 정리해봤다. 이 밖에도 어려운 문제들이 있다면 해결책과 함께 목록에 추가하기 바란다. 그리고 자신의 문제점에 대해 제안된 해결책들을 실천에 옮김으로써 더 건강한 습관을 만들어나가자.

문제점	해결책
피로	휴식을 취한다. • 만성적일 때: 규칙적으로 자거나, 수면 시간을 늘리거나, 불면증 치료를 받는다.
배고픔	균형 잡힌 식사를 하고 간식을 먹는다. • 만성적일 때: 규칙적으로 균형 잡힌 식사를 할 수 있도록 건강한 식습관 계획을 세운다.
질병	휴식을 취하고 필요한 약을 먹는다. • 만성적일 때: 의사의 진료를 받고 그 지시사항을 따른다.
특정 친구에 대한 분노	문제점을 당사자와 이야기한다. • 만성적일 때: 친구와의 관계와 함께 지금 문제를 다시 생각해본다.
경제적인 문제	문제를 해결할 계획을 세운다. • 만성적일 때: 재정 문제를 재평가하고 관리 계획을 세운다.
일상적인 스트레스로 번아웃된 상태	따뜻한 물로 목욕을 하거나 스트레스 없는 즐거운 하루를 보내는 등 자신에게 도움이 될 만한 활동을 한다. • 만성적일 때: 일을 계속해나갈 힘을 얻을 만한 활동을 일상에서 규칙적으로 한다.

만일 현재의 스트레스 요인이나 어려움에 계속해서 압박을 받고 적절하게 대처하기 힘들다면 전문가의 도움을 받길 권한다.

거절당했다는 '느낌'에 주목하라

채드는 최근 린다와 말다툼을 했다. 그래서 그녀가 자기를 떠날까 봐 두려웠고, 그 두려움 때문에 완전히 절망에 빠졌다. 마치 마음속에 지진이 일어나 감정의 쓰나미를 몰고 오는 것 같았다. 채드는 자기혐오와 린다에 대한 노여움이라는 강력한 파도에 휩쓸리며 끝없이 괴로워했다.

"정말 나쁜 계집애야."

그는 린다가 얼마나 배려 없고 자신에게 무자비하게 상처를 줬는지를 곱씹으며 점점 더 괘씸하단 생각에 빠졌다. 채드는 많은 사람이 좋은 사람인 척하지만, 사실은 다들 차갑고 냉정하다는 믿음이 커지면서 정서적인 안정감이 떨어졌다.

반대되는 증거가 많은데도 채드는 자신의 이런 생각이 사실처럼 느껴졌다. 누군가가 거절에 지나치게 예민하게 반응한다면, '거절당했다는 느낌'에 사로잡혀 반응하는 것이다(말 그대로 '과잉반응'하는 것이다). 상황에 맞는 반응은 '거절당한 사실 자체'에 반응하는 것이다. 채드의 예에서 '린다가 자기를 잔인하게 저버렸다'라고 생각하는 것이 전자이고, '린다가 자기한테 좀 너무했다'라고 느끼는 것이 후자라고 할 수 있다.

채드는 친구들과 가족이 걱정되어 자주 전화를 하는데도, 여전히 자신이 완전히 혼자라고 느꼈다. 해일이 밀려드는 걸 막을 수 없듯, 채드는 부정적인 생각과 고통스러운 기분을 멈출 수가 없었다. 채드는 이런 고비가 절대 끝나지 않으리라 생각했지만, 그렇게 강렬했던 감정도 결국 저절로 가라앉았다. 감정적인 생각은 계속 이어졌지만 그 강도가 약해졌고, 자기의식 속에서 중심을 차지하진 않게 됐다.

채드가 그랬던 것처럼, 자신이 거절당했다는 생각이 들 때는 충분히 명료하게 생각할 수 있을 만큼 감정을 진정시키는 것이 우선이다. 마음을 가라앉히는 방법에는 여러 가지가 있다. 2장의 '스스로 마음을 가라앉히는 법' 단락에서도 그런 몇 가지 활동을 소개했다. 그 단락에는 스스로 마음을 진정시킬 수 있는 많은 방법이 제시되어 있으며, 긴장을 이완하는 기술도 몇 가지 소개했다. 기분을 전환할 만한 활동이 딱히 없는데 불안과 걱정거리가 끊이지 않는다면, 그 단락을 다시 살펴보기 바란다.

압도되는 느낌이 줄어들면 어느 정도 균형감을 되찾을 수 있다.

남들 눈에는 자신이 '사소한 일을 크게 만드는' 것처럼 보일 수 있음을 깨달을 수도 있다. 그러나 이것은 진실이 아닐 수도 있다. 동료가 자신을 점심 식사에 초대하지 않거나 배우자가 주말에 혼자 시간을 보내고 싶다고 했을 때, 몹시 고통스러울 수도 있다. 객관적으로 생각해보려 해도 거부당했다는 느낌이 더 진짜 같을 수 있다는 얘기다.

정말 문제가 되는 것은 자신의 반응이 '현재' 상황에 맞지 않을 수 있다는 점이다. 그러나 이보다 더 안타까운 건 이게 전부가 아니라는 사실이다. 1장에서 언급했듯 거절에 대한 정서적인 민감함은 화상을 입은 피부의 예민함과 비슷하다. 즉, 아주 가벼운 접촉만으로도 참을 수 없는 통증이 일어날 수 있다.

만일 자신이 거절당한 사실 자체가 아니라 거절당했다는 느낌에 사로잡혀 있음을 인지했다면, 스스로 의심을 해봐야 한다. 이때 중요한 점은 자신의 감정에 대해서는 그 타당성을 따질 필요가 없다는 것이다. 감정은 옳거나 그른 차원이 아니라 그저 존재하는 것이기 때문이다. 더 정확히 말해, 감정은 상황에 맞을 수도 있고 그렇지 않을 수도 있다. 그러므로 이렇게 말할 수도 있다.

"거절당한 것 같아."

이런 표현은 자기 느낌이 어디서 시작됐는지 생각해보게 하는 신호가 될 수 있다. 만약 이 느낌이 현재 상황에 맞지 않는다면, 과거의 경험에서 비롯된 것일 수 있다. 이런 점을 인식하고 나면 실질적이든 잠재적인 것이든, 거절에 덜 민감해질 수 있다. 그러면 불필요한 방어를 멈추고 결국 마음을 열어 다른 사람들과도 더 가까워질 수 있다.

'거절당했다는 느낌'에 지나치게 압도되어 그 기분을 살펴보기가 어려운지도 따져봐야 한다. 그런 경우라면 5장의 '자신의 감정과 함께하기'라는 과제를 다시 해보자. 그 과제를 통해 자신의 감정을 '느낄 수' 있게 되면, '회상으로 점들을 연결하기' 과제를 하자. 두 과제를 마치면 자기 기분의 근본적인 원인이 무엇인지 살펴볼 수 있을 것이다.

완벽주의자의 딜레마

사람들이 거절을 피하기 위해 사용하는 방법 중 '완벽해지려 하는' 시도가 있다. 모든 것을 제대로 갖추면 자기 자신이나 다른 이들에게 가치 있는 사람이라는 점을 증명할 수 있다는 생각이다. 그러나 완벽함 또는 합리적인 기대를 넘어 뛰어난 수준은 계속 유지되기 어려우며, 늘 다시 부족해질 위험이 있다. 따라서 '만족스럽다'라고 느끼는 순간을 지속한다는 게 쉬운 일이 아니다. 성공한다 해도 계속 마음속으로는 '죽도록 열심히 했으니까' 아니면 '운이 좋아서일 뿐'이라고 느낄 수도 있다. 자신이 정말 이렇게 성공할 자격은 없으며, 이런 상태를 유지할 수 없을 거라고 믿는 것이다. 이런 생각을 지니고 있다면, 우울해지고 불안해질 수밖에 없다.

자신이 패배자나 실패자가 아니라는 사실을 머리로는 알고 있을 것이다. 정말 자신을 아끼는 사람들이 있다는 점도 알 것이다. 그러나 불행히도 부정적이고 자기비판적인 생각이 '진짜처럼 느껴질' 때 사실을 '안다고' 해서 자동으로 도움이 되는 건 아니다. 그래도 이렇게 이성적으로 인식하고 있으면 자신이 '진짜라고 느낀' 것들을 의심해볼 수 있다. 실패라고 인식되고 '거절당할 만하다고' 느껴져도 자신을 공격하는 대신, 도대체 자기에게 무슨 일이 벌어지고 있는 건지 깊은 호기심을 지닐 수 있다.

완벽주의에는 자기평가적 완벽주의와 사회적으로 부과된 완벽주의가 있다. 여기에 자신이 해당하는지, 해당한다면 어느 쪽에 어느 정도로 그런지 파악하는 것이 출발점이다(Reis and Grenyer 2002).

제임스는 자기 과에서 늘 1, 2등을 다툰다. 그러나 그는 '조금만 방심하면 낙제하고 말 거야'라며 자기에게 끊임없이 짜증을 내고 비판적으로 군다. 지금까지 자신이 성취한 것에 자부심을 느끼기보다 앞으로도 1등을 유지하기 위해 부단히 노력한다. 그는 어떤 가치를 지니려면 무리에서 늘 앞서야만 한다는 생각에 쫓기듯 살아왔다.

당신도 제임스처럼 다른 사람들이 자신을 어떻게 여기는가에 대해서는 그리 걱정하지 않을 수도 있다. 대신 자기평가적인 완벽주의가 있어서 자신이 설정한 기준, 어쩌면 비현실적일 정도로 높은 기준에 맞추는 데 전념할지도 모른다. 이런 기준을 충족시키거나 적어도 다른 이들이 이룬 것을 뛰어넘어야만 자신은 물론 다른 사람들에게 자신의 가치를 증명하는 거라고 생각하면서 말이다.

○ 자기평가적 완벽주의 성향 테스트

다음 문장들은 자기평가적 완벽주의를 드러내는 생각들이다. 노트에 옮겨 적고 각 문장에 1점에서 5점까지 점수를 매겨보자. 1점은 '전혀 그렇지 않다'이고, 5점은 '매우 그렇다'이다. 과정을 마치면 점수를 모두 더해 총점을 구한다.

- 일을 할 때 가능한 한 완벽하게 하려고 최선을 다하는 것이 몹시 중요하다.
- 완벽해질 때까지 일을 계속하게 된다.
- 자신에 대해 아주 높은 기대치를 설정한다.
- 내가 성취한 것들에 대해 자랑스러웠던 적이 거의 없다.

• 목표를 달성하면 그것을 기뻐하기보다 곧바로 다음 목표에 전념한다.
• 성공에 대한 객관적인 징표(예컨대 상사에게 인정받거나, 상을 타거나, 취업에 성공하는 등)가 있어도 계속 자기비판적이거나 아직 성취하지 못한 일에 집중한다.

점수가 높을수록 자신의 가치를 비현실적으로 높은 기준을 충족하느냐 아니냐로 판단한다는 의미다.

● 자기 점수에 대해 생각하고 일기를 써본다 점수가 최대치인 30에 가깝다면 자신의 완벽주의 성향 때문에 얼마나 역효과가 날 수 있는지 고려해보라. 무엇을 하든 성취감과 안정감을 느끼기보다 충분히 만족스럽지 못하다는 느낌만 강화할 수 있다. 성공적일 때조차 결코 만족감을 느끼지 못하고, 스스로 괜찮다고 느끼기 위해 끝없이 다음 목표를 추구하기 때문이다.

● 자신의 자기평가적 완벽주의 성향을 더 깊이 들여다본다 용기가 필요한 작업이긴 하지만, 완벽주의와 관련 있는 모든 STEAM 영역에서의 인식에 집중해보자. 특정 영역에서 도움이 필요하다면 그 영역이 속한 장에 있는 과제를 활용하기 바란다. 예를 들어 완벽주의적인 생각이 들 때 자신의 신체 감각은 어떤지 알고자 한다면, 3장의 '자기 감각에 다시 연결되기' 과제를 한다. 완벽주의와 관련된 감정을 더 잘 인식하기 위해서는 5장의 '자신의 감정과 함께하기' 과제를 하기 바란다. 완벽해지려는 시

도가 자신에게 어떤 영향을 미치는지 알려면, 6장의 '너무 많이 일하고 있는 건 아닌가?'라는 과제를 활용하자. STEAM을 통해 자신의 완벽주의 성향을 탐구하고 되돌아보는 동안 드는 생각과 통찰을 일기로 정리하자.

자신의 자기평가적 완벽주의를 더 제대로 감지하고 인식하고 나면, 그에 대해 의문을 품기 시작할 것이며 자신을 더 건강하게 이해할 방법도 찾게 될 것이다.

자신을 더 잘 이해하게 되면, 더 큰 수용과 관용으로 자신을 바라볼 수 있다. 자기가 만든 높은 기준에 닿지 못하더라도 자신을 거부하거나 다른 이들이 자기를 거부할 것으로 생각하진 않게 된다. 이런 진전이 얼마나 있든지, 심지어 전혀 진전이 없더라도 낙심하지 말기 바란다. 이런 패턴은 아주 견고하게 형성되어 있을 때가 많기 때문이다. 다만, 8장과 9장을 읽을 때 자신의 자기평가적 완벽주의 성향을 염두에 두기 바란다.

'론다가 이번 주에 미친 듯이 바쁘니 도움이 필요할 거야.'
낸시는 세 자녀를 돌봐야 한다는 생각은 하지 못한 채 이렇게 마음먹었다. 낸시는 론다 식구들을 위해 저녁거리를 사고, 론다의 아이들을 차로 데리고 가며, 론다가 자기 상사에 대해 늘어놓는 불평을 들어줄 각오를 했다.

이 모든 것에 잘못된 점은 없다. 낸시가 자기 가족과 자기 일에는 그만큼 신경을 못 쓴다는 점 때문에 혼자 속상해한다는 것만 제외하면 말이다. 낸시는 론다에게 좋은 친구가 되는 일이 너무나 중요한 나머지 자기 자신에게 필요한 부분은 늘 뒷전이었다.

당신도 낸시처럼 사회적으로 부과된 완벽주의에 빠져, 다른 사람들의 기대를 온전히 충족시키거나 넘어서기 위해 전적으로 몰두하고 있을지도 모른다. 다른 이들이 기대하는 점에 당신이 두각을 나타내면 그들이 당신을 거부하지 않으리라는 생각에서다. 이것이야말로 완벽주의적인 생각이 흘러가는 방식이라고 할 수 있다. 만일 당신이 정말 멋진 사람이고 직장 상사가 본 직원들 중에 가장 일을 잘하는 사람이라면, 긍정적인 피드백을 받을 가능성이 크다. 그러면 자신의 가치가 부족하다는 느낌이 완화될 것이다. 하지만 문제는 기본적으로 자신에게 결함이 있다는 느낌이 여전히 남아 있어서, 그렇지 않다는 걸 계속해서 증명할 필요가 생긴다는 것이다. 이는 만성적인 불안, 심지어 장애로 이어지는 불안을 일으킬 수 있다.

낸시는 그동안 STEAM의 각 영역에서 자기인식을 높여온 덕분에 자신의 대처에 무언가 문제가 있다는 사실을 깨달았다. 그리고 자기가 그동안 얼마나 자주 친구들 곁에 있어줬는지 생각했다. 그런 일은 친구들이 자기 곁에 있어준 것보다, 또 자기가 누구에게라도 그렇게 해달라고 할 수 있는 것보다 훨씬 많았다. 낸시는 또한 자기가 친구들에게 도움이 되길 바라면서, 자신이 대체 불가능한 사람이 되지 않으면 다른 이들이 자기와 친구가 되지 않으려 할까 봐 두려워하고 있다는 사실을 깨달았다.

○ 사회적으로 부과된 완벽주의 성향 테스트

다음 문장들에는 사회적으로 부과된 완벽주의 성향을 나타내는 생각이 담겨 있다. 노트에 옮겨 적고 각 문장에 1점에서 5점까지 점수를 매겨보자. 1점은 '전혀 그렇지 않다'이고, 5점은 '매우 그렇다'이다. 과정을 마치면 점수를 모두 더해 총점을 구한다.

- 다른 사람들의 기대를 저버리지 않는 게 나에겐 정말 중요하다.
- 다른 이들이 나 때문에 실망할까 봐 불안할 때가 많다.
- 내가 실수하거나 일을 망치면 주위 사람들 대부분이 나에게 실망할 것이다.
- 다른 사람들이 화나지 않도록 실수를 피하려 노력한다.

· 실수하거나 일을 망칠 때면 내가 다른 사람들만큼 잘나지 못
  해서 그렇단 생각이 든다.
· 다른 이들의 기대를 충족시키기엔 내가 부족하다는 생각이 들
  때가 많다.

점수가 높을수록 자기 가치에 관한 확인을 다른 사람들에게 더
의존한다는 의미다.

● 자기 점수에 대해 생각하고 일기를 써본다 점수가 최대치인
30에 가까울수록 타인이 기대하는 바를 완벽하게 충족시키거나
뛰어넘고자 건강하지 못한 시도를 아주 많이 하고 있음을 나타
낸다. 이런 성향 탓에 자기 자신에 대한 느낌이 어떻게 달라질지
생각해보라. 다른 사람들이 자신을 거부하거나 떠날까 봐 계속
해서 불안하고 두려워질 것 같은가? 또는 자신이 다른 이들 기준
에 맞추거나 그보다 더 나아지기 위한 노력을 조금 덜 하면 그들
이 정말 떠나버릴 것 같은가?

● 자신의 사회적으로 부과된 완벽주의 성향을 더 깊이 살펴본
다 STEAM 영역들을 통한 자기인식을 활용하면 자기 완벽주의
성향을 더 명료하게 이해할 수 있다. '자기평가적 완벽주의 성향
테스트' 과제에서 언급했듯이, 어떤 영역에든 접근하는 데 어려
움이 있을 때는 그 영역이 해당하는 장을 찾아가 제시된 과제를
다시 해보기 바란다. 그리고 다음 질문들에 답한 후 이에 관한
일기를 써본다.

- 자신이 원하고 필요로 하는 것이 다른 사람들의 기대와 일치하지 않을 때, 자기 의견을 얼마나 고려하는 편인가?
- 자신을 표현하는 일이 어렵게 느껴진다면, 자기 생각·기분·바람·신념에 관해 얘기할 때 구체적으로 어떤 일이 생길까 봐 두려운 것인가?
- 힘이 되어주는 사람들에게 자기 의견을 표현했을 때 어떤 일이 있었는가?
- 자신을 표현하지 않았을 때 자기감정(스스로가 자신에 대해 느끼는 감정)과 다른 사람들과의 관계에 어떤 영향이 있었는가?

자신의 사회적으로 부과된 완벽주의 성향과 그로 인해 나타나는 결과를 더 충분히 인식한다면, 자신에게 생기는 부정적인 영향을 좀더 의식할 수 있다.

사회적으로 부과된 완벽주의 성향이 있는 사람이라면, 그 성향에 관해 더 배움으로써 그로 인한 어려움을 더 잘 인지하고자 노력해야 한다. 그러면 공감과 관용을 지니고 대처할 수 있을 것이다. 그 결과 다른 사람들 눈에 완벽해 보이려는 욕구가 줄어들고 자신을 사랑받고 받아들여질 자격이 있는 사람으로 여기게 된다. 또한 자기 욕구도 더 진지하게 되돌아볼 동기 부여가 된다.

높은 기준은 삶을 불안하게 만든다

미아는 고등학교 때 열심히 공부했다. 자기가 똑똑하지 않다는 생각을 모든 시험에서 A를 받아 감추려는 생각에서였다. 대학에 진학한 후 첫 학기에 B와 C 학점을 하나씩 받았고, 정말 충격에 빠져버렸다.

"나는 정말 멍청해. 여기 맞지 않아."

그녀는 계속 중얼거렸다. 이렇게 믿고 나니 사실상 공부를 하거나 누군가에게 도움을 구하는 일이 아무 소용 없다는 생각까지 들었다. 그래서 아무것도 하지 않았다. 당연히 점수가 곤두박질쳤고, 이로써 자기가 멍청하다는 원래 생각이 확인됐으니 공부로 시간 낭비를 하지 않아야겠다고 생각했다. 그러면서도 친구들에게 거부당할 거라는 두려움과 학교에서 쫓겨날 거라는 걱정이 자꾸 커졌다.

세레나 또한 고등학교 때 반에서 상위 10퍼센트 안에 드는 성적으로 졸업했으나, 대학에 진학한 후 어려움을 겪었다. 그녀는 자신이 무능하다는 사실이 두려웠으며, 그런 부족함을 극복하기 위해 정말 열심히 공부했다. 그런데 놀랍게도 과에서 좋은 성적을 거두자 세레나는 '이번 시험 때 공부를 많이 해서 다행이야. 이제 아무도 내가 바보라고 여기지 않을 거야'라고 생각했다. 그녀는 이런 결과가 감사하면서도, 언젠가 자기가 바보라는 비밀이 밝혀져 모두 자신을 무시할까 봐 끊임없이 불안해했다.

미아와 세레나는 자신들이 지닌 능력을 알아보지 못했다. 그들이 스스로 무능하다며 두려워한 것은 사실과 동떨어진 행동이었다. 스스로 설정한 높은 기대에 못 미치면 형편없이 실패하고 거부당하리란 상상은 또 얼마나 엉뚱한가. 만약 당신이 미아나 세레나와 비슷한 상황이라면, 자기인식과 개인적인 기준이 자신에게 어떤 영향을 주는지 생각해보기 바란다.

○ 높은 기대로 생기는 결과 평가하기

다음 질문들을 사용하여 개인적인 기준과 기대가 자신에게 어떤 영향을 미치는지 살펴보자. 다음 질문들을 비판적인 눈이 아니라 비판하지 않는 눈, 즉 적극적인 호기심을 지니고 살펴본다면 답을 하면서 더 큰 통찰력을 얻게 될 것이다.

• 자신에게 설정한 기준이 현실적이라고 생각하는가? 그 기준을 얼마나 자주 충족시키며, 그것이 자신에게 어떤 영향을 미치

는가? 또 이런 기준을 충족한다는 것이 삶의 다양한 영역에서
어떻게 달라지는가?

- 다른 사람들에게도 자신과 똑같은 수준의 기준을 충족하길 기
대하는가? 만일 그렇지 않다면 그 이유는 무엇인가? 같은 이
유를 당신에게 적용할 순 없는가?
- 당신이 자기 기준에 미치지 못했던 때를 떠올려보자. 스스로
에 대해 어떤 생각이 들었는가? 당신을 아끼는 사람들은 당신
에 대해 어떻게 생각했을 것 같은가? 누군가가 다른 사람이 비
슷한 노력을 기울였고 같은 결과를 얻었다면, 그에 대해 당신
은 어떻게 생각하겠는가?
- 자신이 설정한 기준을 충족했을 때 어떤 기분이 드는가? 긍정
적인 기분이 든다면, 그 기분이 얼마나 강하고 얼마나 오래 지
속되는가? 만약 부정적인 반응을 보이게 된다면, 어떤 생각과
기분이 들 것 같은가?
- 만일 당신이 자기 목표와 기대에 부응하기 위해서 오랜 시간 일
하거나 깨어 있는 시간을 모두 그 일에 쏟는 등 엄청난 노력을
한다면, 그런 행동이 정서적·신체적 측면에서 자신의 행복에 어
떤 영향을 미칠 것으로 생각하는가? 비용과 이익을 따져보라.
- 자기 목표에 비교적 노력을 기울이면서도 다른 개인적인 관심
사나 가치 있는 활동에 이전보다 더 많은 시간을 할애한다면 삶
이 어떻게 달라질 것 같은가?

이런 질문들은 여러 가지 자기 탐구의 길로 연결된다. 며칠에 걸쳐
서 꾸준히 하거나, 지금 조금 해두고 나중에 조금씩 추가해도 좋다.

피하지 않고 나아가기

여러 이유로 거절에 대한 민감함이 생길 때는 압도당하고 혼란스러워지기 쉽다. 그러다 보니 거절로 인한 고통에서 벗어나려다가 길을 잃어버리는 이들도 흔하다. 문제는 목표 자체가 '나아가고자' 하는 것이 아니라 '피하려' 하는 것을 정의한다는 데 있다. 건설적이고 만족스러우며 건강하게 느껴지는 방향으로 발전하기 위해서는, 자신이 나아가려는 목표를 반드시 정의해야 한다.

○ 명확한 목표 설정

미래의 자기 자신이 행복을 즐기고 거절에 대한 민감함에서 놓여난 상태라고 상상해보자. 노트에 표를 하나 그린 다음, 상상을 현실로 만들어서 좀더 안정적인 애착을 형성하기 위해 목표를 명확히 작성해보자.

● 우선 자신의 목표를 확인한다 채드는 린다가 자신을 떠나지 않으리라 생각할 만큼 자신을 충분히 긍정적으로 여기고, 린다가 자신에게 화내더라도 견딜 수 있으며, 린다와의 관계가 끝난다 해도 당분간은 비참하겠지만 결국 이겨낼 수 있다고 썼다.

STEAM을 기반으로 채드는 자신의 목표를 이렇게 설정했다.

- 감각: 린다와 대화할 때 신체적으로 덜 긴장하거나 더 이완됐다고 느끼며, 상황 또한 객관적으로 문제없다고 여긴다.
- 생각: 전반적으로 자신에 대해 더 긍정적으로 생각한다. 린다나 그 외 사람들과 다른 의견을 얘기할 때 스스로에 대해 긍정적으로 여긴다.
- 감정: 전반적으로 더 행복하고 평화롭다고 느낀다. 거절에 대한 두려움을 과거로 흘려보낼 수 있을 만큼 감당할 수 있다.
- 행동: 린다 의견에 동의하지 않을 때 그녀에게 얘기한다. 다른 사람들에게도 똑같이 한다.
- 정신화: 린다가 나를 버릴 방법을 찾고 있다고 가정하는 대신, 그녀에게 무슨 일이 있는지를 인지한다.

● 여기서 더 발전하려면 무엇을 해야 할지 자문해본다 채드는 스스로에 대해 얼마나 가혹하게 굴었는지를 깨달았다. 또한 남들이 자기를 거부한다고 너무 쉽게 생각하는 바람에 거절에 대한 두려움을 얼마나 자주 내비쳤는지도 알게 됐다.

채드가 자기 목표를 명확히 하는 데에는 시간이 걸렸다. 무언가가 필요하다고 생각하는 건 쉬우나 구체적인 계획을 세울 때는 집중력과 끈기가 있어야 한다. 자신이 가장 바라는 바가 거절에 대한 민감함에서 벗어나는 일이라면, 그런 노력 자체가 거절에 대한 반응을 줄이고 무시당하거나 버림받아 큰 상처를 받을 때 회복탄력성을 높일 수 있는 중요한 첫걸음이 될 것이다.

'해야 할 일'과
'하고 싶은 일' 사이에서 균형 찾기

재닛은 함께 있으면 참 재밌는 친구인 루시에 대해 생각한다. '하지만 돈을 빌려가면 갚질 않으니, 더는 빌려주지 않겠어.'

루시는 지금 또 주차권 살 돈을 빌려달라고 한다. 재닛은 목에 뭐가 걸린 기분이다.

'친구니까 도와줘야겠지만, 이제 더는 그러고 싶지 않아. 내가 너무 이기적인가 봐.'

특히 거절에 대한 두려움 때문에 '해야 한다고 생각하는 일'을 하지 않을 때 자신에 대해 속이 상하고 화가 날 수 있다. '하고 싶은 일' 역시 마찬가지여서, 때로는 좋은 생각이 아닐 수도 있다. 시간을 두고 잘 생각해보면 현명한 결정이면서 전반적으로 자신에게 가장 좋은 선택지가 있을 것이다. 이것이 궁극적으로 선택해야 할 최고의 길이다.

다음 과정을 따라 하면 현명한 결정을 하는 데 도움이 된다.

● **부정적이고 비판적인 '해야 한다'라는 목소리를 마치 외부에서 다른 사람이 하는 말처럼 생각하고 들어본다** 이 목소리가 당신에게 어떤 행동을 취하라고 하는 이유에 주의해보자. 중요한 것은 이 목소리가 당신의 느낌과 바람을 얼마나 무시하고 얕보는지에 주목하는 것이다.

　재닌은 '내 안의 일부가 이렇게 말하고 있는 걸 알 수 있어'라고 생각했다.

　'너 루시한테 돈 줘야 해. 루시한테는 그렇게 이기적으로 굴면서 다른 친구들과 저녁 먹으러 간다니 믿을 수가 없어.'

　재닌은 자기 마음속의 그런 비판적인 목소리를 떠올리며 생각했다.

　'이 목소리는 루시는 생각해주면서 나는 전혀 배려하지 않고, 나한테 좋은 게 무엇인지는 전혀 개의치 않는군.'

● **자신이 느끼고 원하는 것에 주목한다** 마음속 깊이 경험하는 감

정과 바람에 다가가 보자. 죄책감 같은 비판적인 목소리에 반응하는 데 집중하기보다, 내면의 진정한 자기에게서 곧바로 나오는 감정에 주목하라.

재닌은 자신이 루시에게 돈을 주기 싫어한다는 걸 알고 있었다. '이용당하는 기분이야. 루시의 현금 인출기가 되고 싶진 않아.'

이런 깨달음을 쉽게 얻은 건 아니었다. 재닌도 처음엔 이런 기분이 혼란스럽게 느껴졌다. 원래는 이렇게 생각했다.

'내가 누군가의 현금 인출기가 되면 안 되지.'

'원하지 않는다(되고 싶진 않아)'가 아니라 '안 된다'라는 단어를 사용함으로써 자기 욕구보다 세상의 요구에 더 집중했다. 그러나 다시 자기 기분에 초점을 두었고 '해야 한다'라는 단어도 '원한다'로 바꾸었다. 그리고 이것이 모든 것을 바꿔놓았다. 재닌은 '더 적극적이고 자율적인 사람이 되고 싶어. 루시의 현금 인출기가 되고 싶진 않아'라고 생각하자 확실히 더 기분이 좋아졌다.

● **시간을 들여 현명한 결정을 한다** 여러 생각과 느낌, 취할 수 있는 다양한 행동, 그 행동마다 올 수 있는 잠재적인 결과를 모두 검토하자. 이런 과정을 거치면 현 상황에서 알 수 있는 모든 것을 고려하여 최선의 결정을 내릴 수 있다.

재닌은 논리적으로 따져봤다.

'친구를 위하는 일은 중요하지만, 루시한테 돈을 '줘야 한다
는' 생각은 잘못된 거야. 루시는 나를 이용해왔고 좋은 친구도
아니었어. 그러니 내가 이 돈으로 다른 친구들하고 즐겁게 지내
는 데 써도 괜찮은 거지. 만약 루시가 나랑 말도 안 하려 한다
면, 난 정말 끔찍한 기분에 빠지겠지만 이겨낼 수 있어. 이제는
아니라고 말하고 우정을 잃을 각오까지 해야 해.'

● **행동에 옮긴다** 방향을 선택했다면, 일단 행동에 나서는 일이 중
요하다.

재닌은 이제 계획을 행동으로 옮겨야겠다고 생각했다.
'루시한테 안 된다고 말하기 전에 베스하고 의논해봐야겠어.
도와줄 거야. 그런 다음 루시한테 말하고 나서 베스하고 또 얘
기해봐야지.'

현명한 선택을 하려면 반복적으로 계속 결정해야 하는 상황도
있다. 궁극적으로 무엇이 자신에게 최선인지 정할 때 자기 생각과
기분을 고려하자.

이런 딜레마는 연인 관계에서도 자주 나타난다. 예컨대 스물여

섯 살의 광고 카피라이터인 벨린다는 깊은 사랑에 빠졌으나, 폭력
적인 남자친구 폴과의 이별에 대해 깊이 생각해봐야 했다.

'친구들은 모두 폴이 나를 대하는 방식 때문에 내가 그를 떠
나야 한다고 말해. 그렇지만 나는 폴을 사랑하고, 그와 헤어진
다면 평생 마음이 아플 것 같아. 그를 떠나지 못하는 내가 너무
마음이 약하고 바보 같아.' 벨린다는 생각했다. '내 기분을 보면
아직도 폴은 나한테 못되게 굴고 마음을 너무 아프게 하는 거
야. 그를 화나게 할까 봐 계속 불안하기도 하고. 게다가 폴이 나
를 그렇게 대하는 데 익숙해져 가고 있어. 그를 사랑하니까 곁
에 있고 싶지만, 나도 내가 떠나야 한다는 걸 알아. 당연히 내
친구들은 폴을 떠난다는 결정을 지지해줄 거야. 이별은 너무나
두렵지만, 그래도 그가 없다면 나도 결국 더 행복해질 거야. 그
러니 정말 떠나야 해.'

벨린다는 도움을 얻기 위해 폴을 떠날 거라고 친구들에게도 얘
기했다. 그녀는 언제 어떻게 폴에게 말해야 할지뿐만 아니라 그와
헤어진 다음 어떻게 시간을 보낼지에 대해서도 계획을 세웠다.

자기 자신에 대한 통찰력 키우기

정신화란 STEAM의 나머지 네 영역(감각, 생각, 감정, 행동)이 서로 어떤 영향을 미치며, 거절 민감도와는 어떤 관련이 있는지 살펴보는 것이다. 정신화를 통해 자신에 대한 통찰력을 키울 수 있다.

다음 과제는 정신화를 훈련하기 위해 고안됐다. 해야 할 작업이 많으므로 모두 읽은 다음, 예시로 나와 있는 재닌의 표를 살펴본 후 과제를 시작하기 바란다.

○ STEAM을 통한 자기 이해

자신의 감각, 감정, 행동에 주목하면서 표를 통해 자기 생각을 되돌아보자.

● 노트의 한 페이지 맨 위에 '감각'이라고 쓴다 그다음 줄에는 이렇게 쓴다. '나는 거절 또는 그에 대한 두려움으로 힘들 때, 몸에 다음과 같은 감각이 느껴질 때가 많다.'

그 줄 아래로는 가운데에 세로로 선을 그은 후 한쪽에는 '긍정적인 감각', 다른 쪽에는 '부정적인 감각'이라고 적는다.

이제 떠오르는 반응들을 최대한 표에 적어 넣는다. 자기 감각에 연결되기 위해 4장의 '흔히 겪는 어려움' 과제를 읽고 돌아와도 좋다.

마지막으로 거절로 인한 어려움을 겪으며 생기는 감각적인 반응이 자신의 삶에 어떤 영향을 끼치는지 생각해보자. 이 내용을 표 아래쪽에 적는다.

● 두 번째 페이지의 표에는 '감정'이라는 제목을 단다 새로운 페이지에 표를 그리고 '감각' 대신 '감정'이라고 쓴다. 앞에 제시한 문장에서 '몸에 다음과 같은 감각이 느껴질 때가 많다'를 '다음과 같은 기분이 들 때가 많다'로 대체한다. 그리고 앞서의 과정을 반복한다.

● 세 번째 페이지의 표에는 '행동'이라는 제목을 단다 새로운 페이지에 표를 그리고 '행동'이라고 쓴다. '몸에 다음과 같은 감각이 느껴질 때가 많다'를 '다음과 같은 행동을 할 때가 많다'로 바꾼다. 그리고 앞서의 과정을 반복한다.

● 세 페이지의 아래쪽에 써둔 메모를 살펴본다 그런 내용이 거절로 인해 생긴 힘든 점을 궁극적으로 강화하는지, 만일 그렇다면 어떻게 강화하게 되는지 생각해보자. 예를 들어 감정에 관한 페이지에서 자신에 대해 화나는 감정이 자기비판과 관련 있다고 적었다면, 그 때문에 좋은 친구 또는 애인이 원하는 사람이 되려고 노력해왔다는 점을 깨달을 수 있다.

시간을 길게 잡고 한 번에 전체 과제를 마칠 수도 있지만, 며칠에 걸쳐 세 부분을 따로따로 완성해도 된다.

재닌이 정신화를 통해 자기인식을 높이는 작업을 하면서 작성한 표를 참고하자.

STEAM을 통한 자기 이해: 재닌의 예

감각

나는 거절 또는 그에 대한 두려움으로 힘들 때, 몸에 다음과 같은 감각이 느껴질 때가 많다.

'긍정적인' 감각	'부정적인' 감각
• 열정적이다(자신을 증명하기 위해). • 민첩하다.	• 머리가 아프다. • 가슴이 답답하다.

나는 거절에 대해 생각하면 긴장되고 신체적으로 불편해질 때가 많다. 그러면 일에 집중하거나 친구들과 즐겁게 보내기 힘들어진다. 민첩해졌다는 기분이 들기는 하지만, 이건 나 자신을 보호하기 위해 고조된 감각이다. 아무래도 상처받은 나 자신을 보호하려는 방법인 것 같다.

정신화에서의 통찰이 힘든 작업을 통해서 얻은 것이긴 하지만, 때로는 새로 획득한 것을 쉽게 잃어버릴 수도 있다. 그러므로 자신의 통찰을 기억하고 강화하기 위해 그에 관하여 일기를 쓰거나 친구 또는 치료 전문가와 함께 이야기해보기 바란다. 이와 같은 내면탐구는 다른 이들이 지지해줄 때 그 경험의 가치를 확인할 수 있다.

Chapter 8

．
．
．

있는 그대로의
나를 수용하기

．
．
．

　재닌은 자신이 다른 사람들에게 줄 만한 게 너무 없다는 생각
을 지나치게 자주 한다.

　'적어도 나는 좋은 친구잖아.'

　그녀는 친구들이 자기를 곧 떠날 것 같다는 기분을 피하고 싶
을 때마다 이렇게 되뇌곤 했다. 그런데 최근 STEAM을 통한 다
양한 수준의 자기인식에 점차 주의를 기울이면서 자신이 기본
적으로 무가치하다는 믿음에 의문을 품기 시작했다. 때로는 '어
쩌면 가치 없다는 느낌은 그저 느낌일 뿐인지도 몰라'라는 생각
이 스치듯 잠깐씩 들기도 했다. 이때부터 '그저 쓸모없다고 느
낀다고 해서 내가 진짜 쓸모없는 건 아니야'라고 되뇌게 됐고,
의심은 더 커졌다.

　처음에는 이런 의심이 참을 수 없을 만큼 불편했다. 자신이
잘못 생각하는 것 같았다. 그러나 자신이 배려 있는 사람이고

좋은 친구이며 진심으로 자기를 아끼는 친구들이 있다는 사실은 부인할 수 없었다. 어떤 선생님이 자신에게 그림에 재능이 있다고 했을 때 움찔하긴 했지만, 화가로서 자질이 있다는 점도 인정했다. 재닌은 자신에 대한 이런 긍정적인 경험에 점차 다가가고 때로는 받아들이면서 가슴을 뛰게 하는 자기수용을 느끼기 시작했다.

우리 대부분에게 자신에 대한 거절은 다른 이들에 의한 거절로 힘들어하는 일이 중심이 된다. 당신 또한 자신의 기본적인 경험을 떨쳐내고 그 연결을 끊어냄으로써 똑같이 하고 있을지도 모른다. 한마디로, '진정한' 자기 자신에 대한 전반적인 이해를 거부하는 것이다. 이번 장에서는 자기 자신에게 더 다가가고, 자신을 더 수용하는 방법을 알려주려 한다.

이에 성공하고 싶다면 기본적으로 두 가지 기본 전제를 받아들여야 한다. 첫 번째 전제는 인간이 원래 불완전하다는 것이다. 우리는 모두 약점과 결점을 가지고 있으며 실수를 저지른다. 또 인간은 누구나 다양한 정서를 경험한다. 상처와 슬픔 등 여러 정서적인 고통도 이에 포함된다. 자기연민 연구의 선구자인 크리스틴 네프Kristin Neff는 이를 '보통의 인간적인 면common humanity'이라고 부르면서 자기관용을 설명하는 데 필수적인 부분이라고 했다.

두 번째 전제는 우리가 인간이며 그러므로 모든 자질 또한 지니고 있다는 것이다. 앞서 말했듯이, 모든 인간은 약점과 결점을 가지고 있고 실수를 하며 정서적인 고통을 경험한다. 기본적으로 보일지 모르는 이 전제가 받아들이기 더 힘들 수 있다. 이 두 번째 전제를 제대로 받아들인다는 의미는, 우리가 고통을 겪고 괴로워하며 때로 거부당하는 일이 자신이 선천적으로 무언가 잘못되어서가 아니라 인간이라면 겪어야 하는 경험이라고 생각한다는 것이다.

이번 장에 제시한 과제를 수행하면 자신의 장점을 비롯한 인간적인 면을 충분히 받아들이게 될 것이다. 자신의 고통을 인간으로서 감당해야 할 일부로 받아들이고, 자신의 만족스러운 부분을 깨닫고 감사할 수 있을 것이다. 자기수용 능력이 커질수록 약점, 결점, 실수에도 불구하고 자신을 더 긍정적으로 바라볼 수 있다. 그리고 무엇보다 자신을 거절한 사람들에게 지나치게 신경 쓰지 않게 된다.

자기 가치를 긍정적으로 바라보기

자기 가치 확인self-affirmations을 통해 거절로 인한 고통을 완화할 수 있다. 심리학자인 클로드 스틸Claude Steele이 개발한 이 개념은 위기에 처할 때 중요한 가치를 떠올리면 자신에 대한 긍정적인 느낌을 유지하는 데 도움이 된다는 내용이다. 스틸이 '가치'라 하는 것은 특성, 능력, 인생에서 중요하게 여기는 기본 신념 등 자신이 유쾌하게 여기고 자부심을 느낄 만한 것이라면 무엇이든 상관없다. 자기 가치 확인으로 자존감이 올라가는 것은 아니지만, 그런 가치에 초점을 둠으로써 자신에 대해 이미 지니고 있던 긍정적인 느낌을 지속할 수 있다.

재닌은 수긍하는 게 아직 불편하면서도 자신이 유능한 화가이며 배려 있는 사람임을 인정했다. 이처럼 자신의 긍정적인 면에 눈길을 돌리니 스스로에 대해 긍정적인 기분이 든다는 걸 알게 됐다. 비록 친구들에게 거부당하고 동료들에게 따돌림당할까 봐 계속 두렵긴 했지만, 그 두려움의 강도 역시 많이 낮아졌다. 어느 날 재닌은 지나와 함께 운동하던 중 지나가 감격하면서 "너 몸매 진짜 탄력 있다. 진짜 멋져!"라고 했을 때, 그런 긍정적인 피드백에 기분이 좋아졌다.

연구에 따르면 사람들이 자기 가치를 확인하면 방어적인 태도가 줄어들고, 정서적으로 도전적인 피드백을 받아도 더 수용할 수 있게 된다고 한다(McQueen and Klein 2006). 자기 가치 확인으로 거절에 대한 민감함을 치유할 순 없지만, 완화할 수는 있다. 자기 자신을 긍정적으로 느끼면 다른 사람들이 자신을 부정적으로 볼 거라고 너무 쉽게 생각하는 일도 줄어든다. 누군가가 자신이 한 일에 생뚱맞게 트집을 잡거나 자기에 대해 비판적으로 행동할 때도, 스스로에 대해 긍정적인 태도를 유지하고 회복탄력성을 지닐 수 있다.

○ 자신의 장점 목록 만들기

자기 가치를 확인하고 삶에 활용하기 위해서는 우선 세 가지 목록을 만듦으로써 자신의 특성과 자질, 가치를 확인해야 한다. 다음 지시사항에 따라 그 내용을 노트에 정리해보자.

당신은 자신에 대한 세 가지 측면을 떠올리며 '중요하지 않은' 것들은 목록에서 제외하려 할 수도 있을 것이다. 하지만 그러지 말고 모든 것을 포함하는 것이 좋다. 어쩌면 당신은 좋은 친구이고, 재능 있는 요리사이며, 멋진 머릿결을 지니고 있을지도 모른다. 스스로 이런 특성을 축소할지도 모르지만 장점은 장점이다. 멋진 머릿결과 같은 항목을 너무 '사소하다'며 목록에서 제거하기 전에, 노래할 때 새된 목소리가 나오는 것과 같은 '피상적인' 단점들에 얼마나 비판적이었는지 생각해보라. 자신의 '모든' 긍정적인 면을 그려야 당신이라는 사람의 전체적인 가치를 확인할 수 있다.

● 가치 있다고 생각하는 자기 특성을 목록으로 만든다 예를 들어 자신이 재미있고, 끈기 있고, 호기심 많고, 배려 있고, 사교적이며, 창의적이고 논리적이라고 적을 수 있다.

● 자기 재능을 목록으로 정리한다 이를테면 당신은 훌륭한 목수이자 협상가이며, 힘들어하는 사람들에게 위안을 주는 사람일 수 있다.

● 자기 삶의 기본적인 가치를 목록으로 만든다 예를 들어 정직, 성실, 측은히 여기는 마음, 관대함 등이 있다.

자신의 장점 목록을 작성하면 자기 가치 확인에 필요한 내적 자원을 확보할 수 있다.

자신의 긍정적인 가치를 확인한다

다음 세 개의 목록으로 자기 가치 확인 훈련을 시작하자. 다음 방식 가운데 하나 이상을 시도해보자.

● **자신의 긍정적인 면을 살펴본다** 중요하다고 생각하는 자신의 몇 가지 긍정적인 면을 고른다(여섯 개 이하로). 작성한 목록 가운데 한

266

가지를 선택한다.

이런 특성과 재능, 가치에 대해 생각할 조용한 시간을 단 5분이라도 따로 마련하자. 자신의 장점들을 확실히 드러내는 구체적인 경험을 떠올려보라. 다른 생각, 기억, 실패나 거절에 대한 두려움으로 주의가 분산된다면 자기 가치 확인에 다시 초점을 맞춘다. 이 과제의 목적은 자부심이 들거나 기분이 좋아지는 측면을 스스로 감지하는 것이다.

● **주문 같은 구절을 만든다** 자신에 대해 가치 있다고 생각하는 것을 소재로 매일 주문처럼 읊조릴 구절을 만드는 게 유익하다고 말하는 사람이 많다. 재닌도 '나는 배려 있고 공감을 잘하는 사람이야'라고 되뇌는 게 도움이 된다고 생각했다. 당신 또한 '나는 통찰력 있고 배려 있는 사람이야' 또는 '나는 창의적이야' 같은 구절을 만들수 있을 것이다.

● **자신이 가장 가치 있다고 생각하는 면을 써본다** 그 가치는 자신에게 특별한 의미가 있어야 하며, 자랑스럽고 좋은 기분이 드는 것이어야 한다. 다음 질문에 충실히 답해보자.

• 이 가치의 특징은 무엇인가?

- 왜 이 가치가 중요한가?
- 이 가치를 위해 살았던 시절을 표현해보자. 당시 기분은 어땠으며 어떤 점이 당신에게 의미가 있었는가?

한 가지 가치에 대한 묘사를 마친 후에는 다른 가치에 대해서도 같은 질문을 반복해보자.

부정적인 측면을 없앤다

특히 몸에 대한 이미지에 주목한 연구자 브리뇰P. Briñol과 그의 동료들은 몸의 이미지로 사람들 인식에 영향을 줄 수 있는지에 초점을 둔 실험을 했다. 피실험자들이 자신의 몸에서 좋아하는 곳을 하나의 목록으로 만들고, 싫어하는 부분도 따로 목록으로 만들게 했다. 그런 다음 목록 중 하나를 버리라고 했다. 좋아하는 목록이든 싫어하는 목록이든, 피실험자들이 목록을 버렸을 때는 그 일로 별 영향을 받지 않았다. 그러나 목록을 자기 주머니에 넣었을 때는 그 목록에 더 큰 영향을 받았다고 한다.

이 연구는 특히 신체적 특성에 주목한 것이었지만, 다른 자질에 대한 목록이라 해도 아마 비슷한 결과를 얻을 것이다. 자신에 대한 긍정적인 느낌을 강화하면 거절에 대한 괴로움을 극복하는 데 도움이 된다.

○ 주머니 안에 간직한 긍정적인 특성들

'자신의 장점 목록 만들기' 과제에서 적었던 내용을 다시 살펴보자. 그리고 종이 두 장을 준비한다. 이 과제를 스마트폰으로 할 수도 있겠지만, 손으로 직접 작성하는 것이 그 자체로 치료 효과가 있다고 말하는 사람이 많다.

● 종이 한 장에 자신의 긍정적인 특성에 대한 목록을 만든다 신체적인 특성이나 성격 또는 습득한 기술 등 어떤 내용이든 상관없다.

● 다른 종이에는 자신의 싫어하는 특성을 적는다 이 목록은 빨리 작성하기를 권한다. 부정적인 면을 자세히 기술하느라 너무 많은 시간을 보내지 않도록 주의한다.

● 부정적인 내용을 적은 두 번째 목록을 버린다

● 긍정적인 특성을 적은 첫 번째 목록을 주머니에 넣는다 적어도 하루 정도는 온종일 그 목록을 지니고 다녀보자. 원한다면 더 오랫동안 가지고 다녀도 좋다.

더 효과를 보기 원한다면 매일 의식적으로 이 과제를 수행하자. 첫날 과제를 마치고 나면 주머니에서 종이를 꺼내 다시 읽어본

다. 그리고 다음 날 아침 다시 천천히 읽은 후 그날 입을 옷 주머
니에 넣는다. 자신에게 목록의 내용이 배어들었다고 느낄 때까
지 이 과정을 매일 반복한다.

스스로 유쾌하게 다시 나아가기

채드는 고등학교 선수 시절이 한참 지난 후에도 야구를 취미
삼아 계속 즐겼지만, 이제 더는 그러지 못한다. 그의 머릿속에
는 '내가 기술이 없어져 커브볼을 던지지 못한다면 어떡하지?
기대를 저버리면 사람들이 날 용서하지 않을 거야' 같은 걱정이
가득 차 있었다.

만일 당신이 채드처럼 부정적인 자기인식에 사로잡혀 자신의
긍정적인 면을 받아들이기 어려운 상태라면, 자신이 좋아하는 활
동을 함으로써 자기수용 능력을 기를 수 있다. 자기가 열정을 쏟아
붓는 일이 살아가는 데 꼭 필요한 일은 아닐 수도 있다. 하지만 삶
에서 작은 즐거움이나 위안이 되는 일 역시 매우 중요하다. 이런 활
동을 그저 하는 것만으로는 충분하지 않다. 스스로 유쾌한 기분을

'느끼려' 해야 한다. 좋아하는 활동에 관해 생각하거나 실제로 하는 것, 또는 그런 추억을 떠올리는 것만으로도 자신에 대한 부정적인 인식이나 거절당했다는 기분에 훨씬 덜 사로잡히게 된다.

좋아하는 활동을 즐기려면 네 가지 기본 요소가 필요하다. 자기 삶을 그런 활동으로 채우기 위해 다음 내용을 시도해보자.

● **자신에게 위로와 즐거움, 열정이 되는 일이 무엇인지 확인한다**
긍정적인 기분을 느끼게 해주는 활동은 무수히 많다. 예를 들어 스마트폰 게임을 하거나, 드라이브를 가거나, 공원으로 산책을 나가거나, 낭만적인 데이트를 계획할 수도 있다. 다음 목록 중에 만족스럽다고 생각하는 활동들을 노트에 적어보자. 이 목록에는 없지만, 자신이 즐기는 활동이 있다면 추가로 써넣자.

즐거운 활동 목록

음악 듣기	몽상	여행 계획 세우기
재밌는 영화 보기	저녁 식사하러 나가기	미니 골프 치기
퍼즐 맞추기	자원봉사 하기	드라이브 가기
다른 사람 돕기	마사지 받기	커피나 차 마시기
춤추기	정원 가꾸기	서점 둘러보기
자전거 타기	수선, 보수하기	요리하기
새로운 기술 배우기	공예 배우기	카드놀이 하기

● **시작하며 나아간다** 다음 단계는 어떤 것이든 자신이 하고 싶거나 시작하기에 가장 편안해 보이는 활동을 실제로 하는 것이다.

만일 마음이 부정적이고 우울한 상태라면 즐거운 활동을 하는 일이 버겁게 느껴질 수 있다. 그렇게 할 만한 에너지나 동기가 부족하기 때문이다. 그래도 다행히 뭔가 활동을 하면 에너지가 생기고 긍정적인 기분이 든다. 너무 도전적이지 않은 활동을 선택해 시도해보자. 부담 없이 한 번에 작은 것부터 시작해보기 바란다.

특히 친구와 함께할 활동을 계획하면 더 긍정적으로 느낄 수 있고 중간에 활동을 그만두는 일도 줄어들 것이다. 때로는 일단 시도한 후 잠시 쉬었다가 다시 도전하는 것도 좋다.

채드는 3월이 되면서 마음이 많이 울적해지자 올해는 야구팀에라도 가입해야겠다는 생각이 들었다. 마운드에 다시 서면 기분이 나아질 것 같았지만, 아직 그러지 못하고 있었다. 마침내 채드는 중간에 잘 안되면 그만두기로 마음먹고 일단 시도하기로 했다. 자꾸 자기비판적인 상태가 되긴 했지만, 팀과 함께 야구장에 나가 방금 깎은 잔디 냄새를 맡으니 예전의 행복했던 기억이 되살아났다. 게다가 다른 사람들 역시 젊은 시절만큼 잘하지 못하는 모습이어서 자신의 녹슨 실력이 크게 문제 될 것 같진 같았다.

● **순간을 즐긴다** 자신이 좋아하는 일을 하면, 자연히 에너지가 생기고 몰입하게 된다. 그러나 채드처럼 '이러면 어쩌지?'라며 걱정하는 사람이 많다. '투수로 뛰기에 나이가 너무 많은 거면 어쩌지? 사람들이 실망하면 어쩌지?'라며 힘들어하는 것이다. 당신이 이렇게 하고 있다면 바로 이 순간에 집중하려 해보자. '지금' 하는 일에 주의를 기울이는 것이다. 미래는 알아서 일어나도록 놔두자. 그 미래가 바로 몇 분 안에 일어날 일이라 해도 마찬가지다. 만일 자신이 현재 순간을 즐기고 있다는 생각이 조금이라도 들면, 잠시 멈추고 그 긍정적인 순간을 받아들이자.

거절에 대한 예감 또는 두려움이 얼마나 덜 느껴지는지, 그리고 잠시나마 그런 생각이 사라지는지 살펴보자. 행복까진 아니더라도 마음이 좀 가벼울 것이다. 부정적인 자기인식이나 거절에 대한 두려움에 빠지는 대신 잠깐이라도 지금 하는 일에 몰입하는 것이 중요하다.

● **즐거운 경험을 떠올린다** 자신이 작성한 활동들을 보면서 그것을 즐겼던 때를 기억해보자. 제대로 시간을 내서 상세하게 기억하고 그 경험을 다시 한번 느껴보라. 그 활동을 어떤 식으로 다시 하고 싶은지도 생각해보자. 이런 식으로 다른 활동도 시도하고자 한다면, 이전의 즐거웠던 경험을 미리 떠올려보자.

이런 방법을 사용하면 좋아하는 일을 시작하고 좋은 경험을 하는 데 도움이 된다. 자신의 관심거리와 그것을 하기로 하는 선택, 그 일을 하며 얻는 즐거움 모두 자기 자신의 일부가 된다. 이를 더 많이 자기 일부로 삼을수록 스스로에게 더 만족스러워질 것이며, 자신의 이런 면을 다른 사람들과 함께 나누면 기분도 더 유쾌해질 것이다.

친구를 대하듯 자신을 대하기

마야는 다섯 살 난 딸이 지금 어디로 가는 중이냐고 열 번째 물어봤을 때, 벌컥 화가 나 소리쳤다.

"도대체 몇 번이나 말해줘야 하는 거니?"

그러고도 계속해서 왜 말을 제대로 듣지 않는 거냐고 윽박질렀다. 몇 분이 지나자 정신이 좀 돌아왔다.

'젠장! 또 이러고 말았어. 난 정말 끔찍한 엄마야.'

마야는 정말 속상했다. 그때 그동안 자신이 해오던 내면 과제가 생각났다. 마야는 만약 친구 엘리스가 잠도 못 자고 이처럼 압박받는 상황에서 같은 행동을 했다면 자신이 뭐라고 했을지 상상해봤다. 그 결과 엘리스를 비판하기보다는 그녀가 얼마나 정신이 없을지를 먼저 헤아려주리라는 점을 깨달았다.

마야는 다른 엄마가 겪는 어려움을 이해하며 그 인간적인 면에는 공감하면서도, 자신은 기본적으로 결점이 있고 비난받아 마땅하다고 여긴 것이다. 그런데 자신을 더도 말고 덜도 말고 인간으로 바라봄으로써 자신을 더 수용하는 발전을 이룰 수 있었다. 그 결과 더 큰 자기공감과 자기관용을 지니게 됐다.

다음 과제를 하면 친구에게 하듯 자신에게 다가가는 데 도움이 될 것이다.

○ 자기 자신의 단짝 친구 되기

다음 사항을 따라 하면 자기수용 능력을 더 끌어올릴 수 있다.

● 당신이 힘들어하면서 자기비판적인 상태가 되는 것과 비슷한 상황에 있는 친구를 한 명 떠올려본다 만일 비슷한 상황이 생각나지 않는다면 그냥 상상해보자.

● 자신의 반응에 주목한다 자기가 친구의 반응에 대해서는 '그

저 인간적인 것'이라며 이해하려 하고, 그래서 그 고통 또한 얼마
나 공감하고 너그럽게 바라보는지 살펴보자. 만일 자신이 공감
이 아니라 비판적인 태도가 된다면, 더 시간을 들여서 친구가 어
떤 경험 때문에 이 상황에서 이런 반응을 하게 됐는지 이해하려
해보자.

● 같은 시각으로 자신을 바라보려 해본다 자신에 대해 조금이
라도 더 공감과 관용이 생기는 변화가 있다면 주목해보자.

자기 자신을 더 받아들이려면 훈련이 필요하다. 때로는 제법 수
월하겠지만 때로는 잘 안될 수도 있다. 그래도 인내를 지니고 계
속하자. 그러면 궁극적으로 자기 느낌을 받아들이고, 자신의 행
동과 고통을 이해하며 거절당했다는 기분에 대해서도 더 건설적
으로 반응하게 될 것이다.

만약 노력을 기울여도 자신에 대해 공감하기 어렵다면 STEAM
의 다양한 영역에서 기본적인 자기인식을 더 개발한 다음 자신에
대한 접근을 다시 시도해보자.

자기 자신을 외부에서 바라보기

거절에 대한 특별한 기억으로 쉽게 압도될 때는 자신을 외부에서 바라보면('친구를 대하듯 자신을 대하기' 단락에서 했듯이) 회복탄력성을 더 기를 수 있다. 자신의 감정에 대한 저항력을 높일 뿐 아니라 그 강도 또한 완화할 수 있다.

감정이 견딜 수 있는 범위를 넘어서며 생기는 어려움을 간과해선 안 된다. 만일 2장의 '자기 내성의 창 안에 머물기' 단락을 아직 읽지 않았거나 기억이 잘 안 난다면 다시 읽고 돌아오기 바란다. 그 단락에는 거절당했다는 기분에 압도될 때 자기 신체가 반응하는 다양한 방식이 소개되어 있다.

다음 과제에서는 거절로 인한 고통스러운 기억을 외부에서 바라보는 방법을 익힐 수 있다. 자신의 감정을 더 잘 받아들이고 내성의 창을 확장하는 데 도움이 될 것이다. 이는 고급 단계의 과제이므로 자신이 감각, 생각, 감정, 행동 영역에서 인식을 높이는 작업을 어느 정도 했는지부터 확인하기 바란다. 또한 이 과제를 수행함으로써 어떤 감정이 일어날 수 있으므로 2장의 '스스로 마음을 가라앉히는 법'과 '마음챙김 명상법' 단락을 간단히 훑어보면 좋을 것이다. 이 두 단락에는 자기 내성의 창 안에 머물거나, 창 밖으로 내쳐졌을 때 되돌아가는 방법들이 제시되어 있다.

○ 마음속에 영화 그려보기

이 과제에서는 거절당해 힘들었던 기억에 대하여 마음속으로 영화를 보러 간다. 극장에 가는 것처럼 영화를 보고 그 안에 빠져들 수 있지만, 실제로 그 이야기 속에 있지는 않다는 편안한 의식을 지니면 된다.

● 어떤 일에 대한 영화를 보고 싶은지 정한다 이미 발생한 일이어도 되고, '상사가 인사고과에서 나쁜 점수를 줄까 봐 걱정된다'와 같이 앞으로 일어날 법한 상황이어도 상관없다. 자신에게 도전이 되는 것이 중요하지만, 그렇다고 내성의 창 바깥으로 자신을 너무 몰아붙이지는 않도록 주의한다. 이 과제를 수행하면 자기 경험을 더 잘 받아들이는 방법을 익힐 수 있다.

● 시작할 준비가 되면 방해받지 않을 수 있는 조용한 장소에 앉는다 편안하게 자리 잡은 후 눈을 감는다. 몇 번 심호흡을 한다. 코로 숨을 들이마시고 입으로 내쉰다. 숨을 들이마실 때보다 내쉴 때 시간을 더 길게 한다.

● 극장에 와 있다고 상상한다 영화 재생은 자기 담당이므로 스스로 내성의 창 안에 머물도록 할 수 있다. 영화를 잠시 멈추거나 소리를 없앨 수 있으며 심지어 흑백 화면으로 상영되게 해서 경험의 강도를 완화할 수도 있다. 이 모든 것의 핵심은 자신이

그저 마음의 눈으로 이 영화를 보고 있음을 기억하는 데 있다. 이 과제의 목표는 자극이 일어나도록 영화에 충분히 몰입하되, 지나치게 빠져버리는 바람에 자기 내성의 창 바깥으로 나가지는 않는 것이다.

이 과제를 계속 반복한다. 강도를 점차 높여서 최고 강도로 자기 내성의 창 안에 머물면서도 영화를 다 볼 수 있을 때까지 반복해서 관람한다.

거절에 대한 더 크고 전반적인 회복탄력성을 기르기 위해 거절 당한 다른 사건들에 관해서도 이 과제를 계속하자. 그러나 만약 그런 기억이 자기 삶에 방해가 되거나, 조정하기에 너무 강렬하거나, 과제를 수행하기에 너무 힘든 것이라면 상영을 중단하자. 기억이 자기 삶에 엄청난 방해가 되고 자신을 힘들게 한다면 그에 대처할 수 있도록 도와줄 치료 전문가를 만나길 권한다.

나는 나로 충분하다

당신은 자신이 뭔가 기본적으로 잘못됐다는 생각으로 매우 괴로울지도 모른다. 외모나 지적 능력 또는 확실히 말하기 어려운 문제에서의 어떤 단점에 지나치게 집중하기 때문일 수도 있다. 문제가 무엇이든 자신이 그런 결점 때문에 다른 사람들과 동등하지 못하다는 느낌이 너무 강하기에 자신이 거절당하는 거라고 확신하게 되는 것이다.

하지만 만일 당신이 틀렸다면 어떻겠는가? 기본적으로 다른 사람들과 조금도 다를 바 없다면 어떨까? 당신한테 결점이나 약점이 전혀 없다는 말이 아니다. 다른 이들도 그 정도의 결점은 모두 가지고 있다는 얘기다. 그리고 어쩌면 단지 당신이 당신 자체라는 점에 가치가 있는 것일 수도 있다. 수긍이 되지 않는가? 다음 내용을 상상해보자.

당신은 집 앞 공원의 나무 아래 앉아 있다. 초등학생 몇 명이 놀이터에서 재미나게 놀고 있다. 당신은 아이들이 뛰어다니고 그네를 타며, 미끄럼틀을 내려오는 모습을 바라보며 미소를 짓는다. 그때 따로 떨어져 벤치에 앉아 있는 한 소년이 눈에 들어온다. 당신은 그 소년이 다른 아이들을 열심히, 간절하게, 그리고 어딘가 불편한 심경으로 지켜보고 있음을 알게 된다. 당신은 그 아이가 다른 애들과 어울려 재밌게 놀고 싶어 하면서도 놀림받거나 무시당할까 봐 두려워한다고 생각한다.

이럴 때 당신은 그 소년에 대해 어떤 기분이 들까?

그 아이가 가치 없고 쓸모없다고 판단할까? 소년이 얼마나 무능한 패배자인지를 생각하게 될까? 아니면 아이의 내적 고통을 애처로워하며 그가 두려움을 극복하고 다른 아이들과 어울리기를 바랄까?

당신의 반응이 그 소년도 다른 애들과 어울려 놀길 바라는 것이라면, 그 소년이 자기 '할 일'을 하거나 사회적으로 어울리는 모습을 보여주지 못한다 해도 그 아이에게 타고난 가치가 있다고 여기기 때문이다. 당신은 그 소년에 대해서 그럴 만한 가치가 '있는지' 전혀 알지 못하는데도 그를 훌륭하다고 바라보고 있다. 사실 모든 사람이 이와 같은 '타고난' 가치를 지닌다. 당신도 예외가 아니다.

당신은 이런 사실에 대해서 이해하고 동의까지 하면서도 자신에게 적용하기는 힘들어할지도 모른다. 그래도 괜찮다. 만일 이런 상상으로 자기 가치의 가능성에 마음을 열게 될 뿐이라 해도, 이미 그것만으로도 커다란 수확이다. 가끔 이 작은 소년의 이미지를 다시 떠올리며 자신의 가치에 담긴 뜻이 무엇인지 생각해보기 바란다.

이와 유사하게 당신이 다른 이들의 고통과 어려움에 대하여 저절로 배려심이 생기는 때가 언제인지 주목해보자. 당신은 상사에게 비판적인 말을 듣고 속상해하는 동료 등 자신이 직접 소통하는 사람에 대해 그런 반응을 보일 수도 있다. 아니면 뉴스에 나오는 난민이나 차를 타고 지나치다 우연히 보게 된 병원의 아픈 사람들과 같이 자신과 더 먼 관계인 사람들에 대해서도 생각해볼 수 있다. 이때 당신의 배려심이 그 사람들이 세상에 어떤 공헌을 해서가 아니라, 다 같은 인간이라는 연대 의식에서 나왔다는 사실을 생각하기 바란다.

상처에서 아름다움 발견하기

그저 존재하기 때문에 가치가 있다는 생각은 특히 마음에 상처를 받았을 때 받아들이기가 더 힘들 수 있다. 마찬가지로 자신이 이룬 것이 별로 없다고 인식하고 있을 때는 자기 가치가 자신이 이룬 것에 기초한 것이 아니라는 말을 완전히 받아들이긴 어려울 것이다. 이렇게 파악하기 힘든 개념의 예를 보기 위해 '긴쓰기金継ぎ'라는 예술 형식을 생각해보자.

긴쓰기는 깨진 도자기를 금이나 다른 귀금속을 이용해 다시 이어 붙이는 일본식 예술이다. 이렇게 고친 물건이 미학적으로 매력 있기도 하지만, 이것의 진정한 아름다움은 사람들이 그것을 어떻게 이해하느냐에 있다. 즉, 아름다움은 세월에 따라 생길 수 있는 손상을 포함하여 도자기의 수명에 가치를 두는 데 있다는 것이다.

이처럼 정말 자신을 가치 있게 생각하기 위해서는 반드시 자기 삶의 여정을 소중하게 여겨야만 한다. 어머니들은 임신했을 때 생긴 튼살을 바라보고 미소짓는다. 어린 시절 학대를 겪은 사람들은 다른 이들의 동일한 고통에 민감할 수 있음에 감사하면서 자기가 걸어온 길을 가치 있게 여긴다. 매년 미국인들은 워싱턴에 있는 알링턴 국립묘지에 가서 참전 용사들을 기리며 묵념을 하는데, 이 역시 어렵게 얻은 조국의 독립을 소중히 여기는 것이다. 여기서 중요한 점은 상처와 결함을 자기 인생의 일부로 인정한다는 말이 자신이 겪은 고통을 행복하다고 느껴야만 한다는 의미가 아니라는 것이다. 그보다는 자신의 고통을 극복한 힘을 인지하고, 그 과정에서 얻은 교훈에서 가치를 찾으며, 그동안 성장시킨 회복탄력성에 감사하는 것이 진정한 의미다.

○ 자신의 아름다움 발견하기

자신이 겪은 고통을 다르게 이해하는 법을 배움으로써 상처에 대한 자기인식을 새롭게 바꿀 수 있다. 이를 위해 다음 세 단계를 따라가 보자.

● 할 만하다고 여겨지는 일에 도전해본다 가치 있게 되려면 무언가 특별해야 한다는 믿음에 대해 다시 생각해보기 바란다. 다른 이들에게 받아들여지고 사랑받을 가치가 있으려면 돈도 잘 벌어야 하고, 매력적이고 활달해야 하며, 날씬하고 호리호리한 체형에, 운동 신경도 뛰어나고, 여러 방면에 재능을 갖춰야 하는 등 당신이 '기정사실'이라고 여겨온 것들을 다시 생각해보자.

● 자신의 한계나 약점 또는 실패까지 의식적으로 받아들이는 훈련을 한다 특별해져야 한다는 자기 믿음이 '잘못된 것'임을 인정하면, 자신이 결점으로 인식한 부분이 타인에게 거절당하는 타당한 이유가 아닐 수도 있다는 가능성을 발견하게 된다.

● 자신을 있는 그대로 받아들이고 감사하게 여긴다 자기 결함을 받아들인다는 것이 무엇을 의미하는지 생각해보자. 그럼에도 여전히 개인으로서의 가치를 지닐 수 있는가? 혹시 그 '결함' 때문에 오히려 어떤 면에선 더 가치 있다고 여기게 되진 않을까?

자기의 모든 면에 대해 자기수용 훈련을 함으로써 치유의 기회를 만들어낼 수 있다.

긍정적인 자아상을 가지면, 자기 자신은 물론 타인에게 거절당하는 것에 대한 민감함을 극복하는 단계로 나아갈 수 있다. 시스템

분석가인 앤드루가 자기 상처에서 어떻게 아름다움을 발견하는 법을 배웠는지 살펴보자.

● **할 만하다고 여겨지는 일에 도전해본다** 앤드루는 자신이 스스로 가치를 얼마나 끌어내리려 했는지 따져보기 시작했다. 문제가 되는 관계나 실질적인 사안을 해결하지 못할 때마다 자존감이 순식간에 곤두박질치고 결국 우울로 치달았다는 걸 알 수 있었다. 그는 다른 사람들이 자신에게 친구로서의 자격이 없다고 할까 봐 두려워서 스스로 고립되려 했다.

● **자신의 한계나 약점 또는 실패까지 의식적으로 받아들이는 훈련을 한다** 앤드루는 모든 상황이나 문제를 해결해야 한다는 자기 생각을 찬찬히 들여다봤다. 그 과정에서 전지전능해야 한다는, 불가능한 요구를 자신에게 해왔음을 깨달았다. 그리고 이런 점을 이해하고 나니 바꿀 수 없는 상황에 대해 우울하고 무기력해졌던 자기 기분을 더 잘 인식할 수 있었다. 그는 무력한 기분이 들면 반사적으로 자신에 대해 부정적인 생각을 하게 되는 점 또한 자세히 살펴보기 시작했다.

● **자신을 있는 그대로 받아들이고 감사하게 여긴다** 앤드루는 이제

자신의 명확한 사고력과 문제 해결 능력, 다른 이들에 대한 배려심에 감사할 수 있게 됐다. 친구들을 웃게 하는 약간 엉성한 면까지도 마음에 들었다. 앤드루는 스스로 만족하고 다른 이들이 자신을 좋아하게 만들기 위해 반드시 자기가 '모든 것을 알아야 하는' 건 아니라는 사실을 깨달았다.

도움을 청할 용기

재닌에게 자신이 열등하다는 건, 마치 비가 오면 우산을 쓰는 것처럼 너무나 당연한 사실이었다. 이런 말은 아무에게도 하려 하지 않았지만, 직장에서 큰 고객을 잃은 일로 의기소침해져서 베스에게 푸념하듯 말했다.

"난 정말 왜 이렇게 못났을까. 이 일도 내가 망쳐버린 게 틀림없어. 이런 말 하면 너무 한심해 보이겠지만 난 내가 너무 낙오자 같아서 나랑 어울려주는 사람이 있는 것만 해도 다행이라고 생각해. 정말 너무 외로워."

재닌은 내심 베스가 이제 다시는 자기와 말도 하지 않을 거라고 생각했다. 그러나 그때 놀라운 일이 벌어졌다.

"재닌, 너 낙오자 아니야. 네 기분이 어떤지 잘 알아. 나도 늘

내 인생은 왜 이렇게 제자리걸음일까 싶거든. 그래서 나도 두렵
고 너무 외로워."

베스도 자기 문제를 재닌에게 들려주었다. 그들이 대화를 마쳤
을 때 둘 다 조금은 덜 외롭고 덜 절망적이라고 느꼈다.

약해 보이거나 도움을 청하면 다른 이들이 떠날까 봐 두려워하
는 이들이 많다. 그렇지만 누구에게나 때로는 도움이 필요하다. 이
는 너무나도 인간적인 면이다. 자신의 힘든 점을 인정하는 데 용기
가 필요했듯, 혼자 들기에 너무 무거운 짐을 함께 들어줄 상대를 찾
는 데에도 용기가 있어야 한다.

만일 당신이 누군가에게 도움을 요청하려 한다면 누구에게 그
런 부탁을 할지 현명하게 선택하기 바란다. 당신도 자신을 지지해
주고 배려해주는 신뢰할 만한 사람에게 얘기하고 싶을 것이다. 감
정적인 문제를 의논하는 동안 차분함을 유지할 수 있는 사람들이
아무래도 당신 마음을 가라앉히는 데에도 더 도움이 될 것이다. 그
들이 당신에게 안부 전화를 하는 등 도움이 되려 하는지 또한 살펴
보기 바란다. 그리고 이런 정보로 그들에게 '어떻게' 도움을 구할지
잘 생각해보면 좋을 것이다.

● **적당한 시간을 정한다** 예컨대 정신없이 바쁜 친구에게 도와달

라는 말을 하고 싶진 않을 것이다. 말하기 적당한 상대를 찾았다면, 본론에 들어가기 전에 괜찮은지 한 번 더 확인하는 것이 좋다.

● **당신이 원하는 것이 무엇인지 얘기한다** 사람들은 자신에게 바라는 것이 무엇인지 알 때 가장 많은 도움을 줄 수 있다. 그러므로 자신이 기대하는 것이 정서적 지지인지, 조언이나 실질적인 도움 또는 그 밖의 무엇인지를 가능한 한 명확히 밝혀야 한다.

● **대화하며 자신에게 맞는 역할을 한다** 명료하게 사고하기에 정서적으로 너무 버거운 상태라면, 그저 자기 이야기를 터놓는 것도 좋다. 그 과정에서 친구가 보내는 지지에는 마음을 열자. 만약 조언을 기대한다면 친구의 말을 진심으로 귀 기울여 듣고 함께 해결책을 찾자. 자신이 요청한 도움에 더 마음이 열려 있을수록 당신의 친구도 계속 도와주고 싶어 할 것이며, 둘 모두에게 더 좋은 경험이 될 것이다.

● **마지막으로, 잊지 말고 당신 친구에게도 도움이 필요할 때 함께 해준다** 친구의 문제가 당신 것과 다를 수 있지만, 그에게도 틀림없이 어려운 점이 있을 것이다. 그 고민을 잘 듣고 지지해주자. 그렇게 하면 기분이 좋아질 뿐 아니라 이따금 도움이 필요할 때 자신이

혼자가 아니라는 점을 실감하게 된다. 그리고 힘들 때 서로 의지할 수 있는 관계를 다져놓으면, 타인이 자신과 정서적으로 함께해준 다는 대상 표상을 형성할 수 있다. 이런 변화는 더 안정적인 애착을 맺게 하고 거절당했다는 느낌이나 그 두려움을 줄여준다.

자기비판에 대한 고통으로 마음이 버거울 때는 의식적으로 내 적 자원을 찾고 외부의 도움을 구하자. 자기 자신에 대해 공감하고 수용하기 위해 STEAM을 통해 얻은 인식을 활용하자. 자기수용 능 력을 키우면 자기관용 능력도 커질 것이며, 그런 자원을 개발하는 일에 마음이 더 열리게 된다. 이어지는 장에서 이 주제를 깊이 논하 고자 한다.

Chapter 9

.
.
.

타인을 대하듯
나에게도 너그러워지기

　　　　　　　　：
　　　　　　　　：

"사랑해."

채드가 린다와의 통화를 마치며 부드럽게 말했다. 린다가 어머니의 뇌졸중 치료를 돕는 동안, 채드는 '린다는 나를 사랑해'라는 문구를 마음속에 되새기며 그녀에게 거절당할 거란 두려움을 의식적으로 억누르고 있었다. 그는 자기인식을 통해 현재에 머물도록 안간힘을 썼다.

'린다를 잃을까 봐 두려워서 가슴까지 두근거려. 린다가 오랜 친구 로브한테 관심 있는 건 아닌지 모르겠어. 계속 로브 이야기만 하니 말이야. 아, 이제 그만하자. 내 과거 경험으로 생긴 거절에 대한 두려움 때문에 린다가 나를 떠날 것으로 생각하는 거잖아. 나도 린다하고 얘기하고 나서 이게 다 사실이 아니라는 걸 알게 됐다고.' 채드는 다시 안심했다. '린다는 자기가 날 사랑한다는 걸 늘 알려주잖아.'

그는 이런 생각을 거치자 마음이 침착해졌다. 그러나 그때 다시 두려움이 엄습했고, 그 두려움은 주기적으로 반복됐다.

'제기랄! 도대체 난 왜 이러는 거지? 이렇게 아무것도 아닌 일로 난리를 치다니. 난 진짜 구제 불능이야. 계속 이런 식이라면 린다를 잃어도 싸!'

채드는 자신의 힘든 점을 더 잘 이해하게 돼 진전을 보이면서도 자신을 꾸짖는 바람에 고통을 더 키우고 말았다. 그런데 린다에게는 너그러운 반응을 계속 보였다는 점은 주목할 만하다. 그는 린다가 어머니 때문에 슬퍼한다는 것에 마음이 아팠고, 그래서 그 고통을 덜어주기 위해 무엇이든 하고 싶어 했다. 채드가 만일 자신에 대해서도 비슷하게 너그러운 마음이었다면, 열심히 노력했는데도 거절에 대한 두려움을 떨치지 못한 자신의 어려움을 알아차릴 수 있었을 것이다. 그러면 채드도 이렇게 확신했을 것이다.

'그래, 린다를 잃을까 봐 두려운 것도 당연하지. 그녀와 오래 떨어져 있었던 데다 이제는 언제 다시 만날지 알 수 없는 상황이잖아. 두려움에 과잉반응하지 않게 됐으니 많이 발전한 거지만, 그래도 화가 날 수 있지. 나를 충분히 이해해. 다른 누군가가 이런 상황에 있다면 나는 그 사람이 왜 힘들어하는지 이해할 수 있을 거야. 그러니 나도 똑같은 배려를 받을 가치가 있어. 이제 계속 시간을 들여서

이 문제를 생각해보고 나와 린다의 관계가 단단하다는 사실을 믿어야겠어.'

자기 고통을 완화하고 싶은 마음과 자기 경험에 공감하는 자세를 지니고, 자신을 너그러운 시각으로 이해하고 다가가는 법을 익히면 너그러운 자기인식을 기를 수 있다. 이런 기술을 익히면 때로 자기비판적으로 되고 정서적인 고통에 길을 잃으려 할 때도 거절로 인한 괴로움을 극복하는 방향으로 나아갈 수 있다.

너그러운 자기인식을 지니려면 우선 STEAM 영역을 통해 자기인식을 높여야 한다. 그러면 자기공감을 높이고 자기관용의 또 다른 필수 요소인 자기수용이 가능해진다. 그런데 이 과정이 어렵다면 8장에서 소개한 방법대로 자기수용 능력을 키울 수도 있다.

마지막으로 언급할 것은 자신을 친절하고 배려 있게 대해야 한다는 점이다. 즉, 자신이 고통을 겪고 있으며 그 고통을 멈추고 싶어 한다는 사실을 정서적으로 배려하는 마음으로 자기 고통에 반응해야 한다는 것이다.

자기관용과 너그러운 자기인식이 어떻게 다른지 의아해할지도 모르겠다. 이 두 가지 개념은 매우 유사하지만 주안점을 두는 부분이 다르다. 우선 자기관용은 고통과 괴로움을 당할 때 자신을 친절하게 대해야 한다는 점을 강조한다. 또한 자기 경험을 인식하며 공감하는 자세로 이해함을 의미한다. 한편, 너그러운 자기인식은 '너그러운'이라는 단어가 인식의 질을 나타내는 만큼, 인식한다는 데 더 중점을 둔다. 즉, 고통스럽고 괴로울 때 '공감하면서 자기인식을 한다'는 점을 부각한다. 그러면 이를 통해 자기 자신을 친절하고 너그러이 대하게 된다.

사람들은 힘든 일을 겪을 때 자신에 대해 따뜻한 자세를 지님으로써 자기관용을 효율적으로 실천하곤 한다. 그러나 부정적인 자기인식에 충분히 다가가지 못하는 사람들이 많다. 그럴 경우 자기관용을 제대로 시도하기 힘들어진다. 자기 경험에 중심을 두지 못하므로 자기인식이 부족해지며, 그래서 자신을 충분한 배려와 친절로 대하기도 어려워지는 것이다. 이럴 때는 자기관용으로 나아가기 위한 자기인식에 집중해야 한다. 예를 들어 채드가 린다와의 관계에서 이룬 개인적인 성장을 생각해보자.

만약 린다가 채드와 사귀기 시작한 초반에 어머니를 간호해야 했다면, 채드는 거절당했다는 느낌에 더 쉽게 사로잡혔을 것이다. 채드가 자기 기분에 대한 균형감을 아직 얻지 못해서 자기관용 또한 조금도 지니지 못한 상태였기에 그의 반응 또한 달랐을 것이다. 그러나 그들 관계가 어느 정도 지속되고 채드가 자기인식을 더 많이 하게 된 후에는, 채드가 자신의 반응을 더 잘 이해할 수 있게 됐다. 또한 그 반응에 더 휩쓸리지 않고 바라보면서 나아가 공감도 할 수 있게 됐다. 이로써 더 큰 자기관용에 마음이 열렸으며, 적어도 그에 대해 조금은 기대하는 마음을 지니게 됐다.

이번 장에서는 다른 장들을 통해 발달시킨 자기인식과 자기수용에 자기친절을 추가하는 데 집중하고자 한다. 첫 번째 단락에서는 자기관용의 이점을 살펴볼 것이며, 다음 단락에서는 사람들이 관용에 대한 반응으로 겪는 흔한 어려움을 다루려 한다. 그리고 이어지는 단락들에서는 어떻게 하면 자기 자신에게 의식적으로 더 친절하고 너그러워질 수 있는지 알려주고자 한다.

나를 긍정하는 자기관용의 힘

관용이 무엇인지 더 잘 이해하면 거절에 대한 민감함을 어떻게 극복할지 더 잘 알게 된다. 불교적 사고에서는 관용이 깨우침을 얻기 위한 필수 요소로 여겨져 왔지만, 서구의 치료법에서는 관용이 지닌 성장과 치유로서의 중요성만 가정하거나 암시해온 경향이 있다. 최근에는 이 관용이라는 개념에 관심이 커지고 있으며 그에 따라 많은 연구가 이뤄지고 있다.

이미 아는 내용이거나 이 책을 읽으며 알게 됐겠지만, 개인이 어떤 삶을 살아왔는가 하는 점은 그 사람이 자신 또는 다른 이들과 어떤 관계를 맺는가에 막대한 영향을 끼친다. 영국의 임상심리학자 폴 길버트Paul Gilbert는 여기서 한발 더 나아갔다. 그는 연구를 통해 사람들이 어린 시절에 겪는 경험과 애착 유형에 따라서 자기 마음을 달래고 진정시키는 능력이 좌우되며, 심지어는 수치스러워하고 자기비판적인 성향이 될 수 있음을 발견했다. 다행히 이런 사람들도 관용의 속성과 기술을 익히면 따스한 마음과 안전하다는 느낌을 발달시킬 수 있다. 길버트의 연구에서는 관용을 개괄적으로 다루고 있지만, 자기비판과 자기관용의 중요성은 상세히 설명했다.

흥미롭게도, 심리학자이며 자기관용 연구가인 크리스틴 네프가 길버트가 말한 관용의 속성과 맥을 같이하는 자기관용의 세 가지 주요 요소에 대한 증거를 발견했다. 이 요소들은 너그러운 자기인식을 이루는 성분들과 유사하다. 마음챙김(자기인식과 비슷하다)과 보통의 인간다운 면(자기인식 및 정신화와 관련 있다), 자기친절이 여기에 해당한다. 그러므로 자기관용이 너그러운 자기인식과는 다르지만, 네프의 연구가 너그러운 자기인식의 개념에 영향을 미치고 겹쳐진다는 걸 알 수 있다.

자기관용과 애착 유형을 살펴보면 이 두 가지가 확실히 서로 영향을 미친다는 점을 확인할 수 있다. 자기관용을 늘림으로써 상대적으로 안정형 애착을 더 잘 형성하고 거절에도 덜 민감해질 수 있다. 더 높은 자기관용과 안정형 애착을 지니면 다른 여러 면에서도 도움이 된다(Neff and McGehee 2010, Wei et al. 2011, Barnard and Curry 2011, Hazan and Shaver 1987, Mikulincer and Shaver 2007). 예컨대 다음 사항들이 향상된다.

- 긍정적인 기분
- 자기수용 능력
- 삶의 만족도
- 성실성
- 사회적 연대감
- 만족스럽고 건강한 이성 관계
- 효율적인 스트레스 관리 능력
- 행복감

자기관용을 키우면 속상할 때 마음을 가라앉히고, 다른 이들이 위안을 줄 때 그 위안을 받아들이며, 무시당하고 거절당하는 등 스트레스를 받는 상황에 대한 회복탄력성을 기름으로써 앞에 열거한 강점들을 만들어낼 수 있다.

자신에게 관대해지는 건 이기적인 게 아니다

'자기관용'이란 단어를 들으면 어딘가 꺼려져 한발 뒤로 물러나거나 벽을 쌓게 되는가? 만약 그렇다고 해도 걱정할 필요 없다. 많은 사람이 다양한 이유로 자기관용을 잘못 이해해서 그런 반응을 보인다(Neff and Germer 2017, Barnard and Curry 2011). 다음에 제시한 오해를 하나씩 읽어보면서 그런 생각을 일으키는 요인들을 함께 살펴보자.

● **자신에게 관용을 보이는 것은 자기중심적이라는 의미다?** 스스로를 돌보는 일을 자신을 우주의 중심으로 여기는 것이라며 우려하는 이들이 많다. 그러나 사실 다른 이들을 계속 챙길 수 있으려면 자신부터 소중히 여겨야 한다.

비행기가 이륙하고 안정을 찾으면 승무원이 산소마스크 사용법과 안전 수칙을 알려준다. 이때 승무원은 긴급 상황에서 마스크가 내려오면 보호자 자신이 먼저 착용한 후 어린아이나 도움이 필요한 사람을 도우라고 안내한다. 그 이유는 산소 부족으로 자신이 위험해지면 다른 사람을 도울 수 없기 때문이다. 일상에서도 마찬가지다. 남을 돌보려면 우선 자신을 돌봐야 한다는 점을 기억하자.

건강에 좋은 음식을 적당량 먹고, 운동을 하고, 잠을 충분히 자는 것과 같은 기본적인 자기 관리를 소홀히 여기는 사람들이 있다. 심지어는 남을 돌보기 위해 자신이 좋아하는 것을 모두 포기하는 이들도 있다. 이렇게 자신을 돌보지 않으면 에너지가 떨어지고 자기 자신이나 다른 이들을 신경 쓰는 능력에도 한계가 생긴다. 또한 자신에 대해 부정적으로 느끼거나 다른 이들에게 화가 날 수도 있다.

- 자신을 너그럽게 대하는 일이 이기적인 것 같아 걱정된다면, 자기 경험을 무시하고 거부하려 했을 때 자신에게 어떤 영향이 있었는지 생각해보자. 그다음엔 자기에게 더 주의를 기울인다면 타인과 함께해주는 능력에 어떤 영향이 있을지 생각해보자.

● **자기관용은 자기연민과 같은 것이다?** 이 두 가지 개념은 매우 다르다. 둘 다 자기 자신에 초점을 두지만 크리스틴 네프가 보통의 인간적인 면(모든 사람이 원래 불완전하며 고통스러운 정서적 경험을 지닌다는 것)에 해당하는 것은 자기관용뿐이라고 한 데서 그 차이를 발견할 수 있다.

자기연민은 이렇게 말한다.

'또 거절당했군. 난 쓸모 없고 한심한 인간이야. 내가 뭔가 잘못된 거야.'

그에 비해 자기관용은 이렇게 얘기한다.

'또 거절당했네. 이렇게 마음이 아프긴 하지만 다른 사람들도 거절당한다는 걸 알아. 그저 인간이면 다 겪는 일인걸.'

자기연민으로는 자신이 못나 보이고 혼자인 것 같은 반면, 자기관용을 통해서는 자기 경험을 인간적인 것으로 받아들일 수 있다.

즉 자기관용에 따르면 어떤 기분이 들 때 혼자만 그런 것이 아니며, 그런 기분을 느낀다고 해서 한 개인으로서 부정적인 의미를 지니는 건 아니라는 것이다.

- 자기연민이 될까 봐 자기관용이 계속 꺼려진다면, 자신이 겪고 있는 어려움 중에 보통의 인간적인 면이 있는지 찾아보자. 다른 이들도 거절로 인해 고통받는다는 점을 기억하라.

● **자기관용이 있으면 내가 게을러질 것이다?** 내가 맡은 환자들은 자기관용을 지니게 되면 '자신을 너무 풀어주게' 될 것 같다고 말하곤 한다. 그들은 더 엄격하고 자기비판적인 자세를 포기하면 게으른 실패자가 되어 누구도 옆에 있지 않으려 할까 봐 두려워한다.

자기비판을 통해 더 열심히 일하게 될 때도 있겠지만 자신에 대해 기분이 안 좋아질 수도 있다. 이런 경우 일을 성취하는 차원에서 성공을 즐기기보다는 아예 포기하게 될 때가 많아진다. 반면, 자신을 부드럽게 응원할 때는 상황 때문에 속상할 때조차 자신에 대해 좋은 기분을 유지할 수 있다. 그러면 계속해서 관계로 인한 문제를 개선하고 자신에게 중요한 일에 신경 쓸 만큼 내적 힘을 더 많이 지닐 수 있다.

- 이런 사고방식은 확고하게 자리 잡은 것이어서 바꾸려면 시간과 끈기가 필요하다. 계속해서 정신화하는 능력을 기르고 자

기수용 능력을 발달시키자. 7장의 '완벽주의자의 딜레마' 단락을 다시 살펴보면 더 도움이 될 것이다.

● **나는 관용을 누릴 자격이 없다?** 자신이 보잘것없고 무능하다고 느껴 자기관용을 거부하는 사람들이 있다. 때로 다른 이들이 자신을 중요하지 않은 사람으로 대한다고 화를 내면서도 자신은 스스로 소중하지 않게 여기는 것이다. 이들은 마음속으로 자신이 친절과 이해를 받을 자격이 없다고 생각한다. 그렇게 상처받으면서도 자신이 다른 이들에게 거부당하는 것을 당연하다고 느낀다.

- 만일 당신이 이런 어려움을 겪고 있다면 앞의 장들을 다시 살펴보기 바란다. STEAM을 통해 자기수용 능력을 기르며, 이를 위해 스스로 도전하는 것도 중요하다. 8장의 '나는 나로 충분하다' 단락을 다시 보면 특히 도움이 될 것이다. 이런 문제는 보통 시간과 끈기가 필요하니 인내심을 발휘하자. 만약 이 책의 여러 과제를 마치고도 자신이 가치 있다는 생각을 계속 거부하게 된다면, 전문가의 도움을 받아보기 바란다.

내면 여행을 이어가다 보면 자신을 더 잘 이해하고 관용으로 다가간다는 생각에 거부감이 들어 주저하게 될 수도 있다. 이런 거부감이 생긴다면 그 거부감에 대해 좀더 생각해보자. 이 책에서 제안한 방식대로 자신의 정서적 반응에 의문을 지니다 보면, 계속해서 너그러운 자기인식을 개발하면서 더 큰 회복탄력성을 갖추게 될 것이다.

건강한 생활 습관 만들기

재닌은 거절을 두려워하는 많은 사람이 그런 것처럼, 다른 사람들한테 너무 신경을 쓰느라 자신을 제대로 돌보지 못했다. 건강한 생활 습관을 개발하려 한 적도 몇 번 있었지만, 늘 엉망으로 끝나버리곤 했다. 재닌은 바꿔야 하는 방해물이 있다는 생각이 들 때만 어떤 변화를 주고 바뀐 상태를 유지할 수 있었다.

자신의 신체적·심리적 측면을 강화하기 원한다면, 건강한 생활 습관의 핵심 요소를 고려하기 바란다.

- 충분한 수면
- 건강한 식습관
- 규칙적인 운동
- 돈독한 사회적 관계
- 범위가 넓은 어떤 대상과의 관계(예: 종교, 영성, 사회 환원)

• 개인적으로 의미 있는 활동

이런 방식에 신경 쓴다는 것은 자신에게 주목한다는 뜻이다. 따라서 거절당하지 않는 일 또는 자기 가치를 증명하는 데 온전히 빠져 있는 사람들에겐 매우 힘든 일이 될 수 있다. 만일 건강한 생활 습관을 유지하는 데 어려움을 겪고 있다면, 따로 방해받지 않을 시간을 내서 다음 과제를 해보기 바란다.

○ 건강한 생활 습관 만들기

다음 질문들에 대해 생각하고 그 답변을 노트에 적자.

● 나는 왜 변화를 원하는가? 이 질문에 대해 생각하다 보면 자신이 원하는 바에 집중함으로써 더 큰 동기 부여가 될 수 있다. 그러니 잠시 진지하게 생각해보기 바란다.

● 이런 식으로 살려면 내가 무엇을 해야 하는가? 새롭게 건강한 습관을 만들 여유를 지니려면 사는 방식을 바꿔야 한다. 자기 삶에서 어떤 것을 바꿔야 하는지 생각해보자.

● 이런 변화를 겪으리란 생각을 하면 어떤 느낌(또는 관련된 생각)이 드는가? 다양한 기분을 경험할 수 있다. 마음 깊은 곳을 건드리는 어떤 것, 특히 거절이나 버림받음, 무력함 같은 문제가 있다면 더 주목하기 바란다.

● 나는 내 느낌에 대해 어떻게 생각하는가? 자기 느낌을 인식하고 이해한 다음 그에 대해 자신이 객관적으로 어떻게 생각하는지 살펴보자.

● 건강한 생활습관을 만드는 데 방해가 되는 장애물을 어떻게 극복할 것인가? 자신이 원하는 변화를 다시 한번 확인한다. 이런 질문은 단지 현실적으로 필요할 뿐 아니라 자기 느낌을 어떻게 관리하느냐에 대한 문제이기도 하다.

● 이런 변화가 내게 얼마나 중요하며 왜 중요한가? 이 질문에 답하다 보면 동기 부여가 될 수 있다.

● 앞으로의 계획은 무엇인가? 각 단계의 상세한 내용을 포함하고, 정서적인 문제까지 언급하며 구체적인 계획을 적자. '일주일에 한 번'과 같이 정기적으로 살펴보면, 계획이 제대로 진행되고 있는지를 확인할 수 있다. 계획을 잘 따랐을 때 자기 자신에게 보상을 하는 것도 동기 유발에 좋다.

대부분 사람이 건강한 생활습관을 지니는 걸 어느 정도 어려워한다는 점을 기억하라. 그래도 자기 성찰을 하고 계획을 세우면 변화하려는 노력이 성공할 가능성이 더 커진다. 자신의 욕구를 이해하고 받아들이면 그 욕구를 신경 씀으로써 자신에게 더 너그러워질 수 있다. 그리고 이렇게 자기 욕구를 보살피면, 거절 때문에 걱정되는 일이 생겨도 자신에 대해 더 나은 기분을 유지할 수 있다.

건강한 생활습관을 만들기 위해 재닌이 작성한 노트를 참고하자. 재닌은 몇 년간 체중 때문에 힘들어하면서도 건강한 식습관이나 규칙적인 운동을 하는 데 성공하지 못했다. 그녀는 운동에 대한 필요성을 언급하며 다음과 같이 기록했다.

● **나는 왜 변화를 원하는가?** 체중을 줄이기 위해 더 강해지고, 나 스스로 더 행복해지자.

● **이런 식으로 살려면 내가 무엇을 해야 하는가?** 운동을 하려면 출근하기 전에 헬스장에 가야 한다. 그러면 새벽 5시에는 일어나야 한다는 뜻이다. 실제로 이렇게 할 수 있는 유일한 방법은 더 일찍, 저녁 9시 반쯤 잠자리에 드는 것이다. 하지만 지나고 밤마다 통화도 해야 한다. 이 통화를 꼭 해야 하는지 생각해봐야겠다.

● **이런 변화를 겪으리란 생각을 하면 어떤 느낌**(또는 관련된 생각)**이 드는가?** 자야 하기 때문에 통화할 수 없다고 지나한테 말해야 한다고 생각하니 걱정된다. 얼마나 믿기 힘든 말인가? 그렇게 이기적으로 굴 순 없다. 지나는 내가 자신을 저버린다고 생각하고 더는 나와 말도 안 하려 할지 모른다.

● **나는 내 느낌에 대해 어떻게 생각하는가?** 지나라는 친구를 잃을 수 있다고 생각하면 나는 겁에 질리고 만다. 정신을 바짝 차려야 한다. 이런 두려움은 말도 안 된다. 머릿속으로는 지나가 이런 일로 날 떠나지 않으리란 사실을 안다.

● **건강한 생활습관을 만드는 데 방해가 되는 장애물을 어떻게 극복할 것인가?** 두 가지 커다란 장애물은 일찍 자는 것과 지나와 통화하지 않는 것이다. 우선, 사실 페이스북을 덜 해야 하긴 하지만 그래도 마음먹으면 일찍 자는 건 할 수 있을 것이다. 그리고 지나에 대해서는 그녀가 날 도와줄 거라 확신한다. 어쩌면 헬스장에 같이 다니자고 말할 수도 있을 것이다. 정말 그렇게 하고 싶다. 아직 지나한테 말하는 일이 염려되긴 한다. 그래도 할 수 있다. 며칠 내로 지나한테 얘기해야겠다.

● **이런 변화가 내게 얼마나 중요하며 왜 중요한가?** 난 정말 건강해지고 싶고, 건강해진 기분을 느끼고 싶다. 계단도 헉헉거리지 않고 쉽게 올라가고, 옷도 한 치수 작은 걸 입을 수 있다면 기분이 정말 좋을 것이다! 이런 생각을 하면 확실히 운동을 하고 싶어진다.

● **앞으로의 계획은 무엇인가?** 재닌은 너무 걱정돼서 계획을 쓰기 전에 지나에게 먼저 사정을 얘기했다. 그녀는 지나가 같이 헬스장에 가겠다고 해서 몹시 놀랐다. 재닌은 이제 일찍 잠들고 일주일에 네 번 헬스장에 갈 계획을 노트에 기록했다. 그녀의 노트는 이렇게 마무리된다. '이렇게 되다니 정말 기쁘다. 매주 금요일마다 일주일 간 약속을 지킨 일을 축하하기 위해 지나와 함께 저녁을 먹기로 한 일도 너무 신난다!'

온전히 나를 받아들이는 자기인식의 힘

자기인식을 하면 자신을 이해하고 자기 내면의 경험과도 연결된다. 이런 경험을 충분히 하면 그 경험에 공감하게 된다. 그 결과 자기 경험이 고통스러울 때 자신을 거부하지 않고 더 너그러이 대할 수 있다.

너그러운 자기인식은 이렇게 자기 마음을 보살피며 그에 연결되는 것이다. 마치 꽃봉오리 안에 있던 아름다움이 꽃으로 실현되듯, 자기 안에 이미 있던 아름다움이 현실화하는 것이다. 자신이 너그러운 자기인식을 경험하고 있다는 사실을 아는 건 자연스럽게 '물론 나는…'이라고 말하게 될 때일 것이다.

"조금 늦게 8시에 만나도 될까? 도나랑 좀더 얘기할 게 있어서."

린다로부터 전화가 와 약속을 조금 늦추자고 했다. 채드는 심장이 갑자기 심하게 두근거렸으며 숨을 들이마시는데도 무거운 것을 들어 올릴 때처럼 힘을 들이고 집중해야 했다. 완전히 패닉 상태에 빠져버리려던 순간 정신이 번쩍 들었다. 지금껏 해온 자기인식 작업 덕분이다. 채드는 무슨 일이 일어나고 있는지 깨달았고 안심했다.

'린다는 날 떠나려는 게 아니야. 그냥 도나랑 얘기할 시간이 더 필요한 거야. 그러고 나서 나랑 만나려는 거지. 내가 이렇게 과잉반응하다니 믿을 수가 없군! 나는 늘 내가 린다 마음에 들지 않을까 봐 걱정하지. 이게 다 어릴 때부터 시작된 거야. 나는 절대 형들만큼 똑똑하지 못할 거라고 생각했고 부모님이 나한테 실망할 것 같았어. 더 안 좋았던 건 다른 애들하고 있을 때 고통스러울 정도로 부끄럼을 타서 겉도는 느낌이었다는 거지.

이런 모든 걸 고려하면 내가 패닉 상태가 되는 것도 당연해. 누구라도 내 입장이라면 그랬을 거야. 이렇게 예민한 상태로 지내는 건 고통스러운 일이지. 그렇지만 난 이겨낼 거야. 더구나 린다도 내가 외향적이거나 대단한 사람이길 바라는 게 아니야. 그녀는 늘 날 사랑한다는 걸 보여주거든.'

자신이 거절에 민감하게 행동했던 때를 떠올려보자. 다음 과제가 자신의 그런 반응을 이해하는 데 도움이 될 것이다. 예컨대 성장기에 가족 간의 역학관계에서 영향을 받았음을 깨달을 수도 있다. 또는 친구 사이에서 아니면 지나간 이성 관계에서 어떤 영향을 받았는지 생각해볼 수 있을 것이다. 과거나 현재의 자기 반응이 좋은지 나쁜지를 판단할 필요는 없다. 그저 자신의 반응을 충분히 이해하고 공감하면서 자연스럽게 '물론 나는…'이라고 말하면 된다.

○ '물론 나는…'이라며 자신에게 공감하는 훈련

거절로 힘들어했던 구체적인 일을 떠올려보자. 다음 사항을 따라 하며 자신에게 의식적으로 공감하고 관용을 지니자.

● STEAM의 처음 네 가지 영역에 주목한다 곧바로 각 영역에 접근하는 대신, 시간을 들여 각 경험마다 전반적으로 자기인식을 높이면서 제대로 연결되게 한다.

● 정신화를 통해 자신을 더 잘 이해하고 공감한다 자기인식을 높이는 첫 단계 이후에는 거절로 인한 고통에 대해 관용을 경험하기 위해 자신의 반응을 자세히 살펴보자. 예를 들어 예전의 경험이 어떻게 현재의 반응에 영향을 끼치는지 생각해보자. 만일 당신이 자기비판에 사로잡혀 있다면, 그리고 당신에게 힘이 되어주는 친구가 당신 기분이 어떤지 충분히 이해하며 왜 이런 기분이 됐는지도 알고 있다면, 그 친구는 당신의 거절당했다는 기분에 어떤 반응을 보일지 생각해보자.

● '물론 나는…'이라고 답해본다 거절로 인한 고통에 공감하게 됐다면 자기 반응이 인간적인 것임을 자신에게 설명하면서 이 문장을 완성해보자. 당신과 같은 상황에 있다면 다른 사람들도 이런 반응을 보일 것이다. 고통이 줄거나 사라지길 바라는 자연스럽고도 너그러운 기분을 지녀보자.
자신에 대해 너그러워지면 앞으로 어떻게 할지 더 잘 결정할 수 있다. 자신의 거절에 대한 민감함을 비판하게 되는 대신 그 민감함을 더 잘 이해함으로써 앞으로 나아갈 가장 좋은 방향에 집중할 수 있다.

너그러운 자기인식이 생기면 타인이 보이는 관용에도 마음을 더 열 수 있다. 그 결과 거절로 인한 고통이 덜 생기는 안정형 애착을 더 잘 형성하게 된다.

미래의 자신을 위해 현재의 자신 활용하기

세상의 많은 것이 그렇듯 인간의 감정에는 리듬이 있다. 매일 기분이 좋아졌다가 나빠졌다가 하는 작은 기복이 생긴다. 한 번의 상호작용만으로도 외로웠다가 유대감이 들기도 하고, 계속 불안하다가도 사랑을 느껴 활기차게 바뀔 수 있다. 물론 이런 건 혼란스러울 때가 많은 감정의 단점에 속한다. 거절의 무게로 꼼짝 못 하는 상황이 되면 빠져나갈 출구가 지금도, 앞으로도 전혀 없어 보일 것이다. 따라서 긍정적인 순간에 대해서는 감각을 잃어버려 비현실적이고 일어날 수 없는 일이라고 여기게 된다. 이렇게 절망에 처했을 때도 다행히 우리 안에는 긍정적인 경험이 여전히 존재한다. 단지 그 경험에 손을 내밀기만 하면 된다.

다음 과제에서는 미래에 낙심한 자신에게 편지를 보내며 돕는 방법이 제시된다. 린다가 어머니를 간호하느라 채드와 얼마간 떨어져 있을 때, 채드는 자신이 이전에 이런 편지를 써놨다는 사실에 감사했다. 그리고 힘들 때 자기 안에서 위로받을 수 있음을 깨달았다(본질적으로 자기 자신의 애착 대상이 되는 것이다). 다음 편지를 보면 채드가 괴로울 때 이 편지를 읽으면서 얼마나 도움을 받았을지 알 수 있을 것이다.

안녕, 친구.

네가 이 편지를 읽고 있다면 지금 힘들다는 뜻이겠지. 어쩌면 먼지처럼 쓸모없이 느껴지고 아무도 너를 신경 쓰지 않는 것 같을 거야. 그런 상태라면 정말 힘들 테니 내 마음도 좋지 않다. 그런데 사실 그렇게 힘들 때는 모든 것이 더 엉망인 것 같아 보여. 지금은 기분이 안 좋겠지만 그래도 그동안 즐거운 적도 있었잖아. 앞으로도 그렇게 다시 기쁜 날들이 올 거야. 네가 아는 진실한 사람들을 떠올려봐. 늘 네 곁에 있어주는 친구들도 있잖아. 린다도 늘 널 좋아한다고 말하고.

그러니 지금은 비록 네가 보잘것없게 느껴질지 몰라도 곧 지나갈 감정이란 걸 기억했으면 좋겠어. 가끔 린다를 포함해 몇몇 친구들과 함께 실내 야구장에 가서 즐겁게 배트를 휘두르곤 했잖아. 그때처럼 기분이 좋아질 만한 일들에 몰두해봐. 내가 장담하는데 그러면 마음도 한결 나아지고 다시 강해질 수 있을 거야.

나로부터.

○ 미래의 자신에게 편지 쓰기

이 과제는 앞으로 거절당해 마음이 버거워질 자신에게 도움이 되기 위해 자신이 가장 편안한 기분일 때 하기 바란다. 우선 자신에 대해 긍정적으로 느껴지는 시간을 택하자. 그리고 다음 단계를 따르자.

● 이전에 거절로 마음이 압도됐던 때를 떠올려본다 외부 관찰자로서 그렇게 거절당했을 때 자신의 감정과 생각이 얼마나 눌려 있었는지 주목해보자. 과거의 자신은 긍정적인 어떤 것도 느끼지 못할 뿐 아니라 자기 자신과 경험하는 대부분 일들을 왜곡하면서 끔찍하게 여겼을 것이다.

● 과거 자기 생각과 감정을 살펴본다 현재의 자신에 대해 좋은 감정을 지니고 있는 자기 자신이 외부 관찰자로서 하는 이런 시도는 정말 중요하다. 과거의 자신에 초점을 두며 자기가 겪은 고통이 얼마나 인간적인 것이었는지 생각해보자. 그러면 과거 자신의 모습에 더 공감하고 너그러워질 것이다.

● 과거 자신에게 어떤 조언을 해주고 싶은지 생각해본다 이 어려운 시간을 이겨내기 위해 어떻게 하면 좋을지 헤아려보자. 예를 들어 친구에게 전화하거나 산책하러 가자고 제안할 수도 있다.

● 힘들어하는 미래의 자신에게 편지를 써본다 앞의 항목들을
모두 생각하며 미래의 속상해하는 자신에게 관용과 격려, 그리
고 힘든 시간을 극복할 약간의 조언을 담아 편지를 쓰자.

● 이 편지를 다시 찾기 쉬운 곳에 둔다 시간이 흘러 거절로 많이
힘들어진 시기가 오면 그때 편지를 꺼내 읽어보자. 그러면 도움
이 될 것이다. 어쨌든 누가 나를 나만큼 잘 알겠는가!

이 편지가 더 도움이 되는 이유 중 하나는 편지를 쓴 사람이 자신
을 이해하고, 진실로 아끼며, 부정적인 기분이 영원히 계속되지
않으리란 말이 진심이란 점을 마음속 깊이 알고 있기 때문이다.

너그러워진 자기 모습 상상하기

자기관용을 지니려면 자신에 관해 알고 싶어 할 만큼 자기에게
관심을 기울여야 한다. 거절에 대한 두려움을 없애고 더 행복한 삶
을 즐기기 바라면서도 아직 자신에게 너그러워질 준비는 제대로 되
어 있지 않을 수 있다. 또는 자기관용은 지니게 됐으나 좌절과 자기
비판이 자기관용을 압도하는 경우도 많다. 그래도 여전히 더 많은
자기관용을 지닐 수 있다고 믿자. 이런 믿음이 거절로 인한 고통에
맞설 때 힘의 원천이 되어줄 것이다.

○ 너그러운 자기 자신 상상하기

이 과제는 이 책 전반을 통해 익힌 기술을 바탕으로 자기관용을 지니면 어떨지 상상하면서, 실제로 그 능력을 기르는 데 초점을 둔다.

● 높아진 자기인식을 살펴본다 STEAM 영역에서 자기인식이 늘어남으로써 거절로 인한 자신의 고통에 얼마나 더 공감하게 됐는지 되돌아보기 바란다. 자신에게 더 공감하게 되면서 생겨난 자기수용에도 주목하자. 공감과 자기수용 능력이 향상돼 잠시라도 자기관용을 지니게 됐다면 그 또한 주시하자.

● 관용을 지닌 사람의 모든 특징에 대해 생각해본다 너그러운 사람이라고 알고 있거나 들어본 사람들을 떠올리면 도움이 될 것이다. 예컨대 부모님이나 이모, 멘토, 친구 등이다. 또한 예수나 부처 같은 종교적 인물이나 넬슨 만델라 같은 정치적 인물, 아니면 심지어 소설이나 영화에 나오는 인물이 될 수도 있다. 온유함, 배려, 수용, 이해심 등 이들에게서 눈에 띄는 장점을 열거해보자.

● 너그러운 자기인식을 하는 미래의 자신을 상상해본다 나이든 자신을 외부에서 봤을 때 어떤 모습일지 태도와 옷차림까지 함께 상상해보자. 이 미래의 자신이 이해심 있고 평화롭다고 생

각하자. 미래의 자기는 당신이 생각하고 느끼고 행동했던 모든 것을 알고 있다. 또 당신을 깊이 이해하며 긍정적으로 생각한다.

● 거절당한 기억에 머물러본다 편안히 앉아 눈을 감고 주의를 내면으로 돌린다. 몸의 자세와 호흡에 신경 쓴다. '거절'이라는 단어를 생각하며 거절당했던 기억을 마음속에 떠올려본다. 그중 한 가지 기억에 자리를 잡는다. 이 기억이 신체적·정신적으로 강하게 느껴질 때까지 그 안에 머문다.

● 미래의 너그러운 당신 자신을 떠올린다 이 미래의 자기는 당신에 대해 확실히 따뜻하게 느끼며 너그러운 시각으로 당신을 이해하고 있다. 그런 메시지는 말이나 시선 또는 몸짓으로 전해질 것이다. 그러나 어떤 식으로 메시지가 전달되든 당신은 미래의 자신에게서 깊은 수용과 관용을 느낄 것이다. 잠시 시간을 두고 의식적으로 이 경험을 흡수하자.

● 너그러운 자기인식을 하는 미래의 자신에게 감사의 마음을 가진다 상호작용이 끝나면 너그러운 미래의 자신에게 감사하자. 작별 인사를 하면서 자신 안의 긍정적인 감정에 주목하자.

과제를 마치면 그에 대해 되짚어 생각해보기 바란다. 너그러운 자기인식을 하는 미래의 자신이 지금 마음속에 어떤 모습으로 발전했는지 살펴보자. 너그러운 자기인식을 계속 발달시키는 작업을 한다는 것은 그 미래의 자기 모습을 키워간다는 것이다.

관계를 다루는 이야기가 주는 교훈

거절로 인한 고통은 마음 깊은 곳까지 침입할 수 있다. 관계야 말로 인간 경험의 핵심이기 때문이다. 사람들의 친밀한 관계(자기 자신 또는 다른 사람과의 관계)를 깊이 있게 다루는 이야기는 우리 마음에 대해 직접적으로 말해주며, 이런 이야기들은 우리의 가장 깊은 고통과 가장 소중한 꿈을 건드릴 수 있다.

우리는 이런 이야기를 다른 사람들의 생생한 정서적 경험 안으로 들어가는 문으로 활용할 수 있다. 자신과 관련된 책이나 영화 형태의 이런 이야기들을 잘 살펴보자. 이와 같은 경험은 셰익스피어의 『로미오와 줄리엣』처럼 시간을 초월한 낭만적인 고전이나 〈브리짓 존스의 일기〉, 〈델마와 루이스〉 같은 자아 발견 영화에서 찾을 수 있다. 뉴스에 나오는 개인적인 이야기에서도 그런 경험을 발견할 수 있다. 자신에게 감동이 되는 이야기로 내적 경험과의 연결을 강화해나가면, 자신의 고통을 더 잘 이해하고 너그러워질 수 있다.

너그러운 자기인식을 개발하려면 그 과정을 거쳐야 한다. 자기인식에서 자기공감과 자기수용으로, 또 궁극적으로는 자기관용으로 나아가는 것이다. 너그러운 자기인식은 훈련으로 개발할 수 있는 기술이다. 거절로 인한 고통과 그 밖의 어려움에서 벗어나고자 한다면, 이 기술이 꼭 필요하다.

Chapter 10

:
:
:

관계를 통한 회복

·
　　·

재닛은 메뉴를 멍하니 바라보며 오늘도 또 늦는 베스를 참을성 있게 기다렸다. 베스가 드디어 와서 자리에 앉자, 재닛은 친구가 늦은 건 금세 잊어버리고 한껏 들떠 새로 시작하려는 사업에 관한 얘기를 늘어놓았다.

"파인 스트리트에 비어 있는 가게 너도 알지? 내가 좀 뜬금없고 어쩌면 감당 못 할 일을 벌이는 건지도 모르겠지만, 그곳을 화랑 겸용 카페로 만들고 싶어. 지역 화가들 그림도 걸어놓고. 물론 내 것도 걸어야지. 그리고 한쪽 면엔 책도 꽂아두고. 가게 뒤 작은 마당에는 야외 의자들을 갖다 놓고 동네 음악회 같은 걸 열고 싶어. 넌 어떤 것 같니?"

재닛이 기대한 대로 베스는 그녀의 생각을 열렬히 지지해주었고, 둘은 곧바로 이 일을 어떻게 진전시킬지 의논하기 시작했다.

대화가 잠시 중단됐을 때 재닛은 뒤로 기대앉아 지난 몇 년간 개인적 성장을 위해 들인 노력에 대해 생각했다. 그러다가 자기도 모르게 미소를 지었다. 자신이 그동안 얼마나 마음을 열게되고 행복해졌으며 대담해졌는지, 그리고 그 성장에 자기 친구들도 얼마나 기여했는지가 생각났기 때문이다.

이 책을 읽으며 STEAM 영역에서의 자기인식을 충분히 살펴봤다면, 이제 관계를 통해 거절에 대한 민감성을 극복할 만한 부분을생각해봐야 한다. 1장에서 언급했듯이, 애착 이론은 인생에서 자기자신이나 애착 대상과 긍정적인 관계를 발달시키는 것이 얼마나 중요한가를 강조한다. 앞서도 말했듯이, 애착 대상은 자신이 힘들 때기댈 수 있는 '삶에서 의미 있는 사람들'을 뜻한다.

당신은 이 책을 읽으면서 자기 자신과의 관계와 타인과의 관계를 살펴볼 수 있었을 것이다. 애착 이론에서는 사람들이 자신에 대해 가치 있고 매력적이라고 보는 데서부터 보잘것없고 비호감이라고 여기는 지점까지의 범주 안에서 '자기 표상'을 발달시킨다고 본다. 그리고 다른 이들이 정서적으로 함께해준다고 보는 시점에서부터 그렇지 않다고 생각하는 데까지의 범위 안에서 '대상 표상'을발달시킨다고 본다. 이 두 가지 표상의 조합을 보면 자신이 자신의감정에 어떻게 대처하고 어려움에 반응하는지, 그리고 살아가면서맺는 관계의 질은 어떠한지 등의 중요한 사항들을 알 수 있다.

안정형 애착에 속하는 사람들은 거절을 지나치게 염려하지 않으며 친밀하고 건강한 관계를 맺는다. 그들은 자신을 가치 있게 여기며 다른 이들이 자신과 정서적으로 함께해줄 수 있다고 생각한다. 거절을 당하거나 거절당했다고 생각할 때도, 힘들어할 순 있지만 대개는 수월하게 극복한다. 이들은 회복탄력성도 있어서 어려움에 부닥쳐도 다시 일어나 자기 인생을 꾸려나갈 수 있다.

자신에게 꾸준히 안정감과 지지를 보여주는 의미 있는 사람들을 애착 대상으로 삼는 법을 배우면 안정형 애착의 이점을 더 많이 누릴 수 있다. 애착 이론에 따르면 이런 경우 애착 대상이 세 가지 기본적인 기능을 한다고 한다.

- **근접성**proximity 신체적·심리적으로 애착 대상과 가까운 상태
- **안전한 피난처**safe haven 위협감이 들고 힘들 때 애착 대상이 보호해주고 위로해주는 것
- **안전기지**secure base 애착 대상이 어떤 경험이나 세상을 탐험할 수 있도록 뒷받침해주는 것

단단하고 건강한 성인 간의 관계는 양방향이란 점을 기억하자. 자신이 상대에게 가까이 있고 안전한 피난처이자 안전기지라고 느끼듯, 상대방도 자신에 대해 똑같이 느끼는 것이 중요하다. 이번 장

을 읽으며 관계에 대한 통찰과 관계 맺기 기술을 개발한다면, 좀더 신뢰할 수 있는 대상 표상을 갖게 될 것이다. 또한 이 책을 통해 계속해서 살펴본 대상 표상과 자기 표상이 얼마나 상호보완적인지도 알 수 있을 것이다. 이 두 가지를 통해 정서적으로 더 강해지고 스트레스를 더 잘 관리하게 되며, 궁극적으로 전에는 휩쓸리곤 하던 거절에 대한 높은 민감함이 사라지고 안정적인 관계를 누릴 수 있다.

나에게 소중한 사람들과 함께하기

초기 아동기에는 양육자가 아이 곁에서 신체적으로 안전하게 지켜주고 힘들어할 때 위로해줘야 한다. 하지만 이런 친밀함(또는 애착 이론에서 '근접성'이라 부르는 것)이 아이가 당시에 그리고 인생에 걸쳐 자신의 감정에 대처하는 법을 배우는 데 얼마나 필수적인지는 그리 확실치 않다.

양육자(엄마일 때가 많다)가 아이의 욕구에 반응을 보이면 아이는 '안전하기만' 한 것이 아니라 안전하다고 '느끼게 되며', 그럼으로써 안정적인 애착을 발달시키게 된다. 아이는 위로받기 위해 양육자에게 기댈 수 있음을 알게 되고, 결국 자기 스스로 편안해지는 법도 배울 수 있다. 그들은 또한 울든 웃든, 자신이 사랑스럽다는 메시지를 받게 된다. 그러면 시간이 흐르면서 인생에서 의미 있는 사람들이 자신을 아끼고 위로하며 수용해줄 거라는 '내적 작동 모델'이 발달한다. 아이는 자기 자신과 세상을 어떻게 경험할지에 대해 이 작동 모델을 기준의 틀로 삼아 양육자를 내면화하므로, 양육자가 물리적으로 꼭 가까이 있어야 할 필요를 덜 느끼게 된다. 그 결과 애착 대상이 곁에 없어도 스스로 마음을 더 차분히 유지할 수 있다.

안정형 애착을 지닌 사람들은 타인이 정서적으로 자신에게 도움을 주리라 생각하는 대상 표상뿐 아니라, 스스로에 대해서도 매력 있고 괜찮다고 여기는 자기 표상을 지니게 된다. 그러므로 힘든 상황을 마주해도 그 상황에 압도되지 않는다. 대신 그 상황에 효과적으로 대처할 수 있도록 생각하고 행동하는 반응을 보이는 경향이 있다. 스트레스받고 힘들 때는 지지와 안도감을 얻기 위해 자신이 신뢰하는 사람들에게 의지할 줄 알며, 또 실제로도 그렇게 한다.

거절에 민감한 사람들은 불안정형 애착에 속한다. 이들은 자신을 비호감이고 보잘것없으며 부족하다고 여기기 때문에, 타인 또한 정서적으로 함께해주지 않을 때가 많다는 대상 표상을 지니게 된다. 이런 내적 모델은 채드가 린다에게서 거절의 징후를 끊임없이 살피고, 만성적으로 자신이 부족하다는 느낌을 지니며, 린다에게서 긍정적인 반응을 얻으려고 간절히 노력하는 모습에서 명백하게 드러난다. 무조건 받아들여지고 위로받는다고 느끼지 못하고, 지지와 수용을 얻기 위해 부단히 노력하느라 거절에 민감해지는 것이다.

더 회피적인 유형도 있다. 이 유형의 사람들은 정서적으로 친밀한 관계를 피하고, 극도로 독립적으로 지냄으로써 거절당할 일을 없애려 한다. 자신이 외롭다고 충분히 인지하진 못하지만, 외로움이 그들이 느끼는 초조함이나 권태로움 밑에 깔려 있는 실질적인 원인일 수 있다. 전반적으로는 인생을 잘 꾸려나가지만 정서적으로 버거운 문제가 생기거나, 고요할 때 내면의 불편한 느낌이 계속되면 어쩔 줄 몰라 하며 당황할 수 있다.

그러므로 거절에 대한 회복탄력성을 기르기 위해서는 자신이 가치 있고 매력 있다고 여기는 자기 표상만이 아니라 타인이 정서적으로 함께해준다는 대상 표상을 반드시 지녀야 한다. 이를 위해 자신에게 소중하게 여겨지는 사람들에게서 정서적인 지지를 경험해야 한다. 물리적으로 이들과 가까이 있는 것보다 훨씬 더 중요한 점은 타인에 대하여 정서적으로 자신에게 위로와 지지를 줄 수 있다고 여기는 내적 작동 모델을 지녀야 한다는 것이다.

다른 이들이 물리적·정서적으로 자신과 함께한다는 경험을 하면 그들을 안전한 피난처이자 안전기지로서 의지할 수 있는 토대가 마련된다. 그러면 사소한 좌절부터 심각한 거절에 이르는 모든 종류의 사회적 어려움에 더 잘 대응할 수 있다.

관계에서 안전한 피난처 찾기

"고마워."

채드가 린다에게 속삭였다. 린다는 포도주잔을 다시 채우러 일어나면서 그의 이마에 부드럽게 키스해 응답했다. 채드는 한 시간 동안 직장에서의 문제를 열심히 얘기했고, 그 덕에 마음이 한결 가벼워졌다. 내일이면 또다시 직장으로 돌아가 고함치는 상사 아래서 마치 줄타기하듯 아슬아슬하게 일해야 하겠지만, 린다가 배려 있게 관심을 보여주고 자신의 딜레마를 진심으로 인식해준 덕분에 위로받을 수 있었다. 채드는 몇 년간의 외로움 끝에 마침내 린다와의 관계를 통해 이해와 위로, 확신과 지지를 느낄 수 있는 안전지대를 발견했다.

애착 이론에서는 인간은 원래 태어나면서부터 정서적으로 안전 욕구를 채우기 위해 타인에게 의지한다고 말한다. 속상하거나 취약하다는 느낌이 들면 대개 애착 시스템이 활성화되며, 자신에게 안정감을 줄 수 있는 의미 있는 사람에게 기대게 된다. 이때 그 애착 대상이 자신에게 '안전한 피난처'가 되며, 그로부터 받은 안정감을 통해 어려운 상황을 헤쳐나가는 데 필요한 내적 힘을 얻게 된다.

당신이 누군가를 안전한 피난처로 경험하려면 그 상대가 자신에게 정서적으로 '주파수가 맞춰져' 있어야 한다. 상대가 자기에게 공감한다고 느낄 뿐 아니라 그 상대 역시 당신의 정서적인 욕구에 관심이 있어야 한다는 뜻이다. 이런 공감과 호응 모두 언어로 전달될 수 있지만, 비언어적으로 다양하게 표현될 수 있다는 점이 더 중요하다.

예를 들어 린다는 채드의 고통에 귀 기울일 때 세심한 시선과 부드러운 목소리로 그에게 공감하고 있음을 나타냈다. 린다의 침착함은 채드가 몹시 고통스러울 때도 그녀가 정서적으로 그와 함께할 뿐 아니라, 지지와 위로를 주는 누군가를 필요로 하는 그의 욕구에 호응한다는 사실을 보여주었다. 불안정형 애착을 지닌 다른 많은 사람처럼 채드 또한 몹시 외롭다는 기분이 들고 만성적으로 자신이 결함 있고 무능하다고 여겨질 때가 많았으므로, 자꾸 타인에게 받아들여지려 하고 불가피한 거절을 막고자 했다. 그런데 그렇게 간절하게 다른 이들의 수용과 안도감을 얻으려 하면서도, 막상 실제로 그렇게 됐을 때는 그 사실이 충분히 믿기지 않았다.

한편, 더 회피적인 애착 유형을 지닌 사람들은 심지어 다른 이들이 함께해주리란 가능성조차 인정하지 않는다. 그래서 그들은 지나칠 정도로 독립적인 경향이 있다. 이 두 가지 불안정형 애착에 속하는 사람들은 자신은 혼자라고 느끼며, 다른 이들을 안전한 피난처로 보지 않으려 한다.

누군가가 언제 자신을 받아들이고 지지해주는지 깨닫는 법을 익히면, 거절에 대한 두려움을 줄일 수 있다. 그러면 타인을 안전한 피난처로 여기기 위해 자기 마음도 열 수 있다. 상대와 있을 때 이해받고 위로받는다고 느끼는 것은 중요한 신호다. 그렇다고 당신에게 어떤 특권이 있어서 상대가 친절한 듯 행동한다는(당신 마음속에 자신이 사실은 친절을 받을 자격이 없다고 느끼므로) 의미가 아니라, 상대방이 실제로 당신에게 공감하며 당신이 상황과 스스로에 대해 더 기분 좋게 느끼게 해준다는 뜻이다.

○ 자기 인생의 안전한 피난처 확인하기

어떤 관계에서 안전한 피난처를 발견하려면, 상대방을 당신이 힘들 때 위로받기 위해 기댈 수 있는 사람으로 인식해야 한다. 노트를 꺼내 다음 과제를 해보자.

● 현재 당신 인생에서 중요한 사람들 목록을 적는다

● 다음 목록에 있는 특성에 부합하는 사람들 이름에 동그라미 를 친다 다음 목록은 안전한 피난처로서의 기능을 제대로 할 수

있는 사람들의 성격 특성을 묘사한 것이다.

- 잘 들어주는 사람이어서 당신이 이해받는 느낌이 든다.
- 당신이 힘들어할 때 곁에 함께 있어주고 싶다고 한다.
- 당신의 고통에 대해 배려와 지지를 보이며 호응한다.
- 당신에 대한 지지와 배려를 효과적으로 전달한다.
- 그 사람과 함께 있는 것만으로도 안정감이 느껴지고 위로가 된다.

이름에 동그라미를 친 이들은 당신이 어려울 때 그 고통을 완화하고 위로받기 위해 기댈 수 있는 사람들이다. 이번 장에 있는 정보들을 활용하여 마음이 좋지 않을 때 그들에게 의지하고, 그들이 주는 위로를 충분히 받아들이자.

위로가 되어주는 관계 살펴보기

어쩌면 당신은 신뢰할 만한 사람이 곁에 있는데도 여전히 거절만 하고 있을지 모른다. 당신이 어려울 때 상대방에게 의지하는 한 가지 방법은 그 사람이 당신에게 수용과 위로를 보였던 상황을 되돌아보는 것이다.

○ 위로받는 느낌에 마음 열기

속상할 때 가까운 누군가가 당신에게 배려 있게 호응해줬던 상
황을 되돌아보자. 그리고 다음 지시를 따라 과제를 수행하자.

● 따뜻하고 긍정적인 느낌이 든다면 그에 주목한다 마음을 열
고 자신이 느낀 안도감을 충분히 경험해보자. 긍정적인 기분을
느끼거나 유지하기 힘들다면 5장의 '첫 번째 감정이 중요한 이유'
단락을 다시 읽자. 사람들이 자기 기분에 어떻게 감정적인 반응
을 보이는지 알 수 있을 것이다. 예컨대 왜 위로받은 최초의 감
정에 대해 불안해하거나 방어적 반응을 보이는지를 알 수 있다.
이런 정보를 습득한 다음 현재 과제로 돌아와 계속하자.

● 거절당할 것 같아 조금이라도 불안하다면 그에 주목한다 상
대방의 배려에 대한 자신의 방어 수준을 낮추면, 거절당할까 봐
두려워하는 자신의 감정을 끄집어낼 수 있다.

● 따뜻하고 불안한 감정을 동시에 느껴본다 두 손을 내밀고 손
바닥을 위로 하면 도움이 된다. 한 손을 바라보며 따스한 감정을
느껴보자. 다음엔 반대편 손을 보며 거절에 대한 두려움을 느껴
보자. 그리고 다시 따스한 감정을 '느낀' 손에 집중해보자.

● 갈등하는 두 감정을 살펴본다 당신의 불안한 기분이 상대방이 당신을 거절하리라는 어떤 신호라기보다는 당신의 만성적인 거절에 대한 두려움과 관련 있다는 사실에 주목하자.

● 편안한 기분에 다시 주의를 돌려본다 마음이 안정되는 기분을 '느낀' 손바닥을 다시 바라보자. 배려받고 안도하는 기분을 느껴보자. 거절에 대한 모든 두려움을 제거한 후 '이 상황과 전혀 상관없는 감정'이라는 꼬리표를 붙이자.

이 과제를 마치면 배려받고 안도하는 감정을 더 강하게 느낄 수 있을 것이다. 같은 사람에 대해 다른 상황들을 놓고 반복적으로 과제를 수행해보면, 그를 안전한 피난처로서 점점 더 신뢰하게 될 것이다.

당신이 힘들 때 위로해준 사람의 상황을 살펴보고 나면, 현재 당신이 힘들어하는 문제를 안고 그 상대에게 다가가기 위해 다음 과제를 해보자.

○ 관계에서의 안정감 높이기

이 과제에는 당신이 힘들어하는 문제를 두고 누군가와 이야기하
며 위로받는 느낌을 키우는 내용도 포함돼 있다.

● 당신에게 지지와 배려를 보여준 적이 있는 사람을 한 명 선택
한다 만일 거절당할까 봐 힘든 감정이 든다면, 그 사람이 당신 감
정에 세심하다는 점을 이미 보여줬음을 기억하자.

● 선택한 상대와 당신의 힘든 문제에 관해 얘기한다 당신이 힘
들어하는 문제이긴 하지만, 자신이 크게 상처받지는 않을 주제
를 고르자(만약 이 과제를 이미 마쳤고 상대방의 반응으로 안도
감을 느꼈다면, 더 민감한 문제를 선택해도 좋다).

● 상대의 반응에 주의를 기울인다 상대가 당신의 고통에 어떤
반응을 보이는지 최대한 객관적으로 관찰한다. 상대가 당신에게
배려심을 보인다면, 그 사람의 지지를 충분히 받아들이기 위해
방어 수준을 낮춰도 안전하다는 사실에 의식적으로 주목하자.

● 위로받는 느낌이 조금이라도 들면 그 기분에 머문다 거절을
힘들어하는 사람들은 위로받는 느낌에는 아주 잠시만 주목한
후, 곧바로 불안한 기분에 다시 빠져버리곤 한다. 그러지 말고,
더 시간을 들여 상대에게 받는 지지와 따스한 감정에 집중해보

자. 당신의 고통이 조금 누그러졌는지 살펴보라. 만일 아직도 좀 불안한 기분이 든다면, 마음속으로 이렇게 말하자.

'그래, 불안하긴 해. 그래도 이 사람과 함께라면 안전해. 그러니 위로받는 느낌에 주목할 거야.'

● 만일 적절한 상황이라면 포옹을 요청한다 당신도 본능적으로 알고 있겠지만, 스킨십을 하면 마음이 많이 진정된다. 마음이 좋지 않을 때는 단순한 포옹(또는 악수)만으로도 매우 큰 도움이 된다. 하지만 스킨십이 불편하게 느껴진다면 이 단계는 생략해도 좋다.

당신을 염려하고 아끼는 사람들에게 정서적으로 마음을 여는 과제를 반복할수록, 그 상호작용을 통해 '당신의 마음이 더 따스해지고' 힘든 감정도 진정될 것이다.

이 과제를 마치고 나면 배려받았던 기분을 유지하는 일이 힘들게 느껴질 수 있다. 그런 마음이 든다면 5장의 '자신의 감정과 함께하기' 과제를 다시 해보기 바란다. 그런 다음 다시 지금의 과제로 돌아온다. 또 과제 중에 포옹하는 부분이 힘들게 느껴졌다면, 6장의 '신체 접촉은 어떻게 위로가 되는가' 단락을 다시 살펴보자. 이 단락을 읽으면 스킨십을 마음을 가라앉히는 방법으로 인식하게 될 것이다.

이 과제에서의 상호작용으로 어떤 위로를 받았다면, 이를 다시 떠올림으로써 위로가 되는 상호작용의 이점을 끌어올릴 수 있다. 상호작용을 다시 떠올릴 때마다 상대방에게 위안받은 경험을 강화할 수 있다는 뜻이다. 그에 따라 상대방 또한 당신이 안전한 피난처로 더 기댈 수 있는 사람이 될 것이다.

상호작용을 통해 안전한 피난처 만들기

관계에서 안전한 피난처를 구축하는 가장 흔하고 중요한 요소는 협력적 의사소통collaborative communication이다. 이는 대화에 참여하는 사람 모두가 서로에게 호응한다는 의미다. 다음 이야기를 생각해보자.

재닌은 슬픈 목소리로 루시에게 하소연했다.

"엄마한테 어제 전화로 애완용 족제비를 기르려 한다고 했거든. 그런데 엄마가 '뭐하러 그러는 거니?'라고 하시는 거야. 왜 그런 식으로 말하는지 몰라."

루시의 멍한 표정을 보고 재닌이 외쳤다.

"앗, 너도 엄마랑 같은 생각인 거야?"

루시는 재닌의 마음을 풀어주기 위해 자기는 족제비에 대해선 전혀 모르지만 그렇다고 좋아하지도 않는다고 확실하게 말했다.

"언뜻 듣기에 족제비는 냄새가 심하다던데. 그 문젠 생각해봤어?"

재닌은 루시 말에 또 한 번 상처받았다. 하지만 대화가 이어지는 동안 루시가 자기는 재닌만 행복할 수 있다면 족제비 키우는 일도 좋다고 생각한다고 했다. 이렇게 재닌을 안심시킨 후 루시가 덧붙여 말했다.

"너희 엄마가 족제비가 정말 싫어서 그러신 거면 그건 너희 엄마 문제인 거지."

재닌은 루시가 자기가 왜 족제비를 기르려는 건지 아직 이해하지 못한다는 건 확실히 알 수 있었지만, 친구에게서 안도감과 지지, 위로를 느낄 수 있었다.

이 경우 재닌과 루시는 서로 이해하기 위해 협력적 의사소통을 했으며, 그 과정에서 자신들의 생각과 느낌을 명확히 할 수 있었다. 또 이를 통해 재닌은 루시가 자신을 판단하고 있는 것이 아니며, 자기 마음이 안 좋을 때 위로받을 수 있는 사람임을 느낄 수 있었다(이런 협력적 의사소통을 소셜 미디어를 통해 '원격으로' 하기는 매우 어려울 것이다. 이것이 소셜 미디어라는 소통 방식의 문제점 가운데 하나라고 할 수 있다).

정서적으로 힘들 때는 자신의 고통을 덜어줄 수 있는 누군가에게 의지하면 커다란 도움을 받을 수 있다. 대개는 상대가 전반적으로 자신을 배려해주는 것만으로도 충분히 위로가 된다. 그래도 어떨 때는 그 상대방이 정말 자신을 이해하고 공감하고 있는지 확인하고 싶을 것이다. 곧바로 확인하고 안도감을 얻을 수도 있겠지만, 늘 그렇게 할 순 없을 것이다. 협력적 의사소통을 하면 서로 이해하기 쉬워지므로, 상대의 문제를 제대로 파악할 수 있다. 그러면 자신도 상대방의 너그러운 표현을 수용하고 위로받기가 더 쉬워지며, 어려울 때 그 상대를 안전한 피난처로 삼을 수 있다.

○ 적극적인 경청

협력적 의사소통을 할 때 중요한 요소가 적극적인 경청이다. 본능적으로 느껴지겠지만, 이는 의식적으로 주의를 기울여 듣는 것을 뜻한다.

전반적으로 당신을 지지해주며 의사소통을 잘하는 사람을 선택하여 적극적인 경청을 훈련하자. 단, 얘기하기엔 흥미롭지만 당신이 너무 상처받지는 않을 주제를 고르자. 당신이 과제를 더 많이 해내고 기술도 많이 익히면 언제든 더 어려운 주제를 골라도 된다. 상대방에게 당신이 지금 '적극적인 경청'이라는 과제를 하고 있다고 이야기하고 이 단계를 함께 훈련하자고 제안해도 괜찮지만, 두 가지 모두 꼭 그래야 하는 것은 아니다. 마지막으로 당신 마음이 산만하지 않을 시간을 선택하자. 그리고 다음 단계들을 사용해 대화를 주도해보자.

● 집중한다 사람들과 얘기할 때는 누구라도 산만해지기 쉽다. 그러니 집중하기 위해 최선을 다해야 한다. 자기 마음이 산만해진다는 생각이 들면, 다시 주의를 돌려 듣고 있는 이야기에 집중한다.

● 제대로 듣는다 상대방 말에 신경 쓰며 정확히 이해하기 위해 집중한다. 상대방의 시선으로 세상을 바라보려 해보자. 당신이 상대방의 의견에 동의하지 않거나 과잉반응이란 생각이 들어도 그가 어떻게 느끼는지 공감하려 해야 한다.

● 당신이 경청하고 있음을 보여준다 상대방은 자기가 얘기할 때 당신이 듣고 있다는 점을 알면 매우 큰 도움을 받을 수 있다. 6장의 '비언어적 의사소통 이해하기' 단락에서 언급한 것처럼 행동을 통한 의사소통이 여기 해당한다. 고개를 끄덕이거나 알겠다는 뜻으로 "아", "그래", "응" 같은 소리를 낼 수도 있다. 표정뿐 아니라 앞으로 몸을 숙이거나 고개를 끄덕이는 등의 자세 또한 많은 의미를 전달한다.
누군가가 자신의 힘든 경험을 얘기하면 당신도 공감한다는 점을 알려주고 싶겠지만, 그 경험에 너무 휩쓸리면 안 된다. 예컨대 눈물이 날 순 있어도 그렇다고 흐느껴 울어선 곤란하다는 얘기다. 공감하면서도 압도되지는 않는 반응을 보여야 상대에게 위안을 주는 안전한 피난처가 될 수 있다.

● 자신이 이해한 내용을 되짚어본다 이해했음을 보여주거나 상대방에게 당신이 잘못 이해한 부분은 없는지 확인해달라고 한다. 가장 단순한 차원에서 상대에게 당신이 이해했음을 알려준다는 의미가 있다. 하지만 그렇다고 상대가 얘기한 내용을 기계적으로 반복한다면 로봇처럼 보일 것이다. 상대방이 이야기한 내용을 당신이 제대로 '파악했음을' 나타내려면 비언어적 의사소통이 필수적이다. 만약 상대방이 당신이 잘못 이해했다고 하면, 다시 설명해달라고 요청하자. 주의하여 들은 후 당신이 들은 내용을 되짚으며 다시 확인하자. 상대방이 모두 맞는다고 할 때까지 확인하길 반복하자.

● 당신의 답변을 들려준다 대화 내용에 따라 단순히 상대의 말을 확인해줄 수도 있고, 문제 해결 방법을 제시하거나 당신의 경험 또는 관점을 공유할 수도 있다. 그러나 이런 답변은 상대방이 자기 말을 당신이 듣고 이해했다고 느끼고 난 후에만 하는 것이 좋다.

다른 사람의 말을 적극적으로 경청하다 보면, 당신 또한 받아들여지고 지지받는다는 느낌이 들 것이다. 이런 식으로 당신도 필요할 때 상대방에게 위로를 구할 가능성이 생기는 것이다.

나를 지지해주는 안전지대 만들기

관계는 속상할 때 안전한 피난처가 되어주며 안전지대라는 중요한 기능을 한다. 애착 이론에 따르면, 건강한 사람들은 의미 있는 관계를 통해 세상과 자기 관심사를 호기심 속에 탐색한다. 개인적으로 성장하고 발전하게 되며, 이로써 자신에게 만족하며 행복해지는 것이다. 애착 이론 차원에서 보자면, 자신이 가치 있다고 여기는 자기 표상과 타인이 정서적으로 자신에게 힘이 되어준다고 생각하는 대상 표상을 지니게 된다는 뜻이다.

어떤 사람이 당신을 안전지대로 삼았다면 '진정한' 당신 모습을 아끼고 지지하는 것이다. 당신은 그들에게 받아들여지기 위해 특정한 방식으로 행동하거나 특정한 의견을 지니거나 특별한 목표를 달성할 필요가 없다. 그들은 언제든 당신이 자신에게 중요한 것을 하도록 격려할 것이다. 즉, 당신이 시작하는 데 서툴거나 휘청이더라도 곁에서 당신을 응원할 것이다.

더 중요한 점은 당신의 관심사가 자신과 맞지 않을 때도 그들이 계속해서 당신을 뒷받침한다는 것이다. 그들은 당신에 대한 지지를 거두진 않지만, 당신이 스스로 최선이 아닌 결정을 한다고 생각할 때는 그 결정에 대해 염려할 수 있다. 예컨대 당신이 약물 남용과 같은 자기파괴적인 행동을 한다면 그 행동에 대해서는 지지하지 않을 것이다.

○ 자신의 안전지대 확인하기

누군가가 안전지대가 되기 위해서는 그 상대방이 당신이 살아가면서 지지받기를 기대할 만한 사람이라는 점을 깨달아야 한다. 노트를 꺼내 다음 과제를 수행하자.

● 당신이 안전한 피난처로 확인한 사람들 명단을 옮겨 적는다
당신은 이번 장 앞부분에 나온 '자기 인생의 안전한 피난처 확인하기'라는 과제에서 이 명단을 만들었다. 만약 이 과제를 아직 하지 않았다면 지금 해보자.

● 다음의 특성에 부합하는 모든 사람의 이름에 동그라미를 친다
다음은 안전지대로 잘 기능할 수 있는 사람들의 특성을 묘사한 것이다.

• 당신에게 중요한 것에 관심을 보인다.
• 당신이 최선의 자아가 될 수 있도록 격려한다.
• 당신이 자기 관심사를 탐색하도록 격려한다.
• 지속적으로 지지와 격려를 보여준다.
• 당신과 의견이나 관심사가 다를 때도 여전히 당신을 지지한다.

● 동그라미 쳐져 있는 모든 사람이 당신에게 힘이 되어주길 바라는지 생각해본다 당신이 자기 관심사와 가치를 탐색하며 격려

받기 원하는 사람들 이름 옆에 별표를 하자. 이들은 당신 삶에서 안전지대가 되는 역할을 한다. 동그라미 쳐져 있는 다른 사람들은 잠재적인 안전지대라고 할 수 있다.

당신 인생의 안전지대인 사람들을 확인했다면 이제 그들과의 관계를 강화해나갈 수 있을 것이다.

이 과제를 마치고 나면 머리로는 누가 안전지대인지를 알면서도 여전히 그를 신뢰하기 힘들 수 있다. 이는 흔히 겪는 갈등으로, 타인을 안전한 피난처로 여길 때의 어려움과 비슷하다. 이번 장 앞쪽에 제시된 '관계에서의 안정감 높이기' 과제를 다시 해보면 도움이 될 것이다. 안전한 피난처인 사람들에게 위로받는 능력을 발달시키면, 안전지대인 사람들에게도 더 잘 기댈 수 있다.

친구들의 지지를 통해 성장하기

거절을 두려워하면 삶을 살아가는 데 보수적인 성향이 되기 쉽다. 이를테면 재닌은 이런 점을 너무 의식하고 있었다. 족제비를 기를 거라고 엄마에게 얘기하며 우물쭈물하고, 이후 루시에게 이 대화에 관해 얘기했을 때도 그랬다. 머릿속으로는 개나 고양이를 길

러야 한다고 생각하면서도(사람들이 인정해줄 거라고 확신할 수 있으므로) 재닌은 족제비를 기르기로 했다. 족제비가 호기심이 많은 동물이라는 사실을 알고 있었고 그 점이 너무나 마음에 들었기 때문이다! 이는 자신이 행복해지는 일을 하기 위해 사람들이 못마땅해할 것도 무릅쓰는 의식적이고 용감한 행동이었다. 재닌은 엄마의 반응과 루시의 초기 반응 때문에 처음에는 자신에 대해 다시 생각해보기도 했지만, 루시와 이야기를 나누며 그녀의 지지를 확인하자 한결 기분이 좋아졌다.

자기인식을 높여 '진정한' 자기 자신에게 다가가면 자신의 기분이나 관심사, 가치를 점점 더 잘 인식하게 된다. 어쩌면 친구들에겐 없는 관심사를 발견하고, 어떤 신조가 있음을 깨달을 수도 있으며, 친구들은 하지 않을 결정을 하기도 한다. 그러므로 이럴 때도 자신만의 방식으로 세상을 탐구하는 당신에게 지지를 보내줄 만한 사람들이 있다는 점이 중요하다. 이를 위해 당신은 다음과 같이 해야 한다.

● **당신의 인생에 안전지대가 되어줄 사람을 확인한다** 앞에서 제시한 '자신의 안전지대 확인하기' 과제를 통해 당신의 개인적인 성장에 힘이 되어주는 사람들을 확인하자.

● **당신을 지지해주는 사람들에게 마음을 연다** 누군가에 대해 신뢰

할 만한 사람이라고 확인한 후에도 어쩌면 당신은 여전히 두려운 마음이 강하게 들지도 모른다. 작은 위험을 감수함으로써 그 사람이 얼마나 신뢰할 만한 사람인지 시험해보며 당신의 두려움에 도전해볼 수 있다. 당신이 보통 때는 잘 드러내지 않지만, 너무 개인적이지는 않은 관심사나 의견을 그 상대에게 말해보라. 이를 반복함으로써 더 많은 위험을 무릅쓸 수 있을 만큼 당신의 안전지대인 상대에게 마음을 열어보자.

● **개인적으로 성장하려는 영역을 확인한다** 당신의 기분, 관심사, 가치, 욕구에 관해 생각하자. 이 영역을 발달시키며 이와 관련된 정서에 마음을 더 열자.

● **개인적인 성장에 돌입하며 자신을 지지해주는 안전지대인 사람들의 도움을 받는다** 당신이 안전지대 또는 잠정적인 안전지대로 확인한 사람들에게 다가가자. 그들이 당신이 추구하는 일을 지지하고, 당신의 기대와 염려를 나누며, 당신이 목표를 향해 나아가는 길을 돕게 하자.

물론 당신이 자신의 가치와 새로운 관심사를 누군가의 지지 없이도 발견하고 개발할 수 있다. 그러나 이 정도로 발돋움하기 위해서는 내적인 힘이 필요하며, 이 힘은 안전지대가 되어주는 다른 이들의 도움이 있어야 커질 수 있다. 또한 다른 사람들과 이런 관계를 맺으면, 정서적으로 혼자일 때 삶에서 놓치기 쉬운 의미와 만족감을 얻을 수 있다.

안전지대를 통해 자기비판에 도전하기

재닌은 화랑 겸용 카페를 여는 일로 처음에는 들떠 있었지만, 자신이 너무 멍청하다는 생각 때문에 실제로 일을 추진하거나 심지어 창업 관련 수업을 듣는 것도 힘들었다. 그녀는 베스와 동기부여가 되는 대화를 나누고 나서야 목표를 추구하기 위해 수업을 들을 만큼 충분한 자질이 자기에게도 있다고 생각할 수 있었다.

당신은 거절에 대한 두려움뿐 아니라 부정적인 자기인식 때문에 다른 사람들이 당신이 개인적인 성장을 하도록 지지하고 격려할 거란 사실에 의구심을 가질 수 있다. 당신이 자신이나 자신의 능력을 가혹하게 평가하면서 계속해서 다른 이들의 격려를 의심하고 깎아내린다면, 그들이 보여주는 격려를 받아들일 수 없을 것이다. 그러나 정서적으로 완전히 당신 편에 있는 사람들이 곁에 있다면(재닌에게 베스가 그런 것처럼), 그들의 지지와 격려를 받아들이는 법을 익힘으로써 그 혜택을 누릴 수 있다.

개인적인 목적을 달성하고자 할 때 중요한 점은 스스로 고무되어야 할 뿐 아니라, 안전지대가 되어주는 다른 사람들에게도 격려를 받아야 한다는 것이다. 다른 이들에게 지지를 받으면 자기비판에 맞서고, 자신을 더 긍정적인 시각으로 바라봄으로써 꿈을 추구하는 데 전념할 수 있다.

○ 안전지대를 통해 꿈을 향해 끈기 있게 나아가기

가혹한 자기평가가 목표를 추구하는 데 방해가 되는가? 그렇다면 다음 단계들을 따라 하면서 당신에게 안전지대가 되어주는 사람과의 관계를 통해 자기비판에 도전해보자.

● 당신의 목표에 관해 함께 얘기할 신뢰하는 사람을 선택한다 당신에게 이미 용기를 북돋아 주는 모습을 보여준 사람으로, 앞에서 '자신의 안전지대 확인하기'라는 과제를 할 때 목록에 포함된 사람이어야 한다.

● 자신에 대한 부정적인 성향을 인정한다 당신이 언제 자기비판적인 상태가 되는지를 이해한다면, 자신을 더 긍정적으로 대할 수도 있음을 알게 될 것이다(만일 자기비판적 사고를 인식하

기 힘들다면 4장을 다시 한번 읽기 바란다).

● 신뢰하는 사람과 당신의 힘든 점에 관해 얘기해본다 이 상대 방은 이야기를 진심으로 들어주고 이해하며 공감해줌으로써 당신에게 위로를 줄 것이다. 이 사람에게 당신의 목표가 무엇이며 당신이 그에 대해 그리고 당신 자신에 대해 어떻게 느끼는지 말해주자.

● 그 사람의 대답을 주의 깊게 듣는다 상대방이 답할 때 그가 보내는 지지를 느껴보자(상대가 당신을 격려한다는 가정하에). 그 사람의 시선으로 당신 자신을 보려고 노력해보자.

● 상대한테서 들은 내용을 되짚어본다 상대방이 격려의 말을 해주고 당신도 그게 진심임을 안다면, 자신에 대한 긍정적인 시각을 강화하는 데 도움이 될 것이다.

진정한 안전지대인 사람에게 지지와 격려를 받는다면, 당신도 이 대화를 마음에 새기고 자기 자신과 목표를 추구할 능력에 대해 더 긍정적으로 느끼게 될 것이다. 그러나 자기회의가 언제든 다시 생겨날 수 있다. 그럴 때는 당신에게 필요한 만큼 몇 번이고 당신의 안전지대인 사람과 이야길 나누자(아니면 그 사람과 한 대화를 반복해서 떠올리자).

한편, 안전지대가 되는 사람과 대화할 때도 낙심하거나 거부당하는 느낌이 들 수 있음을 이해해야 한다. 이때는 상대방이 자신에게 힘이 되어주는 사람이며 상처를 주려는 의도는 없다는 사실을 되새기자. 그리고 용기를 내서 당신이 들은 답변과 그에 대한 당신의 생각을 상대방에게 얘기하자. 이번 장 앞부분에서 수행한 '적극적인 경청' 과제의 내용을 활용하면 좋을 것이다. 당신이 그 사람 말을 오해한 것일 수도 있다. 어쩌면 상대방은 당신의 생각, 감정, 욕구에 공감하기보다 당신이 겪게 될지 모를 고통을 피하게 하는 데 더 집중했을지도 모른다. 아니면 또 다른 오해가 생겼을 수도 있다. 어쨌든 이 대화를 통해 상황이 명확해짐으로써 당신이 다시 그 상대가 자기편이라고 느낄 수 있기를 바란다. 그러나 여전히 그 사람의 관점에 의문이 생기거나 비판받고 거부당하는 느낌이 든다면 다른 사람을 선택해 이야기하는 편이 나을 것이다.

성장하고자 하는 바람에는 언제고 실패할 가능성이 있기 마련이다. 자신에 대한 격려와 안전지대가 있어야 인내하며 꾸준히 나아갈 힘을 얻을 수 있다. 그러면 성공하든 실패하든, 당신은 자신을 긍정적으로 느끼며 비판이나 거절에 대해서도 덜 염려하게 될 것이다.

자기 안에 안전지대 지니기

안전한 피난처와 안전지대에 해당하는 사람들과 계속 상호작용을 하다 보면, 그들에 대한 추상적인 개념을 자기 안에 '심적 표상 mental representations'으로 지니게 된다. 다시 말해 육체적으로 멀리 떨어져 있더라도 심적으로 아주 가까이 있게 된다. 이렇게 애착 대상과 가까이 있음으로써 타인이 정서적으로 자신과 함께한다는 내적 작동 모델의 기반이 형성된다. 연구를 통해 밝혀졌듯이 이런 심적 표상을 통한 위로와 격려에 의식적으로 반복해서 접근하면, 타인에 대한 내적 작동 모델을 만들거나 강화할 수 있다(Mikulincer, Shaver, and Pereg 2003).

○ 자신의 안전지대 만들기

타인에 대한 내적 작동 모델을 만드는 방법에는 여러 가지가 있는데, 그중 휴대전화를 활용하는 법을 소개한다.

● 당신의 안전지대인 사람을 선택한다 '자신의 안전지대 확인하기' 과제에서 목록에 올랐던 사람 중에서 선택한다.

● 자신의 휴대전화에서 그 사람의 사진을 찾는다 어떤 사진이든 상관없지만, 당신과 함께한 긍정적인 경험과 관련된 사진을 고르면 더 도움이 된다.

● 이 사진을 휴대전화의 쉽게 찾을 수 있는 장소에 저장한다 바탕화면이나 당신이 자주 사용하는 앨범에 저장하면 된다. 중요한 점은 찾기 쉬워야 한다는 것이다.

● 매일 이 사진을 볼 수 있도록 알람을 설정해놓는다 이 과제가 안전지대를 만들면 유익하다는 연구에 기초하고 있지만, 이를 위한 가장 좋은 방법이나 빈도에 대한 구체적인 근거 자료는 없다. 이 사진을 적어도 하루에 한두 번은 볼 것을 권한다.

● 매번 알람이 울릴 때마다 당신의 안전지대인 사람을 떠올린다 사진을 바라보면서 다음 내용을 따른다.

• 충분한 시간을 두고 안전지대인 사람이 당신에게 배려, 지지, 격려를 보였던 기억을 떠올리자.
• 다음 문구를 가능한 한 큰 소리로 읽어보자. 이 문장들은 안정적인 애착의 세 가지 기본 요소인 근접성, 안전한 피난처, 안전지대를 나타낸다. 문구를 천천히 따라 읽으면서 자신의 말(또는 생각)을 음미해보자.

"그는 나를 진심으로 아끼고 배려해주니 그 곁에 있는 것만으로도 위안이 돼.
속상할 때 도와달라고 하면 그가 내 곁에 있어줄 거고, 그러면 나도 안도하면서 상황에 더 잘 대처하게 될 거야.
나는 내가 하려는 일을 지지하고 격려해주는 그를 신뢰해."

이 문구를 늘 지니고 다니고 싶다면 구절을 인쇄하거나 휴대전화에 저장해놓자. 이 글귀를 마음에 새기면 당신의 안전지대인 사람과 더 가까워지는 느낌이 들 것이다. 이 문구를 더 많이 되뇔수록 당신 안에 더 깊이 각인될 것이다.

관계를 강화하는 법에 관한 이번 장의 내용과 당신의 노력이 합해지면 STEAM 영역들에서의 자기인식이 향상되고, 자기수용과 자기관용 능력이 커질 것이다. 이 모든 것을 통해 내적 힘을 기르고 자신에게 더 만족하게 될 것이며, 거절에 대한 염려를 덜 하게 될 것이다. 당신은 스스로도 위로할 수 있겠지만, 그래도 자신에게 의미 있는 타자나 애착 대상과 함께하는 일을 여전히 유익하다고 생각할 것이다.

거절은 나를 아프게 할 수 없다

"호흡하자. 호흡에만 신경 쓰자."

채드는 린다의 답변을 기다리며 자신을 타일렀다. 린다는 반지를 바라보며 마른침을 삼켰다. 그러고는 채드의 눈을 지그시 바라보며 입가에 옅은 미소를 떠었다.

"절대 안 물어볼 줄 알았어요."

"설마, 내가 얼마나 마음 졸였는데!"

채드는 이제야 활짝 웃으며 숨을 내쉬었다. 마치 린다의 답변이 그의 몸에 구멍을 내서, 그가 4년 동안 청혼할 용기를 내기위해 마음속에 지녀온 긴장감이 일제히 빠져나가는 듯했다.

바로 얼마 전까지도 재닌은 이런 일이 자기 인생에 일어나리라고는 상상도 하지 못했다. 재닌의 화랑 겸 카페가 문을 연 날

이었다. 재닌은 주위를 둘러보다가 깜짝 놀랐다.

'내 친구들이 모두 여기 와 있어! 내 두려움과 눈물은 이제 다 사라진 거야. 친구들 모두가 나를 이렇게 지지해주다니 믿어지지가 않아.'

재닌은 난생처음 스스로에 대해 자신감이 생겼고, 친구들의 우정에 안도감이 들었으며, 내일은 또 무슨 일이 벌어질지 진심으로 기대하게 됐다.

거절에 민감하다는 것은 마치 거울로 만든 집에서 살면서 자기 생각 때문에 불안해하는 상태와 같다. 다른 사람들을 보니 거절의 눈길로 당신을 되돌아보고 있다. 또는 비평의 눈초리가 곧 있을 거절을 예고하는 듯하다. 그래서 당신은 무언가(어떤 것이라도) 성취하거나 증명하는 일에 몰두한다. 생산적이고 필요한 사람이 되면 가치 있고 안전한 기분이 들 거라고 생각하는 것이다. 그러나 이런 느낌은 절대 오래가지 못한다.

이 책을 읽음으로써 당신은 거절에 대한 민감함을 극복하는 도전에 용감하게 나섰다. 여전히 불안하고 두렵더라도 상관없다. 사람들이 내면의 악마에 맞설 때면 늘 생기는 일이니 말이다. 계속 노력해나가는 것만이 중요하다.

이 책을 통해 꾸준히 과제를 해왔는데도 계속해서 다른 사람들의 반응을 살피고 거부당할까 봐 자꾸 경계할 수도 있다. 그러다 보면 거절당했다고 느낄 때마다 곧바로 고통스러운 감정에 휩싸이기 쉽다. 부디 이 책의 제안을 따라 다시 노력함으로써 너그러운 자기 인식을 기르길 바란다. 이 책을 다 읽고 당신이 어떤 발전을 이뤘든, 아직 해야 할 일이 더 남아 있을 것이다. 당연하게도, 이런 과정은 시간이 걸리기 때문이다.

다시 마음을 다잡고 너그러운 자기인식을 기르도록 노력하길 바란다. 즉 자신을 더 잘 이해하고 받아들이며, 자신에게 너그러운 마음을 지니는 것이다. 이런 기술을 발달시키면 고통스러운 감정을 더 잘 인내하고 통제하며, 고통에 더 건강하게 반응할 수 있다. 그러면 거절당할 가능성이 있거나 실제로 거절을 당하더라도 자신을 더 긍정적으로 느끼게 된다.

이렇게 내적 힘이 커지면, 더는 거울로 만든 불안한 집에 사는 것 같지 않을 것이다. 매번 거절을 두려워하지도 않게 될 것이다. 물론 그렇더라도 다른 사람들의 반응은 여전히 중요하게 여겨질 수도 있지만 말이다.

거절을 좋아하는 사람은 아무도 없다. 그래도 거절당하는 일이 생긴다면 그 상황을 극복하고 다시 앞으로 나아갈 수 있다는 점을 이제 알 것이다. 자기 스스로 가치 있고 매력적이라 생각하면 다른 이들과의 관계에서 자신이 받아들여지고, 화가 날 때는 위로받으며, 자신과 세상을 탐구하도록 격려받는다고 느끼게 될 것이다.

이 과정을 거절에 대한 민감함에서 회복탄력성으로 가는 길로 생각하기보다는 하나의 모험으로 여긴다면 더 도움이 될 것이다. 당신은 지금까지 STEAM에서의 자기인식 능력을 키우고 훈련했으며, 다른 사람들과의 관계를 힘의 원천으로 삼는 법을 익혔다. 자기 자신과의 관계, 그리고 다른 이들과의 관계가 좋아지면 결국은 둘 다 강해질 수 있다. 그 둘은 서로 얽혀 있고 상호보완적이기 때문이다.

이제 당신은 거절에 대한 두려움에 덜 짓눌리고, 힘과 회복탄력성이 커지며, 더 높아진 행복감을 통해 더 생기 넘치는 모험에 나섰을 것이다. 앞으로는 자유롭게 그저 자신임을 즐기는 '진정한 삶'을 향해 나아갈 수 있다.

옮긴이 서진희
서강대학교에서 불어불문학을 전공하고 심리학을 부전공했으며, 동 대학원에서 불문학 시 전공으로 석사학
위를 받았다. 무역회사를 거쳐 로로피아나, 마크제이쿱스, 홀라 등의 해외 명품 브랜드에서 면세팀을 총괄하
는 브랜드 매니저로 근무했으며, 현재는 바른 번역 소속 전문 번역가로 활동하고 있다. 옮긴 책으로『인형의
집』,『Light Between Us』,『A Biography of Loneliness』가 있다.

거절에 쉽게 상처받는 사람들을 위한 관계심리학

너에게는 별일 아닐지 몰라도

초판 1쇄 인쇄 2020년 9월 8일
초판 1쇄 발행 2020년 9월 16일

지은이 레슬리 베커 펠프스
옮긴이 서진희
펴낸이 김선준

기획편집 마수미
편집1팀 배윤주
디자인 김세민
마케팅 권두리, 조아란, 오창록, 유채원
경영관리 송현주

펴낸곳 포레스트북스 **출판등록** 2017년 9월 15일 제 2017-000326호
주소 서울시 강서구 양천로 551-17 한화비즈메트로1차 1306호
전화 02) 332-5855 **팩스** 02) 332-5856
홈페이지 www.forestbooks.co.kr **이메일** forest@forestbooks.co.kr
종이 (주)월드페이퍼 **출력·인쇄·후가공·제본** (주)현문

ISBN 979-11-89584-82-5 (03180)

포레스트북스(FORESTBOOKS)는 독자 여러분의 책에 관한 아이디어와 원고 투고를 기다리고 있습니다. 책 출간을
원하시는 분은 이메일 writer@forestbooks.co.kr로 간단한 개요와 취지, 연락처 등을 보내주세요. '독자의 꿈이
이뤄지는 숲, 포레스트북스'에서 작가의 꿈을 이루세요.